教育部人文社会科学研究青年基金项目
"乡村振兴与新型城镇化协同发展研究"
(18YJCZH202)资助

乡村振兴与新型城镇化协同发展研究

谢天成 著

中国建筑工业出版社

序　言

众所周知，"三农"问题是我国实现四个现代化进程中的一个根本问题。如果农业不能真正实现产业化、现代化，农村不能实现生态化、田园化，农民不能增加收入、过上富裕的生活，我国的四个现代化任务就没有真正完成！而"三农"问题的核心是增加农民收入，让全体农民真正步入"小康"！

近年来，国内已经有许多专家、学者对"三农"问题进行了大量深入的研究，本书的作者就是其中的一位。作者本人出生在农村，成长在农村，对农村、农民有着深切的了解和感悟，对"三农"问题的解决有着迫切的需求和强烈的使命感。多年来，他的研究视角始终聚焦于农村、农业和农民问题，比如新型城镇化问题研究、农村承包土地流转问题研究、工商资本下乡问题研究、农村电商发展问题研究，以及农村发展规划问题研究，等等。作者特别重视调查研究，常常深入农村基层进行实地调研和数据收集，其足迹遍布大江南北。因此，他的研究成果有着坚实的基础和很高的可信度。

呈现在读者面前的这本书，是作者对"三农"问题多年研究成果的综合。该书的最大特点正如书名所示，是对乡村振兴与新型城镇化融合发展机理的研究。作者全面系统地揭示了两者内在的关系，尤其是在"人地钱"要素分析上很有特色。研究结果显示两者对要素流向的要求具有一致性，即发挥市场在资源配置中的决定性作用，促进"人地钱"要素在城乡之间自由流动、平等交换，并用图示较为清晰地表明了要素流动的具体方向和作用关系。

本书的第二个特点是用定量方法研究了乡村振兴与新型城镇化协同发展的时空演进特征与影响因素。作者基于省（市、自治区）级空间尺度，利用近年来时间序列数据，构建了多维评价指标体系，通过模型测算系统剖析了两者协同发展的时空演进特征及其影响因素。就目前的结果来看，在宏观层面我国乡村振兴与新型城镇化协同发展时空演进的特征已经非常明显，并且影响两者协同发展的九大影响因素也十分突出，这对政府相关部门今后指导两者进一步融合发展提供了有力的决策参考。

最后，本书的第三个特点是作者通过其三年多来作为某乡首席责任规划师的亲身经历，提出了乡村振兴中"顶层设计"——乡（村）镇规划的重要性，总结了自己当下乡规划师实践中遇到的四大困惑,并提出了解惑的可能途径。这真正体现了一个道理:实践出真知啊!书中介绍的经验极其珍贵,有非常实际的参考价值。

以上为序。

施祖麟

国务院原参事

清华大学公共管理学院教授、博士生导师

前　言

乡村振兴和新型城镇化两大战略，不是非此即彼的关系，而是互促共进、相辅相成的关系。从国家政策来看，《中共中央 国务院关于建立健全城乡融合发展体制机制和政策体系的意见》提出重塑新型城乡关系，走城乡融合发展之路，要以协调推进乡村振兴战略和新型城镇化战略为抓手；国家"十四五"规划和2035年远景目标纲要提出全面推进乡村振兴、完善新型城镇化战略，加快推进城乡融合发展。从现实问题来看，近年来随着乡村振兴与新型城镇化两大战略的深入实施，经济社会发展取得显著成绩，但整体水平仍然偏低，农民增收放缓、公共服务滞后等问题十分突出，严重制约现代化进程，亟需进一步增强两大战略合力效应。当前，我国已进入扎实推动共同富裕的历史阶段，最艰巨最繁重的任务仍然在农村。推进乡村振兴与新型城镇化协同发展，既是实现城乡融合发展的突破口，也是扎实推动共同富裕的必由之路。

在读博士与工作的初期，我的研究方向主要侧重于城镇化与区域发展；最近几年，重点关注乡村发展与振兴等问题。我想，作为一名通过高考从农村走到了城市的人，虽然现在居住在城市，但骨子里仍然热爱着乡村，经常"梦回老家"，研究乡村、投身乡村也是我义不容辞的责任。2018年初，我以《乡村振兴与新型城镇化协同发展研究》为题，申报教育部人文社会科学研究项目，非常荣幸最后获批，这也是我到新单位工作后获批的第一个纵向课题。几年来，按照任务书要求，开展课题研究，并结合前期研究所形成的部分成果，最终形成了本拙著的主要内容。主要包括以下六个方面：

一是背景与理论研究。分析乡村振兴与新型城镇化协同发展相关背景；界定乡村振兴与新型城镇化两大概念；对乡村振兴与新型城镇化协同发展的国内外文献进行梳理评析；对相关政策进行整理。二是新型城镇化与乡村振兴实施现状。分析2012年以来我国新型城镇化实施所取得的成绩，对国家层面开展的新型城镇化试点经验进行梳理，介绍了我国东部（浙江为代表）、中部（湖北为代表）、西部（陕西为代表）等典型省区"十三五"期间城镇化进展，剖析当前城镇化进程中存在的问题；基于乡村振兴战略"五方面、二十字"方针，分析乡村振兴实施成效，剖析存在的困难与问题。三是乡村振兴与新型城镇化协同发展机理研究。从现代化建设、城乡融合发展、破解社会主要矛盾等视角，分析推进乡村振兴与新型城镇化协同发展的重要性；基于乡村振兴与新型城镇化目标内涵、"人地钱"等要素，研究乡村振兴与新型城镇化协同发展内在机理；坚持问题导向，分析乡村振兴与新型城镇化协同发展的制约因素。四是乡村振兴与新型城镇化协同发展时空演进与影响因素研究。基于省（市、自治区）级尺度，利用2012—2019年面板数据，通过构建多维评价指标体系，系统剖析党的十八大以来乡村振兴与新型城镇化协同发展时空演化特征及其影响因素。五是乡村振兴与新型城镇化协同发展中的产业融合、要素流动与农民增收研究。考虑到产业振兴与要素流动是城乡融合发展的重点，农民增收致富是城乡融合发展的难点，因而分析农村新业态发展现状与趋势，剖析存在的困难与问题，提出乡村振兴背景下农村新业态高质量发展的相关建议；基于工商资本下乡，在现状与问题分析基础上，提出规范和引导工商资本投资农业的相关对策；以规划师下乡服务为典型案例，剖析人才下乡服务中的困惑与破解的可能路径；分析农民持续快速增收面临的困难与挑战，提出促进农民持续快速增收的主要路径，并以北京农民持续增收为案例进行深入分析。六是乡村振兴与新型城镇化协同发展策略研究。从顶层设计、城乡要素双向自由流动、城乡现代产业体系、城乡基本公共服务和基础设施一体化、城乡治理体系与治理能力现代化等方面提出相关建议。

  本拙著的出版，要感谢的人很多。首先，要特别感谢我的恩师，国务院原参事、清华大学公共管理学院施祖麟教授，在大热天评阅我的书稿、作了很多标注，并为本书作序。要感谢在成果共享、实地调研、资料案例等方面提供帮助的有关单位、相关领导和朋友。这其中，包括清华大学中国农村研究院，以及一起参与相关内容写作、并给予我很多指导的中国城市规划设计研究院村镇规划研究所陈鹏所长、北京大学经济学院王大树教授，等等。我的三位研究生，柳欣言、张研、张晓，也提供了很多帮助和支持。要特别感谢中国建筑工业出版社的周方圆、张晶两位编辑，他们认真负责，为出版做了精心安排和辛勤编辑工作。

  当然，由于水平有限，内容可能会存在某些不足，也敬请各位读者朋友批评指正。

谢天成
2022年8月

目 录

第1章 绪论
一、研究背景与意义 —— 002
二、概念界定 —— 003
    （一）乡村振兴 —— 003
    （二）新型城镇化 —— 004
三、国内外研究现状 —— 005
    （一）国外研究现状 —— 005
    （二）国内研究现状 —— 005
    （三）研究述评 —— 007
四、相关政策梳理 —— 008

第2章 新型城镇化发展现状
一、取得成就 —— 012
    （一）城镇化水平显著提高 —— 012
    （二）城市发展呈现新格局 —— 013
    （三）城市经济发展质量提升 —— 014
    （四）城市基础设施和公共服务明显改善 —— 017
二、新型城镇化试点经验 —— 020
三、典型省区"十三五"进展 —— 023
    （一）东部地区——浙江省 —— 023
    （二）中部地区——湖北省 —— 024
    （三）西部地区——陕西省 —— 026
四、存在问题 —— 027
    （一）市民化进程滞后 —— 027
    （二）城镇空间分布和规模结构不合理 —— 028
    （三）城市管理服务水平不高 —— 031

第3章 乡村振兴战略实施成效

一、取得成绩 —— 034
（一）产业兴旺 —— 034
（二）生态宜居 —— 038
（三）乡风文明 —— 042
（四）治理有效 —— 046
（五）生活富裕 —— 048

二、存在问题 —— 053
（一）体制机制有待完善 —— 053
（二）发展不平衡不充分 —— 054
（三）基础设施有待完善 —— 056
（四）参与主体能力欠缺 —— 057
（五）农民持续增收放缓 —— 059

第4章 乡村振兴与新型城镇化融合发展机理

一、乡村振兴与新型城镇化融合发展的重要性 —— 061
（一）推进现代化建设的客观要求 —— 061
（二）实现城乡融合发展的有力抓手 —— 062
（三）破解当前社会主要矛盾的有效途径 —— 062

二、乡村振兴与新型城镇化融合发展的机理分析 —— 062
（一）乡村振兴与新型城镇化的目标内涵 —— 063
（二）"人地钱"要素分析 —— 063
（三）融合发展的内在机理 —— 064

三、乡村振兴与新型城镇化融合发展的制约因素 —— 066
（一）城乡发展理念滞后 —— 066
（二）城乡要素流动不畅 —— 066
（三）城乡产业发展脱节 —— 067
（四）公共资源配置不合理 —— 067

第5章 乡村振兴与新型城镇化协同发展时空演进与影响因素研究

一、指标体系、研究方法与数据来源 —— 069

（一）指标体系构建 —————————————————— 069
　　（二）研究方法 ———————————————————— 071
　　（三）数据来源 ———————————————————— 073
二、乡村振兴与新型城镇化协同发展时空演进 ———————— 074
　　（一）乡村振兴与新型城镇化综合发展评价 ———————— 074
　　（二）乡村振兴与新型城镇化协同发展时空演进 —————— 075
三、乡村振兴与新型城镇协调发展度影响因素分析 —————— 079
　　（一）影响因子提取 —————————————————— 079
　　（二）回归结果分析 —————————————————— 082
四、结论 ———————————————————————— 083

第6章 城乡产业融合——农村新业态发展

一、农村新业态和乡村振兴现状趋势 ———————————— 086
　　（一）农村新业态快速发展 ——————————————— 086
　　（二）农村新业态成为农村经济发展新动力 ———————— 095
　　（三）乡村振兴战略为农村新业态发展提供了新机遇 ———— 099
二、农村新业态发展存在的困难与问题 ——————————— 103
　　（一）农村新业态发展的顶层设计不清晰 ————————— 103
　　（二）农村新业态发展要素制约突出 ——————————— 106
　　（三）农村新业态发展水平有待提升 ——————————— 109
　　（四）农村新业态发展规范化不足 ———————————— 111
三、乡村振兴背景下农村新业态高质量发展相关建议 ————— 113
　　（一）准确把握乡村振兴的科学内涵与要求 ———————— 113
　　（二）明确农村新业态发展的顶层设计 —————————— 114
　　（三）提升农村新业态发展环境 ————————————— 115
　　（四）加快农村新业态转型提质 ————————————— 116
　　（五）加强农村新业态引导与监管 ———————————— 117

第7章 城乡资本要素流动——工商资本下乡

一、工商资本投资农业现状 ————————————————— 120
　　（一）工商资本投资农业的重要意义 ——————————— 120
　　（二）工商资本投资农业的主要特点 ——————————— 123

（三）工商资本投资农业的主要路径 —————— 124
　　（四）工商资本投资农业的现实作用 —————— 125
　　（五）工商资本投资农业的典型案例 —————— 127
二、工商资本投资农业存在的问题 —————— 128
　　（一）工商资本投资农业的制约因素 —————— 128
　　（二）工商资本投资农业的负面影响 —————— 130
　　（三）工商资本投资农业的主要隐患 —————— 132
三、工商资本投资农业的对策 —————— 135
　　（一）正确认识工商资本投资农业 —————— 135
　　（二）鼓励工商资本投资农业的相关建议 —————— 136
　　（三）规范和引导工商资本投资农业的相关对策 —————— 139

第8章　城乡人才要素流动——规划师下乡的实践困惑

一、规划师下乡背景 —————— 145
二、规划师下乡服务的实践困惑 —————— 147
　　（一）如何更好地发挥优势的困惑 —————— 148
　　（二）如何处理好与单位工作冲突的困惑 —————— 149
　　（三）如何"主动出击"的困惑 —————— 150
　　（四）如何公平地被考核的困惑 —————— 151
三、解惑途径：制度优化 —————— 152
　　（一）建立健全下乡规划师与乡镇的"双向选择"机制 —— 153
　　（二）强化规划师下乡工作组织领导机制 —————— 154
　　（三）构建下乡规划师长效使用机制 —————— 154
　　（四）创新规划师下乡考核激励机制 —————— 155

第9章　乡村振兴战略背景下农民持续快速增收路径

一、促进农民持续快速增收是乡村振兴战略的重要任务 —— 158
　　（一）乡村振兴战略要求加快农民持续快速增收 —————— 158
　　（二）乡村振兴战略全面实施为农民持续快速增收提供
　　　　　新机遇 —————— 160
二、农民持续快速增收面临的困难与挑战 —————— 160
　　（一）务工收入不稳定性增加 —————— 161

（二）农业收入增长放缓 —————————————————— 161
　　（三）财产净收入增长难度较大 ———————————————— 162
　　（四）农村基层组织带动作用有限 ——————————————— 163
三、促进农民持续快速增收的主要路径 ————————————— 164
　　（一）加快农业高质量发展，挖掘农业内部增收潜力 ————— 164
　　（二）加强就业创业帮扶，拓宽农民增收渠道 ————————— 165
　　（三）深化体制机制创新，增强农民增收新动能 ——————— 166
　　（四）夯实农村基层党组织建设，提升增收带动作用 ————— 167
四、共同富裕目标下北京农民持续增收 ————————————— 168
　　（一）促进农民持续增收是实现共同富裕的客观要求 ————— 168
　　（二）北京农民持续增收的主要困境 ————————————— 170
　　（三）促进北京农民持续增收对策 —————————————— 172

第10章　促进乡村振兴与新型城镇化协同发展对策措施

　　（一）加强顶层设计与分类指导 ——————————————— 176
　　（二）建立健全促进城乡要素双向自由流动的体制机制和
　　　　政策体系 ————————————————————————— 176
　　（三）建设工农互促全面融合的城乡现代产业体系 —————— 177
　　（四）加快城乡基本公共服务和基础设施一体化进程 ————— 177
　　（五）协同推进城乡治理体系与治理能力现代化 ——————— 178
　　（六）以县域为基本单元推进乡村振兴
　　　　与新型城镇化协同发展 —————————————————— 178

参考文献 ————————————————————————————— 182

第 1 章

绪论

一、研究背景与意义
二、概念界定
三、国内外研究现状
四、相关政策梳理

一、研究背景与意义

改革开放以来，我国城乡发展取得了举世瞩目的成就。一方面，我国经历了世界历史上规模最大、速度最快的城镇化进程，2019 年常住人口城镇化率达到 60.6%。另一方面，农业农村发生历史性变革，农民收入和生活水平明显提高，城乡差距不断缩小。在肯定成绩的同时，我们也要清醒地认识到城乡发展不平衡不充分问题依然突出。如在城镇化方面，农业转移人口市民化滞后，2019 年户籍人口城镇化率仅有 44.38%，低于常住人口城镇化率 16.22 个百分点；在乡村方面，基础差、底子薄、发展滞后的状况尚未根本改变，农业农村仍然是现代化建设中最薄弱的环节。党的十九大提出实施乡村振兴战略，是解决新时代我国社会主要矛盾、实现"两个一百年"奋斗目标和全体人民共同富裕的必然要求。《乡村振兴战略规划（2018－2022 年）》强调：坚持乡村振兴和新型城镇化双轮驱动，统筹城乡国土空间开发格局。2019 年 4 月发布的《中共中央 国务院关于建立健全城乡融合发展体制机制和政策体系的意见》提出：重塑新型城乡关系，走城乡融合发展之路，要以协调推进乡村振兴战略和新型城镇化战略为抓手。2020 年 3 月，习近平总书记在浙江安吉县余村考察时指出："全面建设社会主义现代化国家，既要有城市现代化，也要有农业农村现代化。"由此可见，如何促进乡村振兴与新型城镇化融合，是当前和今后一段时期需要研究的重大问题。

本书坚持问题导向与目标导向相结合，在揭示乡村振兴与新型城镇化相互作用机理、时空演进规律的基础上，构建实施乡村振兴与推进新型城镇化协同发展的调控机制和政策体系，并针对城乡人才要素流动、城乡产业融合发展等进行细化研究，在理论价值上，有助于丰富和发展与中国特色社会主义乡村振兴道路和新型城镇化道路相适宜的城乡融合发展理论，为世界乡村振兴与城镇化进程提供"中国智慧"和"中国方案"；在实际应用价值上，有助于科学认识、正确处理乡村振兴与新型城镇化之间的关系，可以为各级政府加快推进农业供给侧结构性改革、编制乡村振兴规划与新型城镇化规划、建立健全城乡融合发展体制机制、加快城乡融合高质量发展提供重要决策依据。

二、概念界定

(一) 乡村振兴

乡村是指城市建成区以外具有自然、社会、经济特征的地域综合体，兼具生产、生活、生态、文化等多重功能，与城镇互促互进、共生共存，共同构成人类活动的主要空间，包括乡镇和村庄等。党的十九大报告首次提出乡村振兴战略，但目前学术界关于乡村振兴的概念，尚未有统一的认识。从其内涵来看（表1-1），是指按照产业兴旺、生态宜居、乡风文明、治理有效、生活富裕的总要求，建立健全城乡融合发展体制机制和政策体系，统筹推进农村经济建设、政治建设、文化建设、社会建设、生态文明建设和党的建设，加快推进乡村治理体系和治理能力现代化，加快推进农业农村现代化，走中国特色社会主义乡村振兴道路，让农业成为有奔头的产业，让农民成为有吸引力的职业，让农村成为安居乐业的美丽家园。到2020年，乡村振兴取得重要进展，制度框架和政策体系基本形成；到2035年，乡村振兴取得决定性进展，农业农村现代化基本实现；到2050年，乡村全面振兴，农业强、农村美、农民富全面实现。

乡村振兴的具体内涵　　　　　　　　　　　　　　　　　　　　　表1-1

构成	内容
总要求	产业兴旺、生态宜居、乡风文明、治理有效、生活富裕
目标任务	到2020年，乡村振兴取得重要进展，制度框架和政策体系基本形成；到2035年，乡村振兴取得决定性进展，农业农村现代化基本实现；到2050年，乡村全面振兴，农业强、农村美、农民富全面实现
基本原则	坚持党管农村工作；坚持农业农村优先发展；坚持农民主体地位；坚持乡村全面振兴；坚持城乡融合发展；坚持人与自然和谐共生；坚持因地制宜、循序渐进
主要任务	提升农业发展质量，培育乡村发展新动能；推进乡村绿色发展，打造人与自然和谐共生发展新格局；繁荣兴盛农村文化，焕发乡风文明新气象；加强农村基层基础工作，构建乡村治理新体系；提高农民民生保障水平，塑造美丽乡村新风貌；打好精准脱贫攻坚战，增强贫困群众获得感；推进体制机制创新，强化乡村振兴制度性供给；汇聚全社会力量，强化乡村振兴人才支撑；开拓投融资渠道，强化乡村振兴投入保障；坚持和完善党对"三农"工作的领导

资料来源：《中共中央 国务院关于实施乡村振兴战略的意见》（http://www.gov.cn/zhengce/2018-02/04/content_5263807.htm）。

（二）新型城镇化

"新型城镇化"被公认最早是 2002 年伴随着党的十六大"新型工业化"战略得以提出，主要是依托产业融合推动城乡一体化（李程骅，2012）。自党的十八大报告提出"坚持走中国特色新型工业化、信息化、城镇化、农业现代化道路"以来，"新型城镇化"成为研究热点，但什么是"新型城镇化"，至今尚无统一和明确的定义。有学者认为，新型城镇化以实现区域统筹与协调一体、产业升级与低碳转型、生态文明和集约高效、制度改革和体制创新为重点内容的崭新的城镇化过程（单卓然、黄亚平，2013）；是大中小城市、小城镇、新型农村社区协调发展、互相促进的城镇化（王黎明，2014）；既要重视大中城市的发展，也要重视小城镇的发展（余欣荣，2013），以及不同层次区域中的城乡关系与城乡协作（孙久文，2013）；要基于"新型城乡关系"，建立覆盖城乡的空间保障体系，实现城乡共生、社会公平、空间共享（武廷海，2013）。其中，新型城镇化的内涵和要求至少包括"质量明显提高"、"四化"同步、"以人为核心"、体现生态文明理念、"以城市群作为主体形态"、注重文化传承和历史文化保护等方面（何树平、戚义明，2014）；其"新"意并不是指时间或空间上与过去的城镇化截然不同，而是指在城镇化的观念、质量及推进战略上有了重大的改变（孙立行，2014）。

我们认为，"新型城镇化"是伴随着新型工业化、信息化和农业现代化，非农产业在向城镇集聚的同时，产业结构与产业布局不断优化，产业竞争力持续提升；农村人口向城镇集中的同时，进城人口逐渐享受到与城市居民一样公共服务和幸福感，那么这样的过程可以称之为"新型城镇化"。"新型城镇化"与"传统城镇化"相比，在发展理念上，更加注重城镇化质量，强调以人为本；在发展模式上，更加强调耕地资源保护、集约发展；在空间形态上，更加注重集约效率，促进特大、大、中、小城市及小城镇协调发展；在城镇建设上，更加注重文化保护、彰显地方特色，让居民"望得见山、看得见水、记得住乡愁"；在可持续发展上，更加注重生态文明建设，避免城市病；在政策保障上，更加注重改革与制度创新。

三、国内外研究现状

（一）国外研究现状

早在19世纪60年代城市化概念就得以提出，当时的前期研究注重理想城市建构，先后提出田园城市、卫星城市、邻里单位、有机疏散等理论；20世纪50年代之后，人们注重城市化内涵发展研究，如提出核心—边缘、增长极、人口迁移等理论，并有学者指出城市化进程呈现"S形曲线"规律（Northam，1975），可以划分为集中城市化、郊区化、逆城市化和再城市化四个阶段（Van den Berg, Drewett & Klaassen, et al，1980），城市化进程与经济发展水平息息相关（Chenery & Syrqiun，1975）。近年来，国外城市化研究侧重全球城市、网络城市和世界城市体系等领域。在全球城市化推进过程中，乡村衰退问题凸显，乡村振兴、乡村建设、乡村再造等成为学术界关注热点。如在乡村振兴要素方面，先后有学者提出农民创业精神（Gladwin, Long & Babb et al.，1989）和农村金融（Johnson，1989）尤为重要；在乡村振兴主体方面，有学者认为政府角色不可替代（Greene，1988），农村组织也发挥了显著作用（Kawate，2005）；在个案研究方面，先后有学者介绍了英国（Moseley，2003）、美国（Wood，2008）、日本（Nonaka & Ono，2015）等国家农村振兴政策和实践经验。在城乡关系方面，马克思、恩格斯要求消除城乡对立、实现城乡融合，还有学者先后提出了城乡二元结构（Lewi，1954）、城乡融合系统（McGee，1989；Douglass，1999）等理论。从发展现状来看，目前世界平均城市化率约为56%，欧美发达国家多数超过75%，且城乡差距较小，"逆城市化"和郊区城市化现象明显；拉美地区城市化率也普遍较高，但由于"过度城市化"，并且乡村凋敝、城乡差距大，而成为陷入"中等收入陷阱"的典型案例。

（二）国内研究现状

学术界对城镇化进行系统研究始于20世纪70年代末，对于我国走什么样的城镇化道路，存在"十大争论"（简新华、何志扬、黄锟，2010）。自党的十八大正式提出走中国特色新型城镇化道路以来，有关新型城镇化的理论内涵、路径模式、质量评估和发展趋势等内容成为学术界研究热点。在乡村振兴战略提出之前，国内学者相关乡村研究主要围绕农业农村战略布局（韩俊，2016；陈锡文，2017）、乡村建设（黄祖辉、徐旭初、蒋文华，2009；潘家恩、温铁军，2016；张红宇，2016）等内容展开。乡村振兴战略自党的十九大正式提出以来，其迅速成为学术界研究热点，但由于时间较短，目前主要集中在乡村振兴战略的背景意义、理论内涵、成效挑战和路径策略等方面。关于乡村振兴与新型城镇化两者的研究，在乡村振兴战略提出之前，主要涉及新农村建设与城镇化、城乡一体化、农业现代化与城镇化等领域。先后有学者提出城镇化发展与新农村建设密不可分（胡必亮，2007）、并行不悖（陈锡文，2011），保护乡村地区活力也是新型城镇化的战略任务（张尚武，2014），城镇化与新农村建设良性互动是实行城乡一体化发展的战略选择（吴杨、丁家云、杜志雄，2012）；农业现代化与城镇化协调发展呈上升趋势（李宾、王曼曼、孔祥智，2017），但明显滞后于城镇化（黄祖辉、邵峰、朋文欢，2013）；单向城市化已转向城乡互动（刘守英，2017），要把"城镇"植入乡村（陈廷湘，2015），并彰显乡村自身的独特价值（申明锐、张京祥，2015），形成"村镇化"与"城镇化"双轮驱动（李国祥，2017）。目前，有关乡村振兴与新型城镇化两者的研究，主要集中在两个方面。一是关系机理研究。两大战略是互促共进、相辅相成的关系（韩俊，2018；贺雪峰，2018；史育龙，2020），在本质上具有一致性（丁静，2019；曹宗平、李宗悦，2020）；乡村振兴战略要与新型城镇化战略同步实施（蔡继明，2018；郑风田，2018；陈文胜，2018；苏小庆、王颂吉、白永秀，2020）。二是融合路径策略。要营造出"城乡共生"的发展生态（王韬钦，2019；叶超、于洁，2020），构建城乡融合发展政策体系（刘爱梅、陈宝生，2019；汪恭礼，2019），加快城乡要素自由流动（苏红键，2018；蔡秀玲、陈贵珍，2018；徐维祥、李露、刘程军，2019；冯丹萌、孙鸣凤，2020）。此外，也有学者开始对新型城镇化与乡村振兴协调发展水平进行测算评估，但目前主要基于省级（徐维祥、李露、周建平等，2020；雷娜、郑传芳，2020）和地市层面（周广亮、吴明、台亚非，2021）（表1-2）。

国内新型城镇化与乡村振兴相关研究梳理 表1-2

研究领域	研究视角	代表性文献
新型城镇化	理论内涵	李培林（2013）；张鸿雁（2013）；单卓然、黄亚平（2013）；段进军、殷悦（2014）；李强、王昊（2017）；陈明星、叶超、陆大道等（2019）
	路径模式	李强、陈宇琳、刘精明（2012）；倪鹏飞（2013）；辛胜阳、郑超、曹誉波（2014）；周飞舟、王绍琛（2015）；夏柱智、贺雪峰（2017）；高春亮、李善同（2019）

续表

研究领域	研究视角	代表性文献
新型城镇化	质量评估	简新华、黄锟（2010）；魏后凯、王业强、苏红键等（2013）；薛德升、曾献君（2016）；朱鹏华、刘学侠（2017）；余江、叶林（2018）；熊湘辉、徐璋勇（2018）
	发展趋势	蔡昉（2016）；李培林（2017）；顾朝林、管卫华、刘合林（2017）；方创琳（2019）；陈明星、隋昱文、郭莎莎（2019）
乡村振兴	背景意义	韩俊（2017）；张红宇（2017）；姜长云（2017）；王亚华、苏毅清（2017）；陈锡文（2018）；温铁军（2018）；叶兴庆（2018）
	理论内涵	廖彩荣、陈美球（2017）；魏后凯（2018）；贺雪峰（2018）；张海鹏、郜亮亮、闫坤（2018）；黄祖辉（2018）；蒋永穆（2018）；叶敬忠、张明皓、豆书龙（2018）
	成效挑战	党国英（2018）；张挺、李闽榕、徐艳梅（2018）；孔祥智（2019）；刘彦随、周扬、李玉恒（2019）
	路径策略	张晓山（2017）；熊万胜、刘炳辉（2017）；李周（2018）；魏后凯（2018）；王思斌（2018）；何仁伟（2018）；王晓毅（2018）；郭晓鸣（2018）；姚树荣、周诗雨（2020）；魏后凯（2020）
乡村振兴与新型城镇化	关系机理	韩俊（2018）；蔡继明（2018）；贺雪峰（2018）；郑风田（2018）；陈文胜（2018）；丁静（2019）；曹宗平、李宗悦（2020）
	融合路径策略	苏红键（2018）；蔡秀玲、陈贵珍（2018）；徐维祥、李露、刘程（2019）；王韬钦（2019）；刘爱梅、陈宝生（2019）；汪恭礼（2019）

（三）研究述评

乡村振兴和新型城镇化是当前研究热点，上述文献为"兴化融合"①研究提供了重要的理论基础。在研究内容上，针对乡村振兴和新型城镇化分别进行研究的相对较多，在城乡融合发展目标下，有关两者融合发展水平、时空演进规律等内容有待进一步加强；在研究空间尺度上，针对乡村振兴和新型城镇化宏观层面研究较多，由于我国区域差距明显，在做好宏观层面研究的同时，也需要因地制宜，加强省级、地级、县级等不同空间尺度典型案例研究，以突出分类施策、典型引路；在研究方法上，目前大多基于理论分析或定性描述，需要综合运用问卷调查、计量模型等方法，定量分析与定性研究相结合，以系统揭示"兴化融合"发展内在规律。

从国家社科基金已立同类项目来看（表1-3），主要涉及新型城镇化与乡村振

---
① "兴化融合"为乡村振兴和新型城镇化融合简称。

兴互动关系、协同推进路径、对策，以及针对特定区域的研究（西北、西部、东北）。一方面，乡村振兴战略实施已有3年多时间，其实施效果特别是与新型城镇化协同发展水平需要定量评估，以便及时调整优化相关政策；另一方面，县域是新型城镇化与乡村振兴协同发展的"主战场"，针对县域尺度的研究迫切地需要加强。

国家社科基金已立同类项目汇总　　表1-3

序号	项目名称	类别	立项年份
1	新时代乡村振兴与新型城镇化的战略耦合及协同治理研究	重大项目	2018
2	西北地区乡村振兴战略与新型城镇化战略协同推进研究	一般项目	2018
3	西部地区乡村振兴与农村城镇化统筹：演进、机理及治理	西部项目	2018
4	欠发达地区新型城镇化与乡村振兴协同共进路径研究	重点项目	2019
5	产业融合驱动新型城镇化与乡村振兴战略协调推进研究	一般项目	2019
6	东北地区新型城镇化与乡村振兴协调发展的机制及路径研究	一般项目	2019
7	城乡融合视角下协调推进新型城镇化与乡村振兴战略研究	一般项目	2019
8	乡村振兴与新型城镇化互促共赢联动发展机制及对策研究	一般项目	2019
9	西北地区新型城镇化与乡村振兴协同发展研究	西部项目	2019
10	协调推进新型城镇化与乡村振兴战略研究	青年项目	2019
11	基于"流—场域"空间视角下的城镇化与乡村振兴互动关系研究	青年项目	2019
12	乡村振兴与新型城镇化的制度冲突与协调推进研究	重点项目	2020
13	乡村振兴与新型城镇化耦合协同推进机制与政策研究	一般项目	2020

资料来源：全国哲学社会科学工作办公室网站及国家社科基金项目数据库。

四、相关政策梳理

党的十九大报告提出要实施乡村振兴战略以来，围绕乡村振兴与新型城镇化融合发展，国家和地方先后出台一系列相关政策，加快建立健全城乡融合发展体制机制和政策体系，推进农业农村现代化。2018年中央一号文件《中共中央 国务院关于实施乡村振兴战略的意见》提出要推动城乡要素自由流动、平等交换，推动新型工业化、信息化、城镇化、农业现代化同步发展，加快形成工农互促、城乡互补、全面融合、共同繁荣的新型工农城乡关系。《乡村振兴战略规划（2018—2022年）》强调，坚持乡村振兴和新型城镇化双轮驱动，统筹城乡国土空间开发格局，优化乡村生产生活生态空间，分类推进乡村振兴，打造各具特色的现代版"富春山居图"。

2019年4月出台的《中共中央 国务院关于建立健全城乡融合发展体制机制和政策体系的意见》，提出要以协调推进乡村振兴战略和新型城镇化战略为抓手，以缩小城乡发展差距和居民生活水平差距为目标，以完善产权制度和要素市场化配置为重点，坚决破除体制机制弊端，促进城乡要素自由流动、平等交换和公共资源合理配置，加快形成工农互促、城乡互补、全面融合、共同繁荣的新型工农城乡关系，加快推进农业农村现代化，并要求建立健全有利于城乡要素合理配置的体制机制、有利于城乡基本公共服务普惠共享的体制机制、有利于城乡基础设施一体化发展的体制机制、有利于乡村经济多元化发展的体制机制、有利于农民收入持续增长的体制机制。国家"十四五"规划提出完善新型城镇化战略，提升城镇化发展质量，建立健全城乡要素平等交换、双向流动政策体系，促进要素更多向乡村流动，增强农业农村发展活力（表1-4）。2021年中央一号文件《中共中央 国务院关于全面推进乡村振兴 加快农业农村现代化的意见》，提出要加快县域内城乡融合发展，把县域作为城乡融合发展的重要切入点，强化统筹谋划和顶层设计，破除城乡分割的体制弊端，加快打通城乡要素平等交换、双向流动的制度性通道。

建立健全城乡融合发展体制机制和政策体系　　　　表1-4

体制机制	具体举措
城乡要素合理配置	健全农业转移人口市民化机制
	建立城市人才入乡激励机制
	改革完善农村承包地制度
	完善改革农村宅基地制度
	建立集体经营性建设用地入市制度
	健全财政投入保障机制
	完善乡村金融服务体系
	建立工商资本入乡促进机制
	建立科技成果入乡转化机制
城乡基本公共服务普惠共享	建立城乡教育资源均衡配置机制
	健全乡村医疗卫生服务体系
	健全城乡公共文化服务体系
	完善城乡统一的社会保险制度
	统筹城乡社会救助体系
	建立健全乡村治理机制

续表

体制机制	具体举措
城乡基础设施一体化发展	建立城乡基础设施一体化规划机制
	健全城乡基础设施一体化建设机制
	建立城乡基础设施一体化管护机制
乡村经济多元化发展	完善农业支持保护制度
	建立新产业新业态培育机制
	探索生态产品价值实现机制
	建立乡村文化保护利用机制
	搭建城乡产业协同发展平台
	健全城乡统筹规划制度
农民收入持续增长	完善促进农民工资性收入增长环境
	健全农民经营性收入增长机制
	建立农民财产性收入增长机制
	强化农民转移性收入保障机制
	强化打赢脱贫攻坚战体制机制

资料来源：《中共中央 国务院关于建立健全城乡融合发展体制机制和政策体系的意见》（http://www.gov.cn/xinwen/2019-05/05/content_5388880.htm）。

从地方政府来看，各地区结合实际，围绕乡村振兴与新型城镇化融合发展，也先后出台了相关政策。如《北京市乡村振兴战略规划（2018—2022年）》提出要立足首都城市战略定位，坚持乡村振兴和新型城镇化双轮驱动，准确把握北京"大城市小农业""大京郊小城区"的市情和乡村发展规律，统筹城乡国土空间开发格局，优化乡村生产生活生态空间，分类推进乡村发展，构建城乡融合发展格局。《山东省乡村振兴战略规划（2018—2022年）》提出坚持乡村振兴与新型城镇化双轮驱动，统筹国土空间开发格局，优化乡村生产生活生态空间，分类有序推进乡村发展，构建城乡协调联动的融合发展格局。《浙江省乡村振兴战略规划（2018—2022年）》提出在浙江省大湾区大花园大通道大都市区建设框架下，充分发挥新型城镇化对乡村振兴的带动作用，科学有序推进城乡行政区划调整，加快构建以都市区为主体形态、大中小城市和小城镇、乡村协调发展的城乡空间格局。浙江省出台的《2021年全省新型城镇化和城乡融合发展工作要点》，提出要制定人才加入乡村实施细则和政策措施，引导人才下乡入乡就业创业；统筹规划城乡供电供水供气等市政设施建设，推动供水供气等重要设施向城市郊区和规模较大的中心镇延伸覆盖。

第 2 章

新型城镇化发展现状

一、取得成就

二、新型城镇化试点经验

三、典型省区"十三五"进展

四、存在问题

一、取得成就

2012年,党的十八大提出"走中国特色新型城镇化道路",我国城镇化开始进入以人为本、规模和质量并重的新阶段。2013年,中央城镇化工作会议提出要以人为本,推进以人为核心的城镇化,提高城镇人口素质和居民生活质量,把促进有能力在城镇稳定就业和生活的常住人口有序实现市民化作为首要任务。2014年,中共中央、国务院出台《国家新型城镇化规划(2014—2020年)》,进一步明确了新型城镇化发展的指导思想、发展目标与主要任务。随着《国家新型城镇化规划(2014—2020年)》的深入实施,新型城镇化取得一系列成效。

(一)城镇化水平显著提高

2012年以来,为积极推动新型城镇化建设,户籍、土地、财政、教育、就业、医疗、养老、住房保障等领域配套改革不断推进,农业转移人口市民化速度加快,全国城镇化水平显著提升,常住人口城镇化率由2012年的52.6%增长到2020年的63.9%(图2-1),年均增长1.4个百分点;户籍人口城镇化率由2012年的35.3%增长到2020年的45.4%。

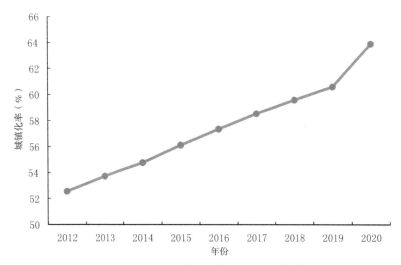

图2-1 2012—2020年全国常住人口城镇化率增长
资料来源:《中国统计年鉴2020》及第七次全国人口普查公报

(二)城市发展呈现新格局

2012年以来,随着新型城镇化战略的深入实施,行政区划调整不断加快,2020年末,全国共有城市685个,其中地级及以上城市293个、县级市388个,分别比2011年增加9个、19个(表2-1)。

2011—2020年全国地级市、市辖区与县级市数量变化　　表2-1

指标＼年份	2011	2012	2013	2014	2015	2016	2017	2018	2019	2020
地级市数(个)	284	285	286	288	291	293	294	293	293	293
市辖区数(个)	857	860	872	897	921	954	962	970	965	973
县级市数(个)	369	368	368	361	361	360	363	375	387	388

资料来源:国家统计局网站

城市规模持续扩大。从市辖区数量来看,2020年全国市辖区数量达到973个,比2011年增加116个;从用地规模来看,2019年全国城市建成区面积超过6万km^2,比2011年增加1.67万km^2,年均增长4.14%(图2-2)。其中2018年城市建设用地面积达到5.61万km^2,比2011年增加1.42万km^2,年均增长4.29个百分

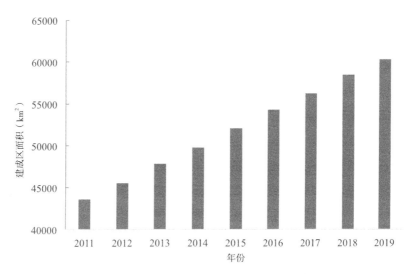

图2-2　2011—2019年全国城市建成区面积增长
资料来源:国家统计局网站

点。从城市人口规模来看（表2-2），全国地级及以上城市市辖区年末总人口在400万以上的城市数量，由2011年的14个增加到2019年的20个；市辖年末总人口在200万～400万的城市数量，由2011年的31增加到2019年的44个；市辖区年末总人口在100万～200万的城市数量，由2011年的82增加到2019年的98个。城市人口密度进一步提升，由2011年的2228人/km^2增加到2019年的2613人/km^2。

2011—2019年全国地级及以上城市市辖区年末
总人口等级数量变化（单位：个） 表2-2

分类＼年份	2011	2012	2013	2014	2015	2016	2017	2018	2019
全部地级及以上城市数	288	289	290	292	295	297	298	297	297
市辖区年末总人口为400万以上	14	14	14	17	15	17	19	20	20
市辖区年末总人口为200万~400万	31	31	33	35	38	43	42	42	44
市辖区年末总人口为100万~200万	82	82	86	91	94	96	100	99	98
市辖区年末总人口为50万~100万	108	108	103	98	92	90	86	88	88
市辖区年末总人口为20万~50万	49	50	52	47	49	43	42	40	39
市辖区年末总人口为20万以下	4	4	2	4	7	8	9	8	8

注：分组为公安部的户籍人口数；东莞、中山、三沙、儋州和嘉峪关无市辖区，人口为全市口径。
资料来源：国家统计局网站

城市群不断发展壮大。进入21世纪，长江三角洲、珠江三角洲和京津冀城市群作为区域经济增长极，发展速度快，引领作用强，集聚效应明显，逐渐发展为世界级的城市群。党的十八大以来，我国高度重视城市群建设工作，城市群发展进入新阶段。中央城镇化工作会议、《国家新型城镇化规划（2014—2020年）》和中央城市工作会议都明确提出以城市群为信息城镇化的主体形态，结合"一带一路"建设，推动大中小城市和小城镇协调发展。国家"十三五"规划纲要提出建设19个城市群的目标，加快构建以陆桥通道、沿长江通道为横轴，以沿海、京哈京广、包昆通道为纵轴，大中小城市和小城镇合理分布、协调发展的"两横三纵"城市化战略格局（图2-3）。

（三）城市经济发展质量提升

城市经济总量显著增加。2012年以来，随着改革开放的深入推进与一系列国家

图 2-3 城市群空间分布示意图
资料来源：《中华人民共和国国民经济和社会发展第十三个五年规划纲要》

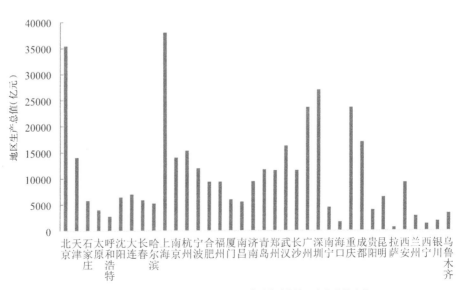

图 2-4 2019年直辖市、省会城市与计划单列市地区生产总值比较
资料来源：《中国统计年鉴2020》

战略的全面实施,城市经济快速发展。2019年,全国36个主要城市(含直辖市、省会城市与计划单列市)地区生产总值达到38.44万亿元,是2011年的2倍,占全国比重达到38.96%。其中,有14个城市地区生产总值超过1万亿元、5个城市超过2万亿元,上海与北京两市则超过3万亿元,最高的上海达到3.80万亿元(图2-4)。

从产业结构来看,服务业发展迅速,成为拉动城市经济增长的主力军。从2011—2019年全国36个主要城市(含直辖市、省会城市与计划单列市)第三产业增加值所占比重变化来看(表2-3),除拉萨外,其余35个城市第三产业增加值所占比重均显著提升,其中石家庄、合肥与西宁三市增幅超过20个百分点。2019年,36个主要城市中,第三产业增加值所占比重超过全国平均水平的城市数量达到29个,超过全国平均水平10个百分点的城市数量达到12个。其中北京第三产业增加值所占比重达到83.7%,超过全国平均水平29.4个百分点。同时,随着新产业、新业态、新商业模式不断涌现,城市市场呈现一派繁荣兴旺景象。

2011—2019年直辖市、省会城市与计划单列市第三产业增加值所占比重　　表2-3

年份 地区	2011	2012	2013	2014	2015	2016	2017	2018	2019
全国	44.3%	45.5%	46.9%	48.3%	50.8%	52.4%	52.7%	53.3%	54.3%
北京	78.5%	79.0%	79.5%	80.0%	81.6%	82.3%	82.7%	83.1%	83.7%
天津	52.0%	52.6%	54.1%	55.1%	57.2%	60.5%	62.0%	62.5%	63.5%
石家庄	40.1%	40.2%	41.4%	43.8%	45.8%	46.4%	47.5%	55.5%	60.7%
太原	52.7%	53.6%	54.8%	58.5%	61.3%	62.6%	61.2%	61.9%	61.2%
呼和浩特	58.7%	58.7%	63.1%	66.4%	67.9%	68.6%	68.5%	68.7%	66.4%
沈阳	44.1%	44.0%	43.8%	45.5%	47.5%	56.4%	56.9%	58.1%	61.9%
大连	41.5%	41.7%	42.9%	45.9%	50.8%	51.4%	52.1%	52.0%	53.5%
长春	40.5%	41.5%	40.2%	41.1%	43.7%	45.2%	46.6%	46.9%	51.8%
哈尔滨	50.6%	52.8%	53.5%	54.9%	55.9%	57.6%	60.5%	64.8%	67.7%
上海	58.5%	61.0%	63.7%	65.3%	68.3%	70.9%	70.7%	70.9%	72.9%
南京	52.4%	53.4%	54.4%	56.5%	57.3%	58.4%	59.7%	61.0%	62.0%
杭州	49.3%	50.9%	52.9%	55.2%	58.2%	60.9%	62.9%	63.9%	66.2%

续表

年份 地区	2011	2012	2013	2014	2015	2016	2017	2018	2019
宁波	40.5%	42.5%	43.6%	44.1%	45.2%	45.2%	44.9%	45.9%	49.1%
合肥	39.2%	39.2%	39.4%	39.3%	42.7%	45.0%	45.7%	50.3%	60.6%
福州	45.5%	45.8%	45.8%	46.5%	48.7%	50.3%	52.5%	52.9%	53.6%
厦门	47.9%	50.3%	51.6%	54.7%	55.7%	58.6%	57.8%	58.2%	58.0%
南昌	36.2%	38.7%	39.8%	40.6%	41.2%	42.8%	42.9%	45.9%	48.8%
济南	53.1%	54.4%	55.3%	55.8%	57.2%	58.9%	59.9%	60.5%	61.8%
青岛	47.7%	49.0%	50.1%	51.2%	52.8%	54.7%	55.4%	56.4%	60.9%
郑州	39.6%	41.0%	41.7%	46.4%	48.6%	51.3%	51.7%	54.7%	58.9%
武汉	48.9%	47.9%	47.7%	49.0%	51.0%	52.8%	53.2%	54.6%	60.7%
长沙	39.6%	39.6%	40.7%	41.8%	45.1%	47.8%	49.0%	54.8%	58.5%
广州	61.5%	63.6%	64.6%	65.2%	67.1%	69.4%	70.9%	71.8%	71.6%
深圳	53.5%	55.6%	56.5%	57.4%	58.8%	60.1%	58.5%	58.8%	60.9%
南宁	48.7%	48.7%	47.9%	48.5%	49.7%	50.8%	51.4%	59.1%	65.5%
海口	68.4%	68.5%	69.6%	74.9%	75.8%	76.3%	77.4%	77.5%	79.2%
重庆	47.2%	46.6%	46.8%	46.9%	48.4%	50.1%	51.5%	52.7%	53.6%
成都	49.4%	49.5%	50.2%	51.6%	52.8%	53.1%	53.2%	54.1%	65.6%
贵阳	53.0%	53.6%	55.4%	56.6%	57.2%	57.1%	57.0%	58.8%	59.0%
昆明	48.4%	48.9%	50.0%	53.7%	55.3%	56.7%	57.3%	56.6%	63.7%
拉萨	61.7%	61.0%	60.9%	59.5%	58.9%	58.1%	56.8%	54.2%	58.5%
西安	51.6%	52.4%	52.2%	56.1%	59.6%	61.2%	61.5%	61.9%	63.0%
兰州	48.8%	49.5%	51.0%	56.2%	60.0%	62.4%	62.6%	64.1%	64.9%
西宁	43.1%	44.7%	43.7%	46.7%	48.7%	49.1%	53.4%	60.0%	66.1%
银川	42.0%	41.8%	42.3%	42.2%	43.8%	45.3%	46.4%	50.8%	52.9%
乌鲁木齐	53.8%	57.4%	59.1%	62.1%	68.9%	70.2%	68.8%	68.6%	72.6%

资料来源：国家统计局网站

（四）城市基础设施和公共服务明显改善

党的十八大以来，随着城市经济的快速发展，城市建设力度不断加大，投入持续增加，基础设施明显改善，人民群众生活更加便利。从 2011—2019 年我国城市设施水平变化来看，城市用水普及率由 2011 年的 97.0% 提升到 2019 年的 98.8%；城市燃气普及率由 2011 年的 92.4% 提升到 2019 年的 97.3%，每万人拥有公共交通车辆由 2011 年的 11.81 标台提升到 2019 年的 13.13 标台，轨道交通运营里程由 2011 年的 1699km 增长到 2019 年的 6172km；人均城市道路面积由 2011 年的 13.75m^2 提升到 2019 年的 17.36m^2；城市绿地面积由 2011 年的 224.29 万公顷增长到 2019 年的 315.29 万公顷，公园面积由 2011 年的 28.58 万公顷增长到 2019 年的 50.24 万公顷，人均公园绿地面积由 2011 年的 11.8m^2 提升到 2019 年的 14.36m^2，建成区绿化覆盖率由 2011 年的 39.2% 提升到 2019 年的 41.5%；每万人拥有公共厕所数量由 2011 年的 2.95 座降低到 2019 年的 2.93 座（表 2-4）。

2011—2019 年我国城市设施水平提升　　　　表 2-4

城市设施＼年份	2011	2012	2013	2014	2015	2016	2017	2018	2019
城市用水普及率（%）	97.0	97.2	97.6	97.6	98.1	98.4	98.3	98.4	98.8
城市燃气普及率（%）	92.4	93.2	94.3	94.6	95.3	95.8	96.3	96.7	97.3
每万人拥有公共交通车辆（标台）	11.81	12.15	12.78	12.99	12.24	13.84	14.73	13.09	13.13
人均城市道路面积（m^2）	13.75	14.39	14.87	15.34	15.6	15.8	16.05	16.7	17.36
人均公园绿地面积（m^2/人）	11.8	12.26	12.64	13.08	13.35	13.7	14.01	14.11	14.36
每万人拥有公共厕所（座）	2.95	2.89	2.83	2.79	2.75	2.72	2.77	2.88	2.93

注：人均和普及率指标按城区人口与暂住人口之和计算，以公安部门的户籍统计和暂住人口统计为准。
资料来源：国家统计局网站

随着新型城镇化的深入推进，围绕城市居民对美好生活的向往，特别是教育、文化、医疗等需求，城市公共服务设施建设力度不断加大。2017 年末，地级以上城市普通高等学校（全市）2581 所，专任教师 161 万人；2018 年末，全国共有 3176 个公共图书馆、4918 个博物馆、528 个美术馆、3326 个文化馆和 2478 个艺术表演场馆，这些场馆大部分集中在城市。同时，各级政府加快建设广覆盖、保基本和可持续的社会保障体系，大力发展医疗卫生事业，城市医疗设施持续改善，医疗卫生水平不断提高。2018年末，全国城镇职工基本养老保险参保人数4.2亿人，城镇职工基本医疗保险参保人数3.2亿人，共有1008万城市居民获得最低生活保障。2017年末，地级以上城市医院16345个，医院床位350万张，执业（助理）医师188万人。

从城市人民生活水平来看，随着新型城镇化战略的深入实施，城镇就业持续增长，居民收入和支出明显增加，社会保障能力大幅度提高，人民群众获得感增强。2020年，全国城镇就业人数4.63亿人，占全国就业人员的比重达到61.6%。就业扩大与经济增长的良性互动带动城镇居民收入实现跨越式增长，收入来源更趋多元化。2020年，城镇居民人均可支配收入43834元，是2013年的1.66倍（图2-5），非工资性收入占城镇居民可支配收入的比重明显扩大，到2013年的37.2%提升到2020年的39.8%。消费支出和生活质量显著提高，2020年城镇居民人均消费支出27007元，比2013年增加8519元；城镇居民恩格尔系数为29.2%，比2013年降低约1个百分点。各城市不断加大社会保障资金投入力度，建成了一整套广覆盖、保基本、可持续的社会保障体系。

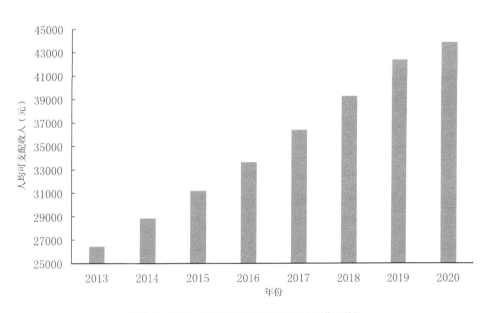

图2-5　2013—2020年城镇居民人均可支配收入增长
资料来源：国家统计局网站

二、新型城镇化试点经验

《国家新型城镇化规划（2014—2020年）》提出要开展试点示范，对需要深入研究解决的难点问题，如建立农业转移人口市民化成本分担机制，建立多元化、可持续的城镇化投融资机制，建立创新行政管理、降低行政成本的设市设区模式，改革完善农村宅基地制度等，要选择不同区域不同城市分类开展试点。为此，2014年起，国家发展改革委会同有关部门分三批将2个省和246个城市（镇）列为国家新型城镇化综合试点[①]，率先探索城镇化重点领域和关键环节制度改革。随着《国家新型城镇化规划（2014—2020年）》的圆满收官，国家新型城镇化综合试点等试点示范任务顺利完成。试点示范地区解放思想、大胆探索，产生了不少可复制、可推广的好经验、好做法，为新型城镇化和城乡融合发展领域的面上改革提供了有力支撑。国家发展改革委持续总结提炼，先后印发3份推广经验文件、推出180条典型做法，并从中凝练出30项政策举措纳入政策性文件，成为全国性制度安排和政策设计的参考（表2-5）。

国家新型城镇化综合试点经验　　　　表2-5

批次	要点	主要做法
第一批	加快农业转移人口市民化	持续降低大城市、特大城市和超大城市落户门槛；探索大学生在特大城市和超大城市零门槛落户；探索在特大城市和超大城市不同区域差异化落户；允许租赁房屋的常住人口在城市公共户口落户；深化"人钱挂钩、钱随人走"；深化"人地挂钩、以人定地"；改善农业转移人口随迁子女教育；保障农业转移人口住房需求
	深化农村产权制度改革	明晰农村各类资产权属；建立统一规范的农村产权流转市场；用好用活农村集体经营性建设用地；完善农民宅基地和农房政策；探索农民合法性权益自愿有偿退出
	健全城镇化投融资机制	防范化解地方政府债务风险；推动地方国企更好服务于城镇化；合理设立城镇化政府引导基金；促进实体经济与金融联动发展
	加快引导城市要素下乡	引导工商资本下乡；拓展农村融资渠道；搭建科技人才下乡平台

---

① 其中：江苏和安徽2个省，宁波、大连和青岛3个计划单列市，石家庄、长春、哈尔滨、武汉、长沙、广州和重庆主城九区7个省会城市，25个地级市（区、县）、25个县级市（区、县）和2个建制镇等为第一批综合试点地区；北京市房山区等59个城市（镇），以及北京市大兴区、山西省泽州县等14个农村土地制度改革试点为第二批综合试点地区；北京市顺义区等111个城市（镇）列为第三批综合试点地区。以上合计2个省和246个城市（镇）。

续表

批次	要点	主要做法
第一批	改革创新行政管理体制	推进市辖经济功能区和行政区合署办公；推动机构精简和职能相近部门合并；优化经济发达镇行政管理体制；深化行政审批"最多跑一次"改革
第二批	加快农业转移人口市民化	各地区按照尊重意愿和自主选择原则，以农业转移人口为重点，加快落实《推动1亿非户籍人口在城市落户方案》，并努力推动暂未落户城镇的常住人口平等享有基本公共服务。进一步放开放宽城市落户限制；改善城镇基本公共服务保障；推进农民工市民化效率变革；引导农民自愿有偿退出农村合法权益
第二批	加快推动城市高质量发展	各地区持续提升城市可持续发展能力，努力建设宜业宜居、富有特色、充满活力的现代城市。提高中心城市辐射带动力；提高城市精细化治理水平；打造城市产业升级新支点；创新金融服务实体经济方式
第二批	加快推进城乡融合发展	各地区建立健全城乡融合发展体制机制和政策体系，推进城乡要素自由流动、平等交换和公共资源合理配置，重塑新型城乡关系。探索外来人才入乡发展机制；推动农村集体经营性建设用地入市；完善乡村金融服务体系；搭建城乡产业协同发展平台
第三批	提高农业转移人口市民化质量	在深化户籍制度改革方面，主要是城区常住人口300万以上城市降低落户门槛或探索差别化落户、城区常住人口300万以下城市落实取消落户限制要求并优化户籍迁移服务等；在推进城镇基本公共服务均等化方面，主要是根据农业转移人口需求加强义务教育学位供给、优化医疗卫生服务、加大住房保障力度等；在提高农业转移人口职业技能素质方面，主要是流入地政府结合重大工程开展培训、流出地政府主动靠前提供培训、统筹调动企业和职业院校培训力量等
第三批	提高城市建设与治理水平	在有序推进城市更新方面，主要是改善老旧小区居住条件、推进老旧厂区转型培育新动能、推动老旧街区打造街区经济等；在提升城市发展韧性方面，主要是结合医院改造提升公共卫生防控救治能力、健全排水防涝设施、建设海绵城市等；在增强城市创新能力方面，主要是导入大城市科技教育资源、引进发达国家先进技术、健全产业园区配套设施等；在推动城市智慧化运行方面，主要是促进公共数据开放共享、引导社区服务线上办理、建设智慧停车信息平台等；在促进城市低碳化改造方面，主要是遏制"两高"项目盲目发展、推进园区循环化改造、推行清洁能源供暖、发展绿色建筑等；在优化创新城市治理方面，主要是推进非县级政府驻地特大镇设市、科学调整收缩型城市区划、盘活存量低效建设用地等
第三批	加快推进城乡融合发展	在健全农村资产抵押担保融资机制方面，主要是引导金融机构下沉服务重心、设立政策性风险补偿资金或担保公司、拓展农村资产抵押范围等；在健全科技成果入乡孵化转化机制方面，主要是加强涉农科技研发应用、引导城市人才入乡发展等；在推进城市公共设施向乡村覆盖方面，主要是推进城乡污水垃圾统筹收集处理、城乡客运一体化、城乡物流配送网络化、城乡供水一体化等；在推进城市公共服务向乡村延伸方面，主要是建立紧密型县域医共体、发展城乡教育联合体等

资料来源：国家发展改革委网站

其中，2021年8月出台的第三批国家新型城镇化综合试点等地区经验，围绕城乡融合发展，坚持以工补农、以城带乡，促进城乡要素双向自由流动和公共资源合理配置，缩小城乡发展差距和居民生活水平差距，加快推进乡村振兴与新型城镇化两大战略协同发展。一是在健全农村资产抵押担保融资机制方面，主要是引导金融机构下沉服务重心、设立政策性风险补偿资金或担保公司、拓展农村资产抵押范围等。如山东淄博组织农担公司和银行支持数字农业发展，新型农业经营主体以信用为基础提出申请、农担公司提供担保、银行提供贷款，发放数字农业类贷款约 3.5 亿元。四川崇州发展"农贷通 2.0 版"，推进农业生产设施设备和农作物等 9 类农村资产抵押融资，发放贷款约 28 亿元。河南长葛实行"农村承包地经营权抵押 + 贷款保证保险 + 政府风险补偿资金"方式，发放贷款约 4.5 亿元。广东广州花都区推进生猪抵押融资，发放贷款约 2.3 亿元。二是在健全科技成果入乡孵化转化机制方面，主要是加强涉农科技研发应用、引导城市人才入乡发展等。如重庆潼南区建设柠檬产业研究院，研发柠檬精深加工技术约 300 项，柠檬种植面积达 200 余平方公里。河南长葛引入中国农科院等科研机构和种业企业，共建现代种业研发平台。四川成都郫都区建立城市人才加入乡村制度，制定申请、初审、表决、公示、颁证等新村民引进程序，吸引乡村旅游等紧缺人才约 100 名，带动约 0.2 万名专业人才进村到户。三是在推进城市公共设施向乡村覆盖方面，主要是推进城乡污水垃圾统筹收集处理、城乡客运一体化、城乡物流配送网络化、城乡供水一体化等。如福建漳州长泰区推行"户分类、村收集、镇转运、区处理"的乡村生活垃圾处理模式，乡村生活垃圾收集率达 95%。湖南湘潭推进乡村生活垃圾处理付费制度全覆盖，既减少垃圾总量、又减少财政支出。吉林梅河口引入社会资本开展城乡环卫一体化建设，机械化清扫率达 90%。河北涉县推进村村通油（水泥）路和公共客车，公交化客运服务覆盖约 80 个行政村。四川达州建设城乡物流配送信息平台和专线网络，促进快速消费品、建材家居、农副产品、农资等城乡互通。宁夏盐池推进城乡供水一体化建设，农村自来水集中供水率和水质达标率均达 100%。四是在推进城市公共服务向乡村延伸方面，主要是建立紧密型县域医共体、发展城乡教育联合体等。如浙江嘉善完善县域医共体，建成 5 个诊断共享中心、13 个基层"云诊室"平台。河南登封按照二级综合医院标准建成 5 个县域医疗次中心，把优质医疗资源引入基层。广东韶关采用支教交流和师徒结对等方式，促进优秀义务教育教师在城乡间交流轮岗。江西萍乡采用以定向培养为主、以师范生支教和"银龄讲学"等为补充的方式，提高乡村教师队伍水平和学校办学质量。

三、典型省区"十三五"进展

(一)东部地区——浙江省①

"十三五"时期,浙江省全面贯彻习近平总书记关于新型城镇化重要论述精神,坚持推进以人为核心的城镇化,不断完善城镇格局与城市功能,持续深化城乡融合发展,努力推动新型城镇化发展走在全国前列。

一是着眼"更便捷",推动农业转移人口市民化量质齐升。全面深化户籍制度改革,探索实行按居住地登记户口的迁移制度,农业转移人口和其他常住人口落户城镇的通道进一步打通,杭州市作为特大城市实行积分落户制度。"十三五"时期,常住人口城镇化率由65.8%提升至72.2%。居住证制度全面实施,建成以居住证为载体的基本公共服务提供机制,所有市县均出台居住证具体申领条件和可享受的基本公共服务政策文件。

二是着眼"更协调",大中小城市和小城镇空间格局持续优化。扎实开展杭州、宁波、温州、金义建设,提升城市能级,推进创新、开放等"七个之城"建设,实施交通节点新城等十大标志性工程,强化引领作用。推动杭绍甬、甬舟、嘉湖、衢丽等重点区域一体化,促进中心城市与周边中小城市、小城镇协调发展。进一步提升县城在新型城镇化进程中的重要载体作用,加快推进县城补短板强弱项,2020年中国百强县中,浙江占24席。深入实施小城市培育试点,48个试点镇进入全国综合实力千强镇,龙港成功撤镇设市,走出了一条由镇到城的跨越之路,首创村域小城市培育试点。创新谋划推进特色小镇建设,形成"命名+创建"的小镇建设梯队,为全国提供浙江样板。谋划推进"千年古城"复兴计划,进一步挖掘传统文化传承潜力。

三是着眼"更优质",城市服务功能不断完善。城市服务功能加速提升,全省超70%的县(市、区)第三产业占比超过第二产业,以服务业为主导的城市经济格局日益显现。城市创新功能不断增强,稳步推进之江实验室、西湖实验室建设,首批省实验室启动建设,高新技术企业从6437家增加到22158家,数字经济核心产业增加值占比达到10.9%。城市开放水平进一步提升,自贸试验区获批建设并实现赋权扩区,跨境电商综试区实现设区市全覆盖,交易额居全国第2,"义新欧"班

---
① 国家发展改革委网站《浙江省"十三五"时期新型城镇化工作进展情况》(https://www.ndrc.gov.cn/xwdt/ztzl/xxczhjs/dfdt/202112/t20211202_1307858.html?code=&state=123)。

列 2020 年开行 1399 列。城市人居功能进一步完善，2020 年棚户区改造开工 11.6 万套，老旧小区改造开工 622 个。未来社区加快推进，前两批 57 个试点总投资超 6300 亿元。

四是着眼"更智慧"，智慧城市建设成效显著。"城市大脑"在浙江省范围内加快推广，逐步向警务、城管、旅游、医疗、安全治理等多领域集成融合和深度应用。浙江省首创实施"最多跑一次"改革，政务服务事项在全国率先实现"一网通办"，成为审批事项最少、管理效率最高、服务质量最优的省份之一。政府数字化转型走深走实，"浙里办""浙政钉""浙里督"迭代升级，推出了一批场景化的多业务协同应用，"浙里办"网上可办率达 100%，"浙政钉"实现省市县乡村小组全覆盖，"互联网＋监管"持续推进，初步建成"掌上办事之省""掌上办公之省"。

五是着眼"更均衡"，城乡融合发展格局基本形成。城镇和农村居民可支配收入分别连续 20 年和 36 年居全国各省区首位，城乡居民收入比连续 8 年呈缩小态势，"十三五"时期从 2.07 下降至 1.96，是全国各省区中城乡收入差距最小的省份。城乡公共服务基本实现同标同轨，率先实现义务教育教师"县管校聘"全覆盖，农村地区"20 分钟医疗卫生服务圈"基本建成，率先基本实现城乡同质饮水，新增高速公路 1179km、高铁 325km，实现陆域"县县通高速"，"四好农村路"建设成为全国示范。嘉兴、湖州全域入选国家城乡融合发展试验区，各项试验任务扎实推进。"千村示范、万村整治"工程荣获联合国最高环保荣誉——"地球卫士奖"。

（二）中部地区——湖北省[①]

"十三五"以来，湖北省坚持以习近平新时代中国特色社会主义思想为指导，深入实施以人为核心的新型城镇化战略，扎实推进新型城镇化各项任务落实落地。截至 2020 年末，全省常住人口城镇化率达到 62.89%，较"十二五"末提升 6 个百分点，全省新型城镇化建设取得显著成效。

一是农业转移人口市民化取得新突破。户籍制度改革取得积极成效，全省除武汉市外其他城市基本实现零门槛落户，"十三五"时期超过 500 万农业转移人口在城镇落户。居住证制度不断完善，含金量逐步提高。农业转移人口享有的城镇基本公共服务范围不断扩大，在随迁子女义务教育、住房保障、技能培训和医疗卫生等

---

① 国家发展改革委网站《湖北省"十三五"时期新型城镇化取得明显成效》（https://www.ndrc.gov.cn/fzggw/jgsj/zys/sjdt/202111/t20211126_1305365.html?code=&state=123）。

方面享有更多更好服务，累计开展农业转移人口就业培训158.93万人，武汉市居住证持有人享受的基本公共服务项目数量占户籍人口享受数量的比例超过87%。"人地钱"挂钩配套政策稳步实施。

二是城镇空间布局实现新优化。全省"一主两翼、两纵两横、多点支撑"的城镇化格局初步形成。武汉国家中心城市功能逐步增强，2020年受新冠肺炎疫情严重冲击后，实现地区生产总值1.56万亿元、居全国第9位，展现出较强的发展韧性。襄阳、宜昌发展能级进一步提升，两市经济总量在中部同类城市分列2位、3位，在全国城市排名大幅上升。武汉都市圈一体化发展取得积极成效，四条城际铁路建成通车，"一小时"通勤圈基本形成。城镇规模结构持续优化，大中城市数量稳步增加，小城市加快培育，新设京山、监利等县级市，全国百强县（市）数量增至7个。

三是城市建设质量得到新提升。基础设施建设实现大跨越，汉十高铁、天河机场三期等一批标志性项目建成投用。市民出行更加便利，城市轨道交通（含现代有轨电车）运营里程增至409km，公共交通占机动化出行比例显著提升。市政公用设施提档升级明显，城市供水普及率超过99%，供气普及率达到97.92%，污水处理率和生活垃圾无害化处理率均提高到100%。全省海绵城市达标面积549km^2，占设市城市建成区面积的21%。公共服务设施配套更加完善，每千人口拥有执业（助理）医师数2.65人，护理型养老床位占机构养老床位数的36.3%。人居环境明显改善，城镇居民人均住房面积提高到45m^2，建成各类城市公园787个，45个城市（县城）获得国家级园林城市称号，城市建成区绿化覆盖率已达40%，武汉东湖绿道获评联合国人居署示范项目。城市管理体制不断完善，社区网格化管理模式全面实施。

四是城乡融合发展迈出新步伐。城乡要素双向自由流动的制度性通道不断拓宽，农村土地"三权"分置改革有序推进，湖北农村资产交易管理信息平台覆盖全部市州。城市基本公共服务不断向乡村延伸，96.1%的进城务工人员随迁子女在流入地公办学校接受义务教育，省级统筹4.2万余名教师充实到农村义务教育学校，"四馆三场两中心"设施网络实现城乡全覆盖，行政村基本实现了体育设施全覆盖。农村社保卡持卡人员覆盖率达到95%以上。率先建立统一的城乡居民基本养老保险、基本医疗保险制度，实现城乡居民养老保险制度全覆盖。城乡基础设施水平持续提升，农村生活垃圾按"五有"标准治理的行政村达到100%，乡镇生活污水处理设施和农村安全饮水实现全覆盖，"四好农村路"建设和农村电网改造升级任务圆满完成，行政村实现100%通硬化路，20户以上自然村全部实现公路通达、光纤接入和4G网络全覆盖。城乡居民人均可支配收入比值缩小至2.25∶1，比全国低0.31个百分点。

（三）西部地区——陕西省[①]

"十三五"以来，陕西省认真贯彻落实习近平总书记来陕考察重要讲话和关于新型城镇化工作的重要指示精神，坚持以人为核心的新型城镇化战略，推进新型城镇化健康发展，常住人口城镇化率达到62.66%，较2015年提升了8.74个百分点，年均增长1.75个百分点。

一是农业转移人口市民化取得突出成绩。全面深化户籍制度改革，印发《推动非户籍人口在城市落户实施方案》，不断放开放宽城市落户限制，促进有能力在城镇稳定就业和生活的农业转移人口举家进城落户。西安市升级调整落户政策，率先推出户籍业务全城通办、掌上户籍室等创新举措，大幅降低落户门槛、简化落户流程。"十三五"时期陕西省城镇人口增加432万人，户籍人口城镇化率高于全国平均水平，有力提升陕西省城镇化质量和水平。

二是关中平原城市群发展步伐加快。《关中平原城市群发展规划》稳步实施，陕西省不断加快推进关中平原城市群一体化发展步伐，城市群12市（区）在西安共同发布"关中宣言"，牵头建立陕西、山西、甘肃三省联席会议制度并有效运转，签署三省合作协议及若干专项合作协议，城市群交通互联、开放合作、产业发展、资源共享、生态共建、要素改革等领域合作不断深化。2020年，关中平原城市群（陕西部分）实现生产总值1.76万亿元，约占全省67%，常住人口约占70%，陕西省经济、人口向城市群聚集趋势持续强化。

三是西安中心城市建设稳步推进。深入推进西安的省市共建，全力打造"三中心两高地一枢纽"。西安跻身全国数字化十大城市，成为全国首个国家硬科技创新发展示范区。西安铁路口岸已建成亚洲最大的铁路物流集散中心，中欧班列（西安）集结中心获批建设，西安咸阳国际机场旅客吞吐量居全国第七位。西安市统筹西咸新区发展，西咸一体化、富阎一体化、西铜及西渭融合发展等有力推进，西安都市圈初具规模。

四是城市生态环境质量明显改善。牢固树立"绿水青山就是金山银山"的发展理念，全力推进城市生态修复、城市修补，西咸新区等海绵城市试点成效显著，城市建成区绿化覆盖率达到40.8%，完成海绵城市建设180.51km^2，海绵城市占建成区比例达到12.83%。陕西省10个设区城市、杨凌示范区、韩城市已全部建成为省

[①] 国家发展改革委网站《陕西省"十三五"时期新型城镇化取得明显成效》（https://www.ndrc.gov.cn/fzggw/jgsj/zys/sjdt/202112/t20211217_1308431.html?code=&state=123）。

级以上园林城市，创建国家园林县城 26 个。消除城市黑臭水体 26 个，污泥无害化处理率达到 90% 以上，垃圾分类全面铺开。绿色建筑占比超过 53%。地级以上城市空气质量优良天数比率达到 80.9%。

五是城乡融合发展体制机制不断健全。印发《关于建立健全城乡融合发展体制机制和政策体系实施意见》，西咸新区接合片区列入国家城乡融合发展试验区，杨凌、武功、富平等地围绕建立进城落户农民依法自愿有偿转让退出农村权益制度、农村集体经营性建设用地入市制度、搭建城乡融合产业发展平台、建立城乡基础设施一体化发展体制机制、科技成果入乡转化机制等试点任务开展先试先行。35 个重点示范镇和 31 个文化旅游名镇建设加快推进，累计完成投资分别达到 590.45 亿元、211.38 亿元，吸纳非农就业人口 46.32 万人，100 个乡村振兴示范镇全面铺开。

四、存在问题

对照《国家新型城镇化规划（2014—2020 年）》目标任务，新型城镇化在推进过程中也存在一些必须高度重视并着力解决的突出矛盾和问题。

（一）市民化进程滞后

《国家新型城镇化规划（2014—2020 年）》提出城镇化水平和质量稳步提升，到 2020 年常住人口城镇化率达到 60% 左右，户籍人口城镇化率达到 45% 左右，户籍人口城镇化率与常住人口城镇化率差距缩小 2 个百分点左右，努力实现 1 亿左右农业转移人口和其他常住人口在城镇落户。根据第七次全国人口普查结果，2020 年常住城镇人口 9.02 亿人，常住人口城镇化率达到 63.9%，户籍人口城镇化率为 45.4%。尽管户籍人口城镇化率与常住人口城镇化率均达到《国家新型城镇化规划（2014—2020 年）》目标，但户籍人口城镇化率与常住人口城镇化率差距由 2012 年的 17.3 个百分点扩大到 2020 年的 18.5 个百分点（图 2-6），并未实现"缩小 2 个百分点左右"的预期目标，反而增大 1.2 个百分点。

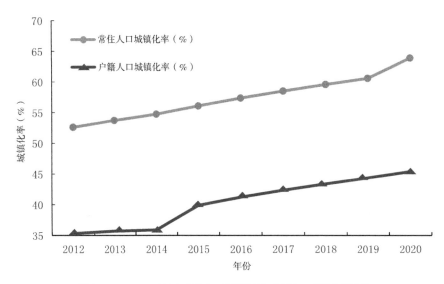

图 2-6 2012—2020 年常住人口城镇化率与户籍人口城镇化率差距
资料来源：历年国民经济和社会发展统计公报及第七次全国人口普查数据

根据国家统计局《2020年农民工监测调查报告》，2020年全国农民工总量2.86亿人，其中年末在城镇居住的进城农民工1.31亿人。由于受户籍制度影响，大多数农民工及其随迁家属，在就业、保障性住房、教育等方面并未完全享受城镇居民的基本公共服务。在就业方面，2020年全国城镇非私营单位就业人员年平均工资为97379元、全国城镇私营单位就业人员年平均工资为57727元，而农民工平均月均收入仅有4072元。在住房方面，2020年进城农民工人均居住面积仅21.5m^2，而2018年全国城镇居民人均住房建筑面积就达到39 m^2。在随迁子女教育方面，3～5岁随迁儿童入园率（含学前班）为86.1%，但在公办幼儿园或普惠性民办幼儿园的仅占66.1%；义务教育年龄段随迁儿童的在校率为99.4%，但小学年龄段在公办学校就读的仅有81.5%、初中年龄段在公办学校就读的仅有87.0%。47.5%的农民工家长反映在城市上学面临本地升学难、费用高等问题。在进城农民工社会融合方面，仅有41.4%的进城农民工认为自己是所居住城市的"本地人"，仅有60.5%表示对业余生活非常满意和比较满意，仅有29.3%参加过所在社区组织的活动。进城农民工的社会活动仍比较单一，业余时间主要是看电视、上网和休息。

（二）城镇空间分布和规模结构不合理

西部地区城市数量少、规模小、密度低。2019年底，全国地级市与县级市城市数量达到680个,而西部地区仅有201个,其中地级市94个、县级市107个,占全国的比重分别为32.1%、27.6%。从地级市及以上城市规模结构来看,市辖区人口规模在400万以上的有3座、在200万~400万之间的有8座、在100万~200万之间的有32座,100万以下共有52座、占总数的55%(表2-6、表2-7)。

2012—2019年全国各省(自治区、直辖市)常住城镇化水平增长(%) 表2-6

年份 地区	2012	2013	2014	2015	2016	2017	2018	2019
全国	52.57	53.73	54.77	56.10	57.35	58.52	59.58	60.60
北京	86.20	86.30	86.35	86.50	86.50	86.50	86.50	86.60
天津	81.55	82.01	82.27	82.64	82.93	82.93	83.15	83.48
河北	46.80	48.12	49.33	51.33	53.32	55.01	56.43	57.62
山西	51.26	52.56	53.79	55.03	56.21	57.34	58.41	59.55
内蒙古	57.74	58.71	59.51	60.30	61.19	62.02	62.71	63.37
辽宁	65.65	66.45	67.05	67.35	67.37	67.49	68.10	68.11
吉林	53.70	54.20	54.81	55.31	55.97	56.65	57.53	58.27
黑龙江	56.90	57.40	58.01	58.80	59.20	59.40	60.10	60.90
上海	89.30	89.60	89.60	87.60	87.90	87.70	88.10	88.30
江苏	63.00	64.11	65.21	66.52	67.72	68.76	69.61	70.61
浙江	63.20	64.00	64.87	65.80	67.00	68.00	68.90	70.00
安徽	46.50	47.86	49.15	50.50	51.99	53.49	54.69	55.81
福建	59.60	60.77	61.80	62.60	63.60	64.80	65.82	66.50
江西	47.51	48.87	50.22	51.62	53.10	54.60	56.02	57.42
山东	52.43	53.75	55.01	57.01	59.02	60.58	61.18	61.51
河南	42.43	43.80	45.20	46.85	48.50	50.16	51.71	53.21
湖北	53.50	54.51	55.67	56.85	58.10	59.30	60.30	61.00
湖南	46.65	47.96	49.28	50.89	52.75	54.62	56.02	57.22
广东	67.40	67.76	68.00	68.71	69.20	69.85	70.70	71.40
广西	43.53	44.81	46.01	47.06	48.08	49.21	50.22	51.09
海南	51.60	52.74	53.76	55.12	56.78	58.04	59.06	59.23

续表

地区\年份	2012	2013	2014	2015	2016	2017	2018	2019
重庆	56.98	58.34	59.60	60.94	62.60	64.08	65.50	66.80
四川	43.53	44.90	46.30	47.69	49.21	50.79	52.29	53.79
贵州	36.41	37.83	40.01	42.01	44.15	46.02	47.52	49.02
云南	39.31	40.48	41.73	43.33	45.03	46.69	47.81	48.91
西藏	22.75	23.71	25.75	27.74	29.56	30.89	31.14	31.54
陕西	50.02	51.31	52.57	53.92	55.34	56.79	58.13	59.43
甘肃	38.75	40.13	41.68	43.19	44.69	46.39	47.69	48.49
青海	47.44	48.51	49.78	50.30	51.63	53.07	54.47	55.52
宁夏	50.67	52.01	53.61	55.23	56.29	57.98	58.88	59.86
新疆	43.98	44.47	46.07	47.23	48.35	49.38	50.91	51.87

资源来源：《中国统计年鉴2020》

2019年全国东、中、西部及东北地区地级市及以上城市规模结构比较　表2-7

地区	合计	按城市市辖区年末总人口分组					
		400万以上	200万~400万	100万~200万	50万~100万	20万~50万	20万以下
全国	297	20	44	98	88	39	8
东部	88	12	24	31	17	3	1
中部	80	1	12	29	32	6	
西部	95	3	8	32	22	24	6
东北	34	4		6	17	6	1

资料来源：《中国统计年鉴2020》

由此可见，西部地区城镇体系结构中，作为区域发展中心的特大城市、大城市发展滞后，对中小城市和小城镇的辐射带动作用不强，吸纳剩余劳动力的能力有限，影响城镇体系功能的全面发挥。从空间布局来看，西部地区城市主要分布于成渝、关中、呼包银、天山北坡等区域，西北与西南地区城市发育不足，特别是重庆、成都、西安等核心城市相对集中，且位居西部地区的东部，对西部内陆地区辐射带动效应有限。

（三）城市管理服务水平不高

《国家新型城镇化规划（2014—2020年）》提出要加快推进城市管理人性化、智能化，特别提出要提升城乡接合部规划建设和管理服务水平；2016年2月出台的《中共中央 国务院关于进一步加强城市规划建设管理工作的若干意见》，进一步要求转变城市发展方式，着力塑造城市特色风貌，着力提升城市环境质量，着力创新城市管理服务。在城市管理智能化方面，2015年12月出台的《中共中央 国务院关于深入推进城市执法体制改革改进城市管理工作的指导意见》（中发〔2015〕37号）明确要求，到2017年底，所有市、县都要整合形成数字化城市管理平台。在数字化城市管理平台建设中，由于受理念、资金等影响，部分地区数字化城市管理平台建设仍然存在进展滞后、功能不完善等突出问题，制约城市服务管理提升的提升。根据湖南省住房和城乡建设厅2019年3月《关于2018年全省数字化城市管理平台建设工作评价的通报》[①]，截至2018年底，全省投入运行的市县共计29个（含长沙市望城区、株洲市渌口区），在本次评价的102个市县中，占比28%；在未投入运行的市县中，提交方案备案的市县共计27个，专家评审通过10个。

同时，随着城镇化的推进，城镇生态与资源环境压力不断增大，不仅影响到城镇人居环境，而且威胁着城镇生存发展的生态基础，严重制约了城镇化发展的可持续性。东部沿海地区大城市、特大城市，随着城市人口规模、用地规模的不断扩大，雾霾、交通拥堵、城市洪涝等城市病问题凸显。以城市洪涝为例，一些城市的规划和建设缺乏长远系统全局考虑的做法，直接或间接导致老城区防洪排涝基础设施老化、新城区基础设施建设滞后等问题，一旦遭遇极端降雨，就容易出现洪涝灾害。2021年7月20日，河南省大部分地区出现强降水天气，多地出现大暴雨甚至特大暴雨。郑州、新乡、鹤壁等城市出现严重内涝，铁路、公路、民航运输受到严重影响，部分地区发生险情，防汛形势异常严峻，特别是7月20日郑州市遭受重大人员伤亡和财产损失。根据国务院灾害调查组2022年1月公布的《郑州"7·20"特大暴雨灾害调查报告》[②]，河南郑州"7·20"特大暴雨灾害是一场因极端暴雨导致严重城市内涝、河流洪水、山洪滑坡等多灾并发，造成重大人员伤亡和财产损失的特别重大自然灾害；郑州市委市政府及有关区县（市）、部门和单位风险意识不强，

[①] "关于2018年全省数字化城市管理平台建设工作评价的通报"（http://scg.zjj.gov.cn/c1440/20190307/i463173.html）。
[②] 国务院灾害调查组《郑州"7·20"特大暴雨灾害调查报告》（https：//www.sohu.com/a/518766870_121106869）。

对这场特大灾害认识准备不足、防范组织不力、应急处置不当,存在失职渎职行为。总体是"天灾",具体有"人祸",特别是发生了地铁、隧道等本不应该发生的伤亡事件,暴露出的城市排涝的基础设施薄弱、防汛体制机制不完善、基层应急处置能力不足等问题。为此,2021年4月国务院办公厅下发《关于加强城市内涝治理的实施意见》(国办发〔2021〕11号),提出要根据建设海绵城市、韧性城市要求,因地制宜、因城施策,提升城市防洪排涝能力,用统筹的方式、系统的方法解决城市内涝问题,维护人民群众生命财产安全,为促进经济社会持续健康发展提供有力支撑。

第 3 章

乡村振兴战略实施成效

一、取得成绩

二、存在问题

党的十九大以来，各地区、各部门深入贯彻党中央决策部署，大力实施乡村振兴战略，统筹推进农村经济建设、政治建设、文化建设、社会建设、生态文明建设和党的建设，大力促进乡村产业振兴、人才振兴、文化振兴、生态振兴与组织振兴、促进农业全面升级、农村全面进步、农民全面发展，乡村振兴取得了积极进展，乡村振兴的制度框架和政策体系基本形成，脱贫攻坚战取得伟大胜利，农村全面建成小康社会目标如期实现。

一、取得成绩

（一）产业兴旺

产业兴旺是乡村振兴的基础和根基，是乡村振兴可持续发展的重要保证，只有产业兴旺，才能激活乡村发展动能，发展壮大农村经济实力，从而为人才振兴、文化振兴、生态振兴、组织振兴4个方面提供物质基础和条件，进而不断增强乡村振兴内生动力，构建乡村振兴可持续发展能力。这就要求在农业现代化进程中，坚持质量兴农、品牌强农，推动农业发展质量变革、效率变革、动力变革，持续提高农业创新力、竞争力和全要素生产率。党的十八大以来，我国针对增强农村发展活力、深化农村改革创新采取了一系列有力措施，农村创新创业环境不断改善，乡村产业快速发展，促进了农民就业增收和乡村繁荣发展。

1. 粮食供给能力不断增强

《乡村振兴战略规划（2018—2022年）》提出，要深入实施藏粮于地、藏粮于技战略，提高农业综合生产能力，保障国家粮食安全和重要农产品有效供给，把中国人的饭碗牢牢端在自己手中。乡村产业兴旺事关国计民生和国家发展全局，必须增强农业综合生产能力，实现乡村产业又好又快发展，夯实国民经济发展基础。党的十八大以来，在习近平总书记关于粮食安全重要论述的指引下，我国粮食综合生产能力不断提升，粮食供给总量充足、库存充裕，市场运行稳定，以占世界9%的耕地、6%的淡水资源，养活了世界近1/5的人口，实现了从"吃得饱"向"吃得好"的历史性转变，粮食安全形势总体较好，走出了一条中国特色的粮食安全之路。2012—2020年我国粮食总产量稳步上升，由2012年的6.12亿t提升至2020年的6.69亿t（图3-1）。2022年4月，农业农村部市场预警专家委员会、中国农业科学院等单位联合发布《中国农业展望报告（2022—2031）》。该报告分析，2021年中国粮食产量创历史新高，达到6.83亿t，比2020年增长2.0%，预测2022年粮食的总产量会保持在6.88亿t①。可见2016年、2020年和2022年的粮食总产量均大于6亿t，均达到了《乡村振兴战略规划（2018—2022年）》中粮食综合产量的目标值。2019年全国耕地质量平均等级为4.76等，较2014年提升了0.35个等级。2021年，我国人均粮食占有量达483kg，比2020年增加9kg，远高于人均400kg的国际安全标准线；我国谷物自给率始终保持在95%以上，保证了谷物的基本自给②。

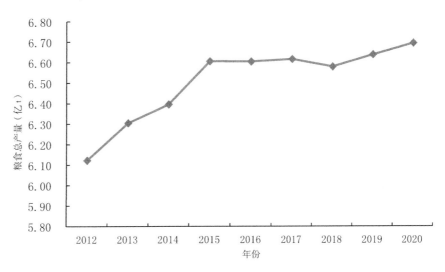

图3-1　2012—2020年全国粮食总产量
资料来源：2013—2021年《中国统计年鉴》

2. 科技支撑力量不断提高

科技创新是引领农业产业发展的动力之源，要坚持创新驱动发展，坚持农业科技自立自强，以解决以农业种质资源为重点的"卡脖子"问题，推动农业产业全面升级，实现由传统粗放型向现代集约型转变。党的十八大以来，我国农业科技发展

---

① 资料来源：农业农村部《中国农业展望报告（2022—2031）》http://www.moa.gov.cn/ztzl/ymksn/gmrbbd/202204/t20220421_6397122.htm。
② 资料来源：农业农村部"守牢粮食安全底线 夯实国家安全基础" http://www.moa.gov.cn/ztzl/ymksn/gmrbbd/202205/t20220517_6399420.htm。

既关注"顶天",在政策扶持、资金投入、关键技术的研发集成上大步迈进;也重视"立地",开展大规模科技下乡、科技入户,农业科技成果转化应用率不断提高。2012年,全国农业科技进步贡献率达到54.5%,农作物耕种收综合机械化水平达到57.0%;2019年全国农业科技进步贡献率达到59.2%,良种实现全覆盖,旱涝保收、高产稳产的高标准农田达到6.4亿亩,粮食作物耕种收综合机械化率已经超过80%;2020年,全国农业科技进步贡献率达到60.7%,已超过《乡村振兴战略规划(2018—2022年)》中60%的目标值,农作物耕种收综合机械化率达到71%,我国主要农作物良种基本实现全覆盖,自主选育品种面积占95%以上,为农业现代化注入强劲动力[①]。物联网、大数据、区块链等现代信息技术逐步应用于农业生产,科技创新正成为现代农业发展新动能,农业生产从主要依靠增加资源要素投入转向主要依靠科技进步、从主要依靠人力畜力转向主要依靠机械动力,农业综合效益和竞争力明显提升,引领乡村产业转型升级。

3. 农业生产效率稳步提升

党的十八大以来,我国出台一系列政策,极大地调动了农业生产的积极性和主动性,农业生产力得到空前释放,农业劳动生产率水平不断提升,农业全面发展取得可喜成绩。2012—2020年,我国第一产业从业人员人数逐年减少,由2012年的25535万人减少至2020年的17715万人;第一产业总产值逐年提升,由2012年的49084.6亿元提升至2020年的77754.1亿元;农业劳动生产率逐年提高,由2012年的1.92万元提升至2020年4.39万元,年均提升10.87%,2012—2017年呈近似直线上升的发展趋势,2018—2020年呈近似指数上升的发展趋势(图3-2)。利用2012—2020年的数据进行时间序列预测,结果显示,$R^2=0.9582$;利用2018—2020年的数据进行时间序列预测,结果显示,$R^2=0.9935$,说明后者的拟合度更高,应选择该拟合方程进行测算。预测结果得出2022年农业劳动生产率将达到5.44%。可见2016年、2020年、2022年农业劳动生产率均未达到《乡村振兴战略规划(2018—2022年)》中3.1%、4.7%、5.5%的目标值。但2022年预测值较2016年提高2.56个百分点,说明有望完成规划中增长2.4万元的目标。

---

① 资料来源:农业农村部 http://www.moa.gov.cn/ztzl/2022lhjj/mtbd_29093/202203/t20220302_6390221.htm。

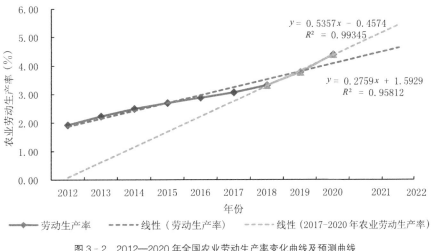

图 3-2 2012—2020 年全国农业劳动生产率变化曲线及预测曲线
资料来源：2013—2021 年《中国统计年鉴》。

4. 农产品加工业做精做深

农产品加工业处于"粮头食尾""农头工尾"，是离"三农"最近、与百姓最亲的产业，是实现产业兴旺的重中之重，是统筹脱贫攻坚和乡村振兴的重要抓手。发展农产品加工业，特别是壮大农业产业化龙头企业，有利于促进现代农业的规模化、基地化、标准化、安全化，有利于延长农业产业链、提升价值链、完善利益链，有利于提高农村三产融合发展和新型城镇化水平，形成以工促农、以城带乡的长效反哺机制。近年来农产品加工产业逐渐向粮食主产区和特色优势区布局，产地初加工覆盖面明显扩大。2019 年，农产品加工转化率约 68%，农产品加工业与农业产业产值比达到 2.36∶1，逐步改变了农村卖原料、城市搞加工的格局。全国果蔬等农产品产后损失率从 15% 降至 6%，一批具有自主知识产权的加工副产物综合利用技术快速应用。乡村特色产业展现新生机，一批特点鲜明的小宗类、多样化乡土产业逐步形成，培育了 880 个乡村特色产品和 210 名能工巧匠，创响一批"土字号""乡字号"特色产品品牌。2020 年，农产品加工转化率约 67.5%，农产品加工业与农业产业产值比接近 2.4∶1[①]，距离完成《乡村振兴战略规划（2018—2022 年）》中的目标还有一定差距。

---

① 资料来源：《经济日报》"我国农产品加工业自主创新能力稳步提升"（https：//www.caas.cn/xwzx/mtbd/311483.html）。

5. 乡村旅游发展态势良好

休闲农业和乡村旅游产业是农业与服务融合发展的信息产业业态，它实现了农业的文化教育、旅游、休闲、文明传承等功能，实现了乡村产业的正外部性，并且突破了传统农业单一的生产性功能，为优化乡村产业结构、促进农民增收提供了新的发展思路。党的十八大以来，休闲农业和乡村旅游快速发展，接待人次逐年上涨，由2012年的7.2亿人增加至2019年的30.9亿人，年均增长23.13%。2019年我国乡村旅游接待人次占国内旅游人次的一半（图3‑3）。从历年数据可以发现，早在2017年就已提前完成《乡村振兴战略规划（2018—2022年）》中2020年28亿人的目标值。2020年受新冠肺炎疫情影响，国内旅游市场遭受较大冲击，数据显示，2020年1—8月，中国休闲农业与乡村旅游接待人数达12.07亿人，休闲农业与乡村旅游收入达到5925亿元。

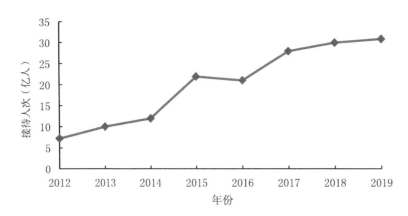

图3‑3　2012—2019年休闲农业和乡村旅游接待人次

资料来源：iiMedia Research（艾媒咨询）《2020年中国乡村旅游发展现状及旅游用户分析报告》https：//www.iimedia.cn/c1020/75184.html。

（二）生态宜居

生态宜居是乡村振兴的关键。要坚持人与自然和谐共生，走乡村绿色发展之路，让良好生态成为乡村振兴支撑点。乡村振兴的成色和质量，要靠绿水青山为底色，要靠生态宜居为本色。推动乡村生态振兴，建设生活环境整洁优美、生态系统稳定健康、人与自然和谐共生的生态宜居美丽乡村，实现乡村绿色发展。党的十八大以来，党中央把生态文明建设作为统筹推进"五位一体"总体布局和协调推进"四个全面"

战略布局的重要内容,谋划开展了一系列根本性、长远性、开创性工作。先后印发了《农村人居环境整治三年行动方案》《农业农村污染治理攻坚战行动计划》等政策文件,农村环境污染治理取得了良好的成效。

1. 农业绿色发展成效显著

化肥施用强度明显下降。化肥的应用为保障我国农产品安全尤其是粮食安全作出了巨大贡献,但也带来了一系列的问题,如氮肥的过量施用导致土壤酸化,对耕地产出能力和农产品安全均造成不同程度的威胁,成为农业面源污染的重要来源。党的十八大以来,我国农作物播种面积呈扩大趋势,由 2012 年的 162071 千公顷扩大到 2020 年 167487 千公顷,年均扩大 0.41%;农作物化肥施用总量折纯呈先上升后下降的变化趋势,于 2016 年实现了化肥零增长的目标。从图 3-4 可以看出,化肥施用强度呈先上升再下降的发展趋势,2012—2014 年化肥施用强度以 0.4% 左右的速度小幅度上涨,2015—2016 年以 0.6% 左右的速度小幅度下降,2017 年以后下降幅度增大至 3% 左右,2020 年较 2012 年下降 12.98%,说明近年来有效遏制了农业面源污染恶化的趋势,且效果显著。

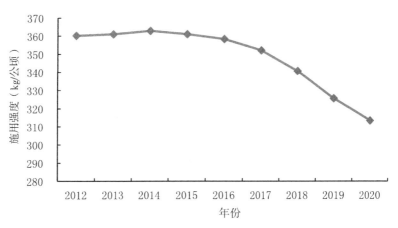

图 3-4 2012—2020 年全国化肥施用强度

废物资料利用效率提升。"十三五"期间,中央财政累计安排资金 296 亿元实施整县制推进畜禽粪污资源化利用项目,支持 723 个县提升粪污利用能力,实现 585 个畜牧大县全覆盖,全国规模养殖场粪污处理设施装备配套率超过 95%,大型规模养殖场基本达到 100%,畜禽粪污资源化综合利用率超过 75%,有效解决了畜禽粪污直排问题,实现了由"治"到"用"的转变,并达成了《乡村振兴战略规划（2018—2022年）》中的目标值，为加快形成农牧循环发展新格局奠定坚实基础[①]。2020年，三大粮食作物化肥农药利用率双双达到40%以上，使用量连续多年负增长；秸秆综合利用率达到87.6%，农用为主、多元利用格局基本形成；农膜回收率达到80%，重点地区农田"白色污染"得到有效防控[②]。

2. 乡村人居环境明显改善

农村生活垃圾治理取得明显成效。目前，我国广大农村生活垃圾处置主要采用"村收集、镇转运、县处理"的三级处理模式。"十三五"期间，15万个行政村完成农村环境综合整治，超额完成目标。全国行政村生活垃圾处置体系覆盖率达到90%以上，全国排查出的2.4万个非正规垃圾堆放点基本完成整治，农村垃圾山、垃圾围村、垃圾围坝等现象明显改善。农村生活垃圾治理取得进展的主要原因，是垃圾处理公用设施投资强度明显加大。2018年全国村庄垃圾处理公用设施总投入289.4亿元，村均投资强度达到5.5万元，人均投资强度为41.9元，均比2017年翻了一番还多，切实缓解了我国农村环保投资不足问题[③]。

农村生活污水治理取得明显成效。农村人均生活用水量和污水排放量逐年递增，为污染治理带来挑战。中央部门多措并举统筹推进，加快农村生活污水处理设施建设，农村黑臭水体逐步消除，农村生活污水治理标准不断规范。通过三年整治行动，截至2020年底，农村生活污水治理率为25.5%，基本建立了污水排放标准和县域规划体系。农村生活污水治理取得进展的主要原因，是污水处理公用设施投资强度不断加大。2018—2020年全国村庄污水处理公用设施投资从226.2亿元提高到352.4亿元，增加55.8%；村均污水处理公用设施投入从4.3万元提高到7.1万元，增加了66.5%；人均污水处理公用设施投资从32.8元提高到52.2元，提高59.2%，农村和城市投资强度差距也在不断缩小。另一个重要原因，是农村污水处理能力快速提升。当前，我国农村污水处理主要依赖于乡、建制镇、镇乡级特殊区域污水处理厂以及污水处理装置。2018—2020年污水处理厂日处理能力从2416.7万 m^3 提升到2877.4万 m^3，提高19.1%；污水处理装置日处理能力从1766.1万 m^3 提升到2299.2万 m^3，提高30.2%；全国对生活污水进行处理的乡、建制镇、镇乡级特殊

---

① 资料来源：农业农村部"对十三届全国人大四次会议第8652号建议的答复"http://www.moa.gov.cn/govpublic/ntjsgls/202108/t20210827_6375091.htm。
② 资料来源：农业农村部"农业科技自立自强 赋能产业绿色高质"http://www.moa.gov.cn/ztzl/2021nczcj/202112/t20211224_6385442.htm。
③ 资料来源：农业农村部"接续推进农村人居环境整治行动"http://www.moa.gov.cn/ztzl/ymksn/jjrbbd/202205/t20220513_6399104.htm。

区域总量从 13137 个提升到 15629 个,比例从 45.1% 提高到 55.5%[①]。

农村厕所改造取得明显成效。2017 年,习近平总书记指出,厕所问题不是小事情,直接关系农民群众生活品质,要把它作为实施乡村振兴战略的一项具体工作来推进,不断抓出成效。中央财政加大投入力度,支持卫生厕所改造和粪污治理,普及不同水平的卫生厕所。2019—2020 年中央财政安排 144 亿元,通过先建后补、以奖代补等方式,支持和引导各地推动有条件的农村普及卫生厕所;支持中西部省区以县为单位推进厕所粪污治理。截至 2020 年底,全国农村卫生厕所普及率达 68% 以上,三年整治行动每年提高约 5 个百分点,累计改造农村户厕 4000 多万户。党的十八大以来,农村厕所普及率逐年上升,由 2012 年的 71.7% 提升至 2017 年的 81.7%(图 3-5),年均提升 2.65%。2016 年全国农村卫生厕所普及率达到 80.3%,已达到《乡村振兴战略规划(2018—2022 年)》中的目标值。因报表主管机关调整,2018—2020 年的卫生厕所普及率指标无数,故利用 2012—2017 年的数据进行线性预测。结果显示 $R^2=0.9941$,说明预测曲线的拟合性较好,推算出 2020 年、2022 年农村卫生厕所普及率将分别达到 88.19%、92.24%,均能达到规划中给出的目标值。

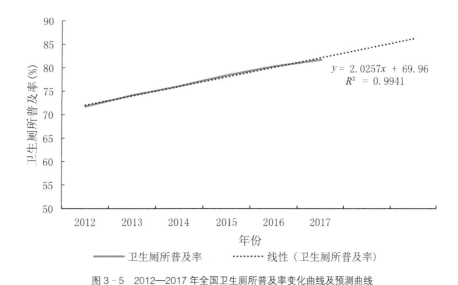

图 3-5 2012—2017 年全国卫生厕所普及率变化曲线及预测曲线
资料来源:2013—2021 年《中国农村统计年鉴》
(注:因报表主管机关调整,2018—2020 年的卫生厕所普及率指标无数。)

---

① 资料来源:农业农村部"接续推进农村人居环境整治行动" http://www.moa.gov.cn/ztzl/ymk sn/jjrbbd/202205/t20220513_6399104.htm。

（三）乡风文明

乡风文明是乡村建设的灵魂和乡村振兴的保障。随着中国特色社会主义进入新时代，农村社会生产力水平不断提高，人民对美好生活的向往和需求也愈发强烈，不仅对物质生活条件的要求越来越高，而且对精神文明建设的需求也愈加强烈。其中最重要的就是乡风文明或乡村文化的建设，乡风文明是农村精神文明建设的重要内容，事关乡村的和谐稳定和振兴崛起，更是满足广大农民日益增长的美好生活需要的思想保障。只有培育好文明乡风，才能促进乡村经济、政治、文化等方面的全面振兴。在各方努力下，乡村文化振兴工作取得了积极成效，乡村教育环境持续改善，农村公共文化建设得到加强，农村优秀传统文化得到保护和传承，乡村社会文明程度不断提高。

1. 文化设施不断完善，农村优秀文化得到继承和弘扬

在乡村公共文化发展方面，据中国社科院发布的《中国农村发展报告（2018）》，截至2019年，全国共有县级公共图书馆2777个，文化馆2936个，文化站40747个，公共体育场3954个，公共体育馆3232个，全民健身中心2853个，初步形成了覆盖城乡的公共文化体育设施网络。整体上延续了从2011年开始的稳步增长态势，符合了全国乡镇文化站的评估标准要求。2013—2020年虽然乡村文化站数量总体上呈下降趋势，由34343个下降至32825个，但从人均数量来看，每万人农村常住人口拥有乡村文化站数量持续上升，由2013年的0.55个上升至2020年的0.64个（图3-6），保证了公共文化服务活动的有效运行。近年来群众主动参与、学习各种文化实践形式的热情越来越高，人数总体处于稳步增长态势。与此同时，文化服务的供给方式不断创新，如文化服务流动平台、文化信息资源共享平台、文化长廊等，系列文化工程使得我国乡村公共文化服务内容更加丰富、覆盖区域更加广阔。《国务院办公厅关于深入推进基层综合性文化服务中心建设的指导意见》（国办发〔2015〕74号）加快落实落地，全国乡镇（街道）和村（社区）普遍建立起集宣传文化、党员教育、科学普及、普法教育、体育健身等功能于一体的基层综合性公共文化设施和场所，截至2020年12月，全国已有57.5万个村（社区）建成综合性文化服务中心。文化驿站、乡村文化礼堂等一批新型公共文化空间不断涌现，成为城乡公共文化服务的新阵地。

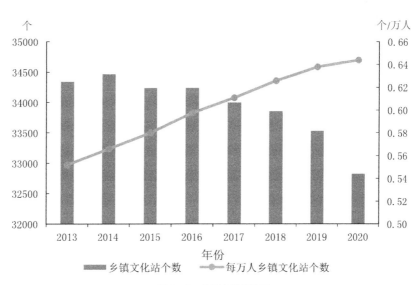

图 3-6 乡村文化站数量
资料来源：2014—2021 年《中国农村统计年鉴》

农村优秀传统文化得到继承和弘扬。近年来不断加强重要农业文化遗产发掘认定，累计发布了 118 个中国重要农业文化遗产，先后认定 5 批国家级非遗代表性传承人，开展非遗助力精准扶贫工作，支持各地区国家级贫困县设立非遗扶贫就业工坊近 1000 家；不断强化传统村落保护工作，公布了 5 批 6819 个中国传统村落名录，从传统村落名录建立、政策指导、中央资金支持等方面持续推动落实，取得了积极成效。2019 年 9 月，中央农办、中央组织部等 11 个部门印发了《关于进一步推进移风易俗建设文明乡风的指导意见》（中农发〔2019〕19 号），对有效遏制陈规陋习，树立文明新风进行了系统部署。中央文明办把持续开展移风易俗纳入建设新时代文明实践中心试点工作的重要内容，坚持问题导向和效果导向相结合，培育文明乡风、良好家风、淳朴民风，建设邻里守望、诚信重礼、勤俭节约的文明乡村。各有关部门积极组织开展科学知识普及教育，大力提倡科学精神，普及科学知识，引导农民群众崇尚科学、反对愚昧、克服陋习，养成健康向上的生活方式和生活习惯。加强舆论监督，对那些大操大办、炫富摆阔的现象，对那些伤风败俗、挑战道德底线的行为，旗帜鲜明地反对和批评，激浊扬清、抑恶扬善。农业农村部向社会公开推介的北京市通州区仇庄村等 21 个全国村级"乡风文明建设"优秀典型案例，在发挥基层群众组织和村规民约作用、增强党风政风示范引领实效、传承发展乡村文化、建立道德激励机制等方面，为各地建设文明乡风提供了借鉴参考。

2. 居民文娱支出增长，文化生活逐渐丰富

2013—2020 年中国农村居民教育文化娱乐支出不断增加（图 3-7），由 2014 年的 754.6 元/人持续增长至 2019 年的 1481.8 元/人，2020 年较 2019 年略有下降，为 1308.7 元/人，但仍超过 2018 年水平。农村居民教育文化娱乐支出在人均可支配支出中所占的比重不断上升，由 2013 年的 7.33% 持续上升至 2019 年的 11.12%，2020 年受疫情影响，居民娱乐消费支出减少，占比下降为 9.5%。由此可以看出，文娱支出在农村居民支出所占比重加大，农村对文化教育领域重视程度提升。

图 3-7　农村居民文化娱乐支出
资料来源：《中国农村统计年鉴 2020》

农村居民文化生活逐渐丰富，在全国各地，丰富多彩、形式多样的文化下乡活动，已经成为群众津津乐道的文化大餐，有力促进了农村精神文明建设。通过开展各种文化文艺下乡活动，志愿者深入农村开展丰富多彩的文化志愿服务活动，城市高品质的文化社团、文化节目更多走进乡村，让农村居民分享越来越多的优质文化资源，文化和旅游部 2019 年引导全国各省春节、元宵节期间共开展民俗文化活动 38 万场，现场观众 379 亿人次，网络参与超 4.65 亿人次。2019 年乡镇综合文化站共组织文艺活动、训练班、展览、讲座 114.2 万次，服务农民群众超 2.89 亿人次。中央财政累计安排补助资金 22.62 亿元，为贫困地区 839 个县已建成的村文化中心按照每村 2 万元的标准购置音响、乐器等基本文化服务设备，并实施流动舞台车项目，为贫困地区每个县配备 1 辆流动舞台车用于开展流动文化服务。2018—2020 年，加强广播电视节目覆盖，基本形成覆盖城乡、便捷高效、功能完备、服务到户的新型广播电视传输覆盖服务体系。截至 2019 年底，全国农村广播节目综合人口覆盖率 98.84%，农村电视节目综合人口覆盖率 99.19%，农村有线广播电视实际用户数 0.73 亿户，直播卫星公共服务有效覆盖全国 59.5 万个行政村 1.43 亿户。

3. 乡村教育环境改善，文化人才队伍建设加强

乡村教育是乡村文化的振兴之本。文化的传承路径多样而广泛，其中，通过学校教育的方式是最为系统且影响最为深远的路径。近些年，在国家优先发展乡村教育政策的支持下，倾斜支持农村教育、中西部地区教育，实施农村寄宿制学校建设工程、义务教育全面改薄工程、教育脱贫攻坚等重大工程项目，全国超过 80% 的县实现义务教育基本均衡发展，更多农村和中西部地区孩子享受到更好更公平的教育，乡村教育整体面貌发生了根本性变化，乡村教育发展取得了历史性成就。最显著的成就是贫困家庭学生辍学问题得到历史性解决，贫困地区各级各类学校发生了格局性变化，乡村教师队伍整体素质大幅提升，累计改善贫困地区义务教育薄弱学校 10.8 万所，学生营养改善计划每年惠及 4000 多万人，2020 年贫困县九年义务教育巩固率达到 94.8%[1]。

多年来，通过推进城乡教育均衡发展及特岗教师、乡村教师补贴等措施，城乡学校教育设施均衡发展水平显著提高，乡村教师队伍建设也明显加强，累计招聘特岗教师 75.4 万人。开展多次人才培训，取得了良好的效果，培养 1 万余名文化工作者，乡村教育、文化人才队伍不断壮大，2016—2020 年，中央财政累计投入 1588 亿元，向中西部"三区"县及县以下文化单位选派文化工作者 13.36 万名，为基层培养了 1.2 万名文化工作者，全国乡村教师达到 290 余万人[2]。2020 年中国乡村共有小学专项教师 178.7 万人，初中专项教师 55.6 万人，高中专项教师 7 万人。从每百人在校生拥有的专任教师数来看（图 3-8），除了初中专任教师数下降以外，普通小学和高中专任教师数均实现总体增长，其中每百人普通高中在校生拥有专任教师数由 2013 年的 6.75 人持续增长至 2020 年的 7.73 人，每百人普通小学在校生拥有专任教师数

---

[1] 资料来源：教育部网站（http://www.moe.gov.cn/jyb_xwfb/s5148/202103/t20210302_516433.html?authkey=boxdr3）。
[2] 资料来源：《中国乡村振兴发展报告 2020》。

在 2013—2017 年间数量减少，但自 2017 年以来持续上升，由 2017 年的 6.38 人上升至 2020 年的 7.29 人，增长幅度明显。

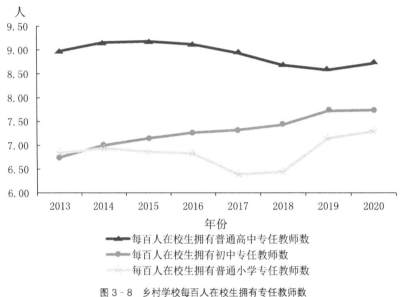

图 3-8　乡村学校每百人在校生拥有专任教师数
资料来源：《中国农村统计年鉴 2020》

（四）治理有效

乡村治理有效，是国家有效治理的基石，也是我国社会建设的基石。党的十九大报告提出，坚持农业农村优先发展，实施乡村振兴战略，同时提出了"加强农村基层基础工作，健全自治、法治、德治相结合的乡村治理体系"的要求，加快推进乡村治理体系和治理能力现代化是实现乡村振兴的必由之路。近年来，各地各有关部门持续加强和改进乡村治理，加快建立健全党委领导、政府负责、社会协同、公众参与、法治保障、科技支撑的现代乡村治理体系，深入探索党组织领导的自治、法治、德治相结合的实现路径，努力打造充满活力、和谐有序的善治乡村，取得了显著成效。

1. 基层服务体系不断完善，服务水平有效提升

加快乡村便民服务体系建设，完善村级公共性服务机构、设施、队伍和机制，加快信息化建设和应用，提升村级公共服务能力和质量，不断提高农村居民获得感幸福感安全感。截至 2020 年 9 月底，全国农村社区综合服务设施覆盖率达到了 60.2%。一是开展先行先试。支持雄安新区等地区先行先试，创新村级公共服务机制，引导社会力量和市场主体参与服务供给，完善政府主导、集体支持、多方参与的服务格局。二是推进村级综合性公共服务设施建设。编制村级公共服务目录和代办政务服务指导目录，加大村级公共服务资金投入力度，扩大村级便民服务中心覆盖范围。三是强化政策指导。研究制定《关于增强村级公共服务功能的指导意见》《城乡社区服务体系建设"十四五"规划》，统筹谋划"十四五"期间城乡社区服务体系建设目标任务，为提升农村社区综合服务设施水平、补齐村级公共服务能力短板提供保障。

2. 乡村法律服务体系不断健全，法治与德治建设持续加强

公共法律服务平台建设加强。截至 2020 年底，共建立 3000 余个县（市、区）级公共法律服务中心、3.8 万余个乡镇（街道）公共法律服务工作站，每个村设有法律顾问。加强网络平台建设，推进"互联网＋公共法律服务"，12309 中国检察网，对农村地区提供法律服务实现"一网通办"。通过线上线下平台建设，免费为广大农民群众提供法律咨询、人民调解、法律援助、法治宣传教育等服务。

健全社会治安防控体系。着力推进综治中心标准化建设，搭建整合基层平安建设资源力量的工作平台。截至目前，全国县乡两级综治中心的建成率分别达到 94.7%、96.9%，推进村级综治中心与村级综合服务平台一体化建设。健全农村地区治安防控体系，对深化城乡社区警务战略提出明确要求，将"一社区（村）一警（辅警）"100% 覆盖作为全国市域社会治理现代化试点工作的硬性指标，推动将农村警务室与社区综治中心等融合建立。

3. 基层党建全面提升，组织运转保障不断加强

坚持深化党建引领乡村治理，推动乡村善治。健全党组织领导的治理机制，完善"四议两公开"、村务监督、基层民主协商等制度机制，确保各项工作规范运行、有序有效。实行网格化管理、精细化服务，广东在 1.9 万个行政村建立一级网格，在 12.4 万个村民小组建立二级网格，以 89 万名党员中心户为主体建立三级网格。北京推动党建引领"吹哨报到"改革、完善"接诉即办"机制，集中解决了一批群众身边的操心事、烦心事、揪心事。在新冠肺炎疫情防控中，广大农村网格第一时间响应，迅速构建起联防联控、群防群治的严密防线，让党旗在疫情防控一线高高飘扬。

引导地方建立以财政投入为主的村级组织运转经费保障体制，不断增强农村基层党组织政治功能和组织力，激励农村干部担当作为。一是建立村级组织运转经费正常增长机制。财政部、中共中央组织部印发《关于建立正常增长机制、进一步加强村级组织运转经费保障工作的通知》，自2020年起，将村干部基本报酬和村级组织办公经费两项合计由每村每年不低于9万元，提高至每村每年不低于11万元，进一步健全以财政投入为主的稳定的村级组织运转经费保障制度，建立正常增长机制。二是健全公共财政投入保障。在测算分配2020年县级基本财力保障机制奖补资金时，继续把村级组织运转经费作为测算因素，按照每村每年11万元标准测算县级支出需求。同时，督促地方落实县级保障责任，支持解决村级组织运转经费问题。三是扶持发展壮大村集体经济。下达第三批75亿元中央扶持资金，推动各地因地制宜发展壮大村集体经济，经营收入5万元以下的薄弱村、空壳村减少至29.7%，弥补村级组织运转经费，进一步增强村级自我保障和服务群众能力，提升农村基层党组织的组织力、凝聚力和战斗力。

（五）生活富裕

生活富裕是乡村振兴的出发点和落脚点，体现了广大人民对美好生活的向往和需求。党的十九大报告中提出乡村振兴战略的二十字方针，并指出乡村振兴战略实施效果如何要用农民生活富裕水平来评价。农民没有富裕起来，乡村振兴就是一句空话。生活富裕的具体体现，就是要不断保障农民物质生活水平，促进农民增收；不断缩小城乡居民收入差距；完善农村基础设施，逐步改善农民生活条件。

1. 农民收入持续增加

随着乡村振兴的深入实施，农村居民人均可支配收入持续增长。《中共中央 国务院关于实施乡村振兴战略的意见》提出要促进农民持续增收，并要求保持农村居民收入增速快于城镇居民。切实促进农民持续增收，调动亿万农民的积极性、主动性和创造性，直接影响乡村振兴战略目标任务的实现。保障人民物质生活，促进农民增收作为生活富裕的最基本要求，取得了很大的进展。根据数据显示（图3-9），2012年农村居民收入指标为农村居民人均纯收入，为7916.6元；自2013年起农村居民收入指标为农村居民人均可支配收入，且逐年增加，从2013年的9430元增加到2021年的18931元，收入翻番目标提前实现。受新冠肺炎疫

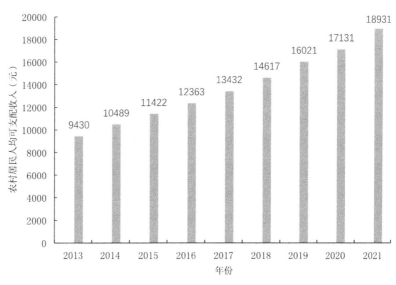

图 3-9 2013—2021 年中国农村居民人均可支配收入变化情况

情影响，2020 年居民可支配收入增速下降尤为明显，2020 年农村居民可支配收入增长率为 6.93%。2021 年农村居民人均可支配收入达到 18931 元，实际增长 9.7%，高于城镇居民收入增速 2.6 个百分点。这得益于产业带动和就业创业拉动，乡村休闲旅游业营业收入恢复性增长，农产品电子商务零售额平稳增长。2021 年全年农民工数量为 2.9 亿多人，比 2020 年增长 2.4%。我国新创建 50 个国家现代农业产业园、50 个优势特色产业集群、298 个农业产业强镇，带动 1560 多万返乡农民工稳定就业。

从收入结构看，工资性收入和经营性收入占比较高，合计约占农村居民可支配收入的 80%。其中，2020 年农村居民工资性收入、经营净收入、财产净收入、转移性净收入分别为 6973.9 元、6077.4 元、418.8 元、3661.3 元，同比分别增加 5.93%、5.47%、11.00%、11.02%。从整体变化趋势来看（图 3-10），2013—2020 年，我国农村居民经营净收入占比逐年下降，其他 3 项收入占比整体呈上升趋势，尤其是转移净收入，占比上升趋势更为明显。

2. 城乡收入差距不断缩小

城乡收入比是乡村振兴战略规划的主要指标之一。从纵向来看，2013—2021 年城镇居民家庭人均可支配收入和农村居民家庭人均可支配收入都呈逐年上升趋

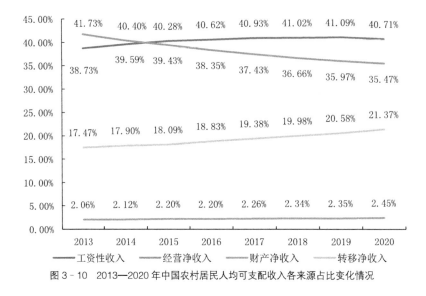

图 3-10 2013—2020 年中国农村居民人均可支配收入各来源占比变化情况

图 3-11 2013—2021 年中国居民人均可支配收入变化情况

势（图 3-11）。从绝对数值来看，城镇居民家庭人均可支配收入由 2013 年的 26467 元增加到 47412 元，增加了近 1 倍；农村居民家庭人均可支配收入由 2013 年的 9420 元增加到 18931 元，增加了 1 倍之多。

从横向来看，城镇居民家庭人均可支配收入和农村居民家庭人均可支配收入之间始终存在差距，二者之间的差距有逐年扩大的趋势。从绝对数值来看，城镇和农村居民家庭人均可支配收入差距从 2013 年的 17037 元扩大到 2021 年的 28481 元。从增长幅度来看，城镇居民家庭人均可支配收入增长速度均高于农村居民人均可支配收入增长速度（图 3-12）。2020 年，受新冠肺炎疫情影响，我国城镇和农村居民人均可支配收入增速均显著下降，但城镇居民人均可支配收入受影响更为明显。

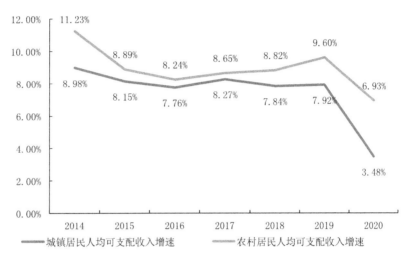

图 3-12　2014—2020 年中国居民人均可支配收入增速变化情况

从城乡差距来看，我国城乡收入比逐年缩小，已由 2014 年的 2.75∶1 缩小到 2020 年的 2.56∶1，较 2019 年同比缩小 0.08（表 3-1）。根据中共中央 国务院印发的《乡村振兴战略规划（2018—2022 年）》中所给出的乡村振兴战略规划主要指标，在 2016 年城乡收入比为 2.72∶1 的基础上，计划到 2020 年实现城乡收入比降为 2.69∶1，并于规划结束之际，实现城乡收入比降为 2.67∶1 的目标值。从表 3-1 中可知我国早在 2019 年就实现了城乡收入比降为 2.69∶1 这一目标，提前完成规划任务。

2014—2020 年中国城乡收入比　　　　表 3-1

年份	2014	2015	2016	2017	2018	2019	2020
城乡收入比	2.75∶1	2.73∶1	2.72∶1	2.71∶1	2.69∶1	2.64∶1	2.56∶1

3. 基础设施逐渐完善

农村基础设施建设显著加强,农民生活条件实现跨越式提升。要实现乡村振兴,就务必要建设完善的、现代化的公共基础设施。主要包括农村道路畅通,以满足农民生产生活需要;加强乡村水利基础设施建设,以实现旱涝保收、满足农民日常生活需要;优化乡村生态环境,兴建乡村垃圾清洁化、资源化处理设施,推进实施厕所革命,建设美丽乡村;实施乡村清洁能源建设工程,加大农村电网建设力度,大力推进燃气下乡;加强乡村公共服务、社会治理等数字化智能化设施建设等方面。党的十八大以来,我国启动大规模的农村基础设施改造工作,累计投入34628亿元建设资金,新改建238.6万km农村公路。从2016年至2019年,支持贫困地区较大人口规模自然村建设了约9.6万km硬化路,完成约45.8万km农村公路安全生命防护工程,加宽改造了14.3万km窄路基路面,改造建设了约1.5万座危桥;支持贫困地区改造建设了1.69万km国家高速公路、5.25万km普通国道,打通了多条"断头路"和"瓶颈"路段,贫困地区县城基本实现二级及以上公路覆盖。根据《乡村振兴战略规划(2018—2022年)》发现,农村自来水供应率这一指标是乡村振兴战略规划主要指标。目前,我国已经成功完成2020年达到农村自来水供应率为83%的目标(图3-13)。2020年底,我国数字乡村建设取得初步进展,行政村4G覆盖率超过98%,农村互联网普及率明显提升。与2010年相比,2019年,我国农村宽带接入用户增长约4.4倍,农村宽带接入户数占全国的比例从19.6%提升至30%。

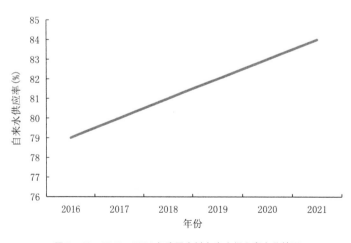

图3-13 2016—2021年我国农村自来水供应率变化情况

二、存在问题

（一）体制机制有待完善

环境整治机制不完善。在处理农村生活垃圾方面，当前农村地区普遍采取"户—村—镇—县"由下到上的四级生活垃圾处理网络，但是这种跨越城乡、距离远的模式不但耗费了大量财政资金，并且还会形成污染由农村向城市的转移，违背了城乡环境一体化建设的原则和初衷；针对农村基础设施运营维护资金不足、维护管理机制不足，没有建立科学合理、针对性强的措施。

乡村文化建设体制不健全。当前乡村文化建设从源头上缺乏系统的制度体系支撑，没有完善的乡村文化体制建设举措。国家提出要坚定文化自信，推动社会主义文化繁荣兴盛，地方也想从文化着手去做事情，但是找不到制度依托，不知如何着手，文化建设制度尚未健全。同时伴随着城镇化不断发展，很多人才都流向城市，乡村出现了空心化和老龄化的现象，农民的文化素养普遍不高，以农民为主体的乡村文化振兴需要大家的积极参与，由于相关人员构成和素质差异限制了乡村文化建设。另一方面，乡村文化站和农村文化骨干工资待遇不高，导致乡村文化振兴的干部和专业人员流动大，很难有长久的规划和持续的文化建设者为乡村文化振兴保驾护航。此外，乡村文化发展规划不合理。一是缺少实际调研。政府在乡村公共文化服务提供层面缺乏精准性，难以做到因地制宜，过于注重数量，在一定程度上忽视效能质量，未能有效与乡村民众文化需求吻合。二是政策难以跟进。乡村文化政策在一定程度上缺乏前瞻性、预见性，在遇到乡村文化发展的新情况、新问题时，未能主动做出整体、科学的规划，致使部分乡村文化政策更似"权宜之策"。三是政府重心失衡。政府在公共文化资源上，未能有效结合城乡发展实际将重点向乡村倾斜，存在乡村文化管理滞后、乡村文化人力资源配备不足、乡村文化投入不足等问题。

乡村治理边界模糊。乡村治理有效的一个前提条件是各个治理主体的职责、权限清晰。乡村振兴战略规划提出要"建立健全党委领导、政府负责、社会协同、公众参与、法治保障的现代乡村社会治理体制，推动乡村组织振兴，打造充满活力、和谐有序的善治乡村"，为乡村治理各主体的地位和权责指明了方向。但现实的乡村治理现状是政府治理与群众自治职责边界模糊，村级组织行政事务性负担繁重，村级组织不仅承担村民自治管理事务、集体经济组织事务、党组织的党务工作，还承担村委会依法履行的行政性职责和有关部门委托的工作事项，这样导致的结果是村居挂牌过多，村干部疲于应付。很多事务没有村委会的协助推行难度增大甚至无法推行是农村工作的现实，《村民委员会组织法》也规定"村民委员会协助乡镇人民政府开展工作"，但是政府治理和村民自治边界模糊，必然会造成村级组织负担过重，政府治理挤占村民自治的空间。

人才激励保障机制不健全。乡村人才队伍建设在分配、激励、保障制度方面不完善，人才待遇与业绩、贡献不相称，人才价值体现不充分。没有把解决农业生产经营中的实际问题、对农业产业和社会事业发展的实际贡献、农民群众的满意程度作为人才评价认定考核的主要依据和重要标准，人才网认定计价与政策扶持联系不紧密，认定证书的效力不强。主要原因是乡村人才认定和考核的标准与实际的联系还不够紧密，对调动人才积极性的激励保障机制重视程度不高，激励方式较少。

（二）发展不平衡不充分

农产品加工业发展不平衡不充分。美国、日本等发达国家的农产品加工转化率已经达到70%以上，但目前我国尚未突破70%的大关；我国农产品加工业地理集中度偏低，在东部沿海地区重点分布，中西部、东北地区分布较少，呈"东强西弱"的格局。而且现阶段部分农业品种、技术还不能完全实现国内自给，仍需要通过进口支撑国内农业生产。比如，我国农作物种业发展整体竞争力仍然不强，与发展现代农业的要求还不相适应，高端蔬菜种子进口数量较多。而且我国农机产品总体技术水平与欧美发达国家相比，在自动化、智能化等方面还有较大差距，特别是高端农机产品仍需进口。

生态环境保护力度不平衡不充分。2020年全国化肥施用强度虽同比下降3.73%，但仍高于国际公认的化肥施用安全上限（225kg/公顷），且全国超过77%的地区都高于安全上限（图3-14），海南化肥施用强度最高，达到629.34kg/公顷[①]，青海最低，达到96.25kg/公顷；第三次农业普查数据显示，2016年东部地区对生活垃圾进行集中处理或部分集中处理的村占比高达90.9%，中部地区69.7%、西部地区60.3%、东北地区仅53.1%。东部地区仅30.8%的农户家庭仍使用普通旱厕，

---

① 资料来源：《中国统计年鉴2021》。

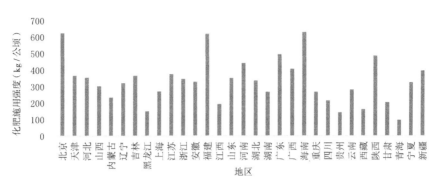

图 3-14 2020 年各省化肥施用强度

54.2% 的农户家庭使用水冲式厕所,而东北地区高达 82.9% 的农户家庭仍使用普通旱厕,仅 4.1% 的农户家庭使用水冲式厕所(表 3-2)[①]。

2016 年各地区家庭卫生设施情况(单位:%) 表 3-2

	东部地区	中部地区	西部地区	东北地区
水冲式卫生厕所	54.2	29.2	29.7	4.1
水冲式非卫生厕所	2.1	4.1	3.8	0.2
卫生旱厕	11.7	13.6	12.0	12.2
普通旱厕	30.8	52.2	50.1	82.9
无厕所	1.2	0.9	4.3	0.5

资料来源:第三次农业普查(第四号)

乡村公共文化发展不平衡不充分。人均占有乡村公共文化发展资源的比重和发达国家相比还有较大差距,同时不同区域之间也存在差距。从城乡差距来看,长期以来,城市教育的经费投入远超过乡村教育的经费投入,乡村教育发展动力不足,一部分农村教育人口逐渐流向城市。据统计,2013-2020 年我国乡村学校(包含普通小学、初中和普通高中)招生数量由 894.4 万人下降至 637.7 万人,在校生数量由 4113 万人下降至 3178.8 万人,毕业生数量由 900.2 万人下降至 620 万人(图 3-15)。而随着生源不断流失,部分乡村学校、班级不得已合并,进而导致我国乡村学校、班级数量呈现持续下降趋势。

城乡居民收入差距拉大。我国城乡居民收入比在 1978 年为 2.56:1,到 1984

---
① 资料来源:第三次农业普查。

年一度缩小到1.74∶1，但2020年仍为2.56∶1，与42年前相比并未缩小；党的十八大以来，我国城乡收入比不断缩小，但收入差距绝对值进一步拉大。农民收入区域差距明显。2020年农民收入最高的上海为34911元，最低的甘肃为10344元，区域差距高达1∶3.38。广东作为经济发达地区，2020年的城乡居民收入差距仍为1∶2.5，省内最富地区农民收入为最低地区的3倍，不平衡现象十分突出。收入差距持续扩大将导致国内居民整体的边际消费倾向回落，引起收入分配的"马太效应"，并对一国经济增长产生影响。城镇居民的恩格尔系数从2012年的36.2%下降到2020年的29.2%；同期农村居民恩格尔系数由40.4%下降到32.7%，恩格尔系数下降意味着农产品收入需求弹性下降，造成农民增收困难。

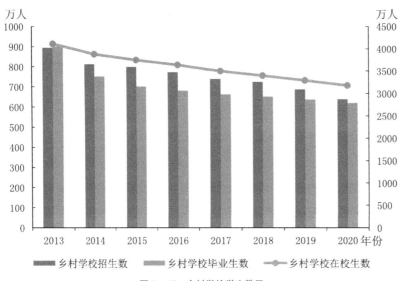

图3-15　乡村学校学生数量
资料来源：《中国农村统计年鉴2020》

（三）基础设施有待完善

农村社会公共服务有待提升。长期以来，伴随着工业化和城镇化进程，我国城市基础设施和公共服务建设取得较大进展，但与全面建成小康社会的要求和广大农民群众的期待相比，仍存在不小差距，尚未有效支撑起农业强、农村美、农民富的发展需求。一些农村地区供水、排水、信息网络等建设严重滞后于城市，安全饮水难、网络慢、医疗条件差、社保养老标准低等问题尚未得到有效解决，特别是农村空巢老人赡养和留守儿童看护问题，已成为当今制约农村稳定、发展和繁荣的主要障碍。

农村公共文化设施存在短板。农村公共文化事业是振兴乡村文化的重要载体。乡村文化的传承与发展离不开农村公共文化事业的持续推进。虽然广大农村的文化设施渐趋完善，但在广大中西部地区，乡村文化基础设施供需失衡，部分乡村忽视对文化设施的投入，导致农家书屋、乡村文化活动室、文化广场等文化场馆缺失。虽然"乡乡有文化站"的目标已经基本实现，但是作为推进农村公共文化事业不断发展的重要依托——乡镇文化站，其运营和管理水平亟待提升。比如，一些乡镇的文化站缺乏专门的管理人员，大门常年紧闭，或者沦为村民打麻将的地方，甚至被挪为他用，仅有的一些文化活动器材也基本无人问津，图书报刊陈旧，有的文化站甚至仅是一个挂牌的空屋子，根本难以发挥作用。同时，部分乡村建设的文化场馆，只是为了"应付"上级检查，缺少使用功能，难以满足乡村的使用需求。此外，乡村文化设施使用率低，部分乡村文化场馆老旧、常年关闭、缺乏监管，甚至常被挪用、挤占等，使乡村文化设施既不能满足丰富乡民休闲生活的需求，又不能满足普及生产知识的需求，基本形同虚设，无法真正促进乡村文化振兴。

电力供给不足、道路交通不便利。在电力供应方面，乡镇企业快速发展，虽然对农村地区经济发展形成了有效推动，但因为乡镇企业用电量较大，要远远高于农业生产用电，使得农村电力消费结构发生了极大改变，原有电力设备无法满足新农村建设需要，致使供电不稳以及其他相关问题开始出现。同时电脑、电视以及空调等家电设备的普及，也加大了农村家庭年用电量，这些都对新农村电力市场提出了新的挑战。在数字建设方面，农村信息网络基础设施建设既是乡村振兴战略必不可少的要素，又是农村文化建设渠道，也是农村居民生活的新活力。目前，我国农村物流基础设施仍不完善，表现为乡镇公路建设亟需加强，快递配送最后一公里难题仍存在。

（四）参与主体能力欠缺

政府顶层设计能力不足。当前政府盲目推行休闲农业和乡村旅游，而三产融合的市场并不大，全国具有区位优势或旅游资源的农村占全国农村的极少数，最多只有5%的乡村适合三产融合并从中获得收益，绝大多数农村则缺乏区位条件或旅游资源，但通过研究发现几乎全国地方政府都在推动全域旅游。

基层党组织缺乏优质群体。随着自然村数量的减少和人口密度的下降，部分农村基层党组织架构体系和人员构成的不良变化制约着辐射力和组织力的提升。在组织架构体系上，农村基层党组织数量日益减少。根据中共中央组织部公布的历年《中国共产党党内统计公报》，2012 年全国共有 58.8 万个建制村建立了基层党组织，而截至 2021 年 6 月，该数字缩减为 49.2 万，减少约 9.6 万。这说明农村基层党组织的分布随着自然村数量的减少进行了较大范围的合并调整，然而由于中国农村大部分村落较为分散，使得合并后的农村基层党组织（或流动党组织）平均覆盖和辐射的范围变大，使得党组织开展活动不便，作用发挥受到影响。在城镇化进程中，由于土地收益减少以及市场经济的刺激和带动，乡村大量青壮年劳动力外流，纷纷进城务工经商，农村出现"空心化""老龄化"现象。以重庆市潼南区为例，截至 2021 年 6 月，全区 16155 名农民党员中，60 岁以上占 53%，个别村（社区）60 岁以上的党员甚至占到了 80%；农村党员队伍整体知识学历水平偏低，绝大多数为初中及以下学历，高达 70%，受学识、思想和能力限制，村干部观点相对滞后，缺乏带领乡亲们致富的能力和手段，基层组织的战斗堡垒作用发挥不够。基层组织队伍年龄结构青黄不接，后备队伍缺乏优质群体，使得部分农村基层党组织组织力进一步弱化，出现青年党员难找、支部书记难选、党员教育难做、普通党员作用难发挥等"四难"问题。

农村基层组织能力不足。农村基层组织一般由村民组成，普通村民显然难以具备专业性的知识和能力，因此在应对公共卫生事件的组织动员、协调整合、舆情应对等这些非常规性工作面临着巨大的压力和挑战。长期以来，农村基层组织的主体力量、专业知识和应急能力不足，特别是在应对公共危机能力方面缺乏专业性的指导和培训，一旦遇到突发公共卫生事件，基层组织只能按常规流程应付一些基本的汇报信息之类的事务性工作，与上级部门的高效动员难以有效衔接。这种组织能力不足具体表现在：政治站位上很难与中央精神保持一致，懒政不作为现象较突出；组织动员上很难迅速组建应急力量，除村干部和部分党员外，其他人员参与率不高；工作方式比较简单粗暴，对上级精神领会不深不透，呈现出一种机械、重复和被动应付的状态。诸如此类表现，都体现出农村基层治理能力亟待提升。

农村居民文化素质不高。随着城镇化的加快，农村劳动力向城市转移得越来越迅速，留守者多为老人与儿童，优势人才外流，乡村"空心化"现象普遍，导致目前大部分农民年龄偏高，文化程度和技能水平普遍偏低，体力与精力欠充沛，对新事物接受能力不足，在一定程度上妨碍了农村工作更加高效地开展；同时，许多从农村出来的大学生、研究生毕业后并不愿意再回到农村。长此以往，人才的单向流动加剧了城乡间的不均衡发展。而且受农村劳动者能力不足影响，2016 年、2020 年、

2022年全国农业劳动生产率均未达到《乡村振兴战略规划（2018—2022年）》中的目标值。

（五）农民持续增收放缓

农民工资性收入增速缓慢。受国民经济下行与新冠肺炎疫情的双重影响，我国农民增收面临严峻的考验。在我国农民人均可支配收入构成中，工资性收入占比约为40%，是农民收入的重要来源，工资性收入增长情况，将直接影响农民增收的快慢。2020年，我国GDP仅增长2.3个百分点，2021年有所回升，同比增长8.1%。不仅产业收缩，而且智能化的劳动替代也不断在减少劳动力的需求，农民就业难度不断加大。同时，农村人口老龄化加剧，农村务工人数逐年下降，加上基建、运输、房地产等行业产能过剩、投资下滑，农村居民务工收入增幅回落，工资性收入增长难度越来越大。而突如其来的新冠肺炎疫情导致企业复工复产延迟，大多数农民工返岗就业受阻而滞留在家，直接影响到农民收入。

农民经营净收入占比持续下滑。从全国来看，经营净收入在农民人均可支配收入中的比重明显下降，由2013年的41.7%下降到2020年的35.5%，但仍然是农民收入的重要来源。此外，农民财产净收入占比低，而且来源单一，主要为转让承包土地经营权收入，其他收入来源很小。根本原因是农村诸多改革还处于试点探索阶段，尤其是土地制度改革进展比较缓慢，农民土地、房产等没有得到有效激活，加上农村投资回报周期长、创业风险大的先天性局限，不仅导致集体经济发展失去根本支撑，而且导致农民创业的意愿与动力不足，成为农民增收的最大瓶颈。

第4章

乡村振兴与新型城镇化融合发展机理

一、乡村振兴与新型城镇化融合发展的重要性
二、乡村振兴与新型城镇化融合发展的机理分析
三、乡村振兴与新型城镇化融合发展的制约因素

改革开放以来,我国城乡发展取得了举世瞩目的成就。一方面,经历了世界历史上规模最大、速度最快的城镇化进程,2019年常住人口城镇化率达到60.60%;另一方面,农业农村发生历史性变革,城乡差距不断减小,农民收入和生活水平明显提高。2019年城乡居民人均可支配收入比值下降到2.64,年末农村贫困人口减少至551万人。在肯定成绩的同时,我们也要清醒地认识到城乡发展不平衡不充分问题依然突出。如:在城镇化方面,农业转移人口市民化滞后,2019年户籍人口城镇化率仅有44.38%,低于常住人口城镇化率16.22个百分点;在乡村方面,基础差、底子薄、发展滞后的状况尚未根本改变,深度贫困地区脱贫攻坚任务艰巨,农业农村仍然是现代化建设中最薄弱的环节。2018年9月出台的《乡村振兴战略规划(2018－2022年)》,提出要坚持乡村振兴和新型城镇化双轮驱动;2019年4月出台的《中共中央 国务院关于建立健全城乡融合发展体制机制和政策体系的意见》,提出重塑新型城乡关系,走城乡融合发展之路,要以协调推进乡村振兴战略和新型城镇化战略为抓手。新时代如何促进乡村振兴和新型城镇化两大战略融合发展,以加快实现城乡共荣,是当前和今后一段时期需要研究的重大问题。

一、乡村振兴与新型城镇化融合发展的重要性

乡村振兴与新型城镇化并不矛盾,是互促共进、相辅相成的关系。乡村振兴与新型城镇化只有融合发展,才能发挥更大的战略作用,共同推进现代化进程。

(一)推进现代化建设的客观要求

党的十九大报告提出实施乡村振兴战略,是解决新时代我国社会主要矛盾、实现"两个一百年"奋斗目标和全体人民共同富裕的必然要求。而城镇化是现代化的必由之路,也是解决"三农"问题的重要途径。因此,在现代化建设过程中,既要通过实施乡村振兴战略,提升乡村治理体系和治理能力,加快推进农业农村现代化;也要通过实施以促进人的城镇化为核心、提高质量为导向的新型城镇化战略,加快推进人的现代化和城镇现代化。通过"农业农村现代化"与"城镇现代化"双轮驱动、同步发展,加快推动现代化进程。

（二）实现城乡融合发展的有力抓手

一方面，随着城镇化的快速推进，人口、资金等要素进一步向城镇集聚，农村"空心化"现象明显；另一方面，城镇对乡村的辐射带动作用十分有限，工农产品"剪刀差"依然突出。此外，受传统城乡二元结构影响，城乡教育、医疗、文化、社保等公共服务和基础设施水平仍然存在明显的差距。在实践中通过推进乡村振兴与新型城镇化两大战略融合发展，建立健全城乡要素自由流动、产业协同、公共服务普惠共享、基础设施一体化等体制机制，才能重塑新型城乡关系，走出一条具有中国特色的城乡融合发展新路。

（三）破解当前社会主要矛盾的有效途径

当前，我国社会主要矛盾发生转变。乡村振兴与新型城镇化两大战略融合发展，将有效破解人民日益增长的美好生活需要和不平衡不充分的发展之间的矛盾。一方面，随着城乡产业融合与农村集体产权制度改革的深入推进，农民工资性收入、经营性收入和财产性收入不断增长，城乡居民收入差距将会进一步缩小；另一方面，随着城乡产业、公共服务、基础设施、生态环境等一体化进程的不断加快，城乡居民将会享受到更健康的食品、更和谐的社会秩序、更高水平的公共服务、更丰富的文化产品、更优美的生态环境。广大人民对美好生活的向往，将在两大战略融合发展中逐步变为现实。

二、乡村振兴与新型城镇化融合发展的机理分析

乡村是具有自然、经济和文化特征的地域综合体，与城镇互促互进、共生共存，共同构成人类活动的两大主要空间。乡村振兴与新型城镇化两大战略，尽管针对不同空间区域，但互为联动、相互促进，在本质上具有一致性。目前学术界从宏观层面对乡村振兴与新型城镇化融合发展进行了有益探索，但由于乡村振兴作为"新战略"提出时间较短，有关乡村振兴和新型城镇化融合发展的机理研究有待进一步深化，以全面系统揭示两者内在关系。

（一）乡村振兴与新型城镇化的目标内涵

党的十八大以来，随着新型城镇化战略的深入实施，农业转移人口持续向城镇迁移，但短期内大量农民将继续生活在农村的基本国情不会改变，农民脱贫致富任务艰巨。乡村振兴是新时代党中央、国务院针对农业农村发展到新阶段而作出的重大决策部署，其优先任务和战略基础是打赢脱贫攻坚战，总目标是农业农村现代化，根本目标是农业强、农村美和农民富，总方针是坚持农业农村优先发展，总要求是产业兴旺、生态宜居、乡风文明、治理有效、生活富裕，其制度保障是城乡融合发展体制机制和政策体系。同样，新型城镇化战略是党中央、国务院遵循城镇化发展规律，针对城镇化进程推进到新阶段而作出的重大决策部署，其以人为本、以推进"人的城镇化"为核心，以高质量发展为主线，以有序实现市民化为首要任务，以城市群为主体形态，以改革创新为动力，与工业化、信息化、农业现代化同步推进，并注重生态文明和历史文化传承。

由此可见，无论乡村振兴还是新型城镇化，都坚持以"人"为核心。前者将维护农民群众根本利益，以提升农民获得感、幸福感、安全感为出发点和落脚点；后者以人的城镇化为核心，有序推进农业转移人口市民化和城镇基本公共服务常住人口全覆盖。在内涵上，尽管空间主体、首要任务等方面存在差异，但两大战略都强调以人为本、强调遵循城乡发展规律、强调改革创新、强调协同发展。两者根本目标也是一致的，就是要实现全体人民共同富裕。

（二）"人地钱"要素分析

实施乡村振兴战略，要抓好"人地钱"关键要素，推进城乡公共资源均衡配置、要素平等交换。同样，破解"人地钱"要素瓶颈，也是新型城镇化的核心问题，需要完善"人地钱"挂钩制度设计。2014年以来国家发展改革委开展的有关新型城镇化试点工作，也是围绕"人往哪里去、地从何处来、钱从哪里出"的大逻辑展开。

从要素流向来看，表面上乡村振兴与新型城镇化存在对"人地钱"要素流向的冲突；但在本质上两者具有一致性，即发挥市场在资源配置中的决定性作用，促进"人地钱"等关键要素在城乡之间自由流动、平等交换（图4-1）。在"人"的要素上，实施乡村振兴战略，既要鼓励农村大学生、外出农民工及经商人员回乡创业就业，也要积极吸引有情怀的规划、建筑、医疗等专业人才投身乡村建设；在新型城镇化战略中，则需要有序推进农业转移人口市民化。在"地"的要素中，实施乡村振兴战略，要通过农村土地制度改革和乡村空间布局优化，盘活农村土地资源，既增加农民财产性收入，也为城镇建设、产业发展提供用地指标和有效载体；在新型城镇化战略中，则需要合理控制开发边界，集约高效布局，减少城镇建设对耕地资源的侵占。在"钱"的要素中，实施乡村振兴战略，需要财政持续投入，吸引各类金融机构和社会资本共同参与；在新型城镇化战略中，农业转移人口将继续享有农村集体资产的拥有权和收益分配权，实现带资进城。同时，"人""地""钱"三要素之间，也存在相互影响、相互制约的关系，如人地挂钩、人钱挂钩。同时，在乡村振兴战略中，新增耕地指标和城乡建设用地增减挂钩节余指标可以跨省域调剂，所得收益将为乡村振兴提供强有力的资金支持。

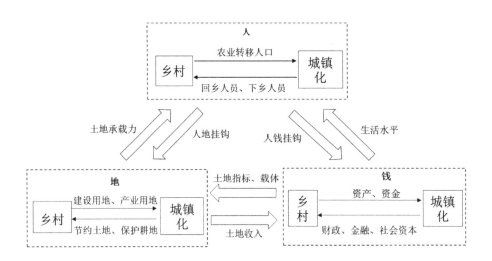

图4-1 乡村振兴与新型城镇化"人地钱"要素分析

（三）融合发展的内在机理

围绕上述"人地钱"要素分析，对照乡村振兴"产业兴旺、生态宜居、乡风文明、治理有效、生活富裕"总要求，对两者内在机理进行系统剖析（图4-2）。在产业兴旺方面，随着发展质量的提升，农业为城镇生产生活提供更多更优质的农产品，对农机、农药、化肥、种业等农资产品的需求进一步加大，在某种程度上将倒逼城镇相关产业加快转型升级；在新型城镇化推进过程中，城镇市场竞争日趋激烈，

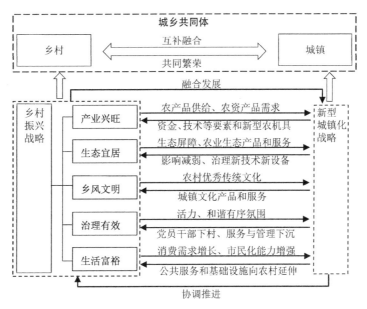

图 4-2　乡村振兴与新型城镇化融合发展内在机理

产业发展不断拓展农村市场,来自城镇的资金、技术、人才、信息等要素和新型农机、农具等设备将为产业兴旺提供支撑。在生态宜居方面,美丽乡村既为城镇可持续发展提供生态屏障,也为城乡居民提供丰富多样的农业生态产品和服务,如观光农业、游憩休闲、健康养生等;在新型城镇化推进过程中,随着绿色城镇的建设,主要污染物排放将持续减少,对乡村环境的负面影响也会逐步减弱。同时,随着治理新技术、新设备在乡村的推广运用,乡村环境治理的力度和效果将会明显增强。在乡风文明方面,随着农村文化的繁荣兴盛,农村优秀传统文化与多元开放的现代城市文化相交融,将极大促进文化多样化和人文城镇建设;在新型城镇化推进过程中,城镇文化辐射能力进一步增强,将为农村提供更多更好的公共文化产品和服务。在治理有效方面,随着乡村治理体系建立健全和治理能力提升,乡村社会将更加充满活力、和谐有序,为加强和创新城镇社会治理提供良好的区域环境;在新型城镇化推进过程中,城镇服务管理能力不断提升,各类资源和服务逐步下沉。此外,高校毕业生、机关企事业单位优秀党员干部到村任职,也有利于强化农村基层党组织建设。在生活富裕方面,随着农民收入增加和生活水平的提高,其消费需求将会明显增强,进城意愿和能力也会进一步提升;在新型城镇化推进过程中,城镇教育、养老、医疗等公共服务和道路、供水、供电、信息等基础设施向农村不断延伸，有助于提高农村民生保障水平、优化农村人居环境，从而增强农民获得感、幸福感、安全感。

三、乡村振兴与新型城镇化融合发展的制约因素

基于上述内在机理，乡村振兴与新型城镇化融合发展的愿景，就是要发挥市场在资源配置中的决定性作用，通过城乡要素自由流动、平等交换和公共资源合理配置，加快构建工农互促、城乡互补、全面融合、共同繁荣的新型工农城乡关系，不断缩小城乡发展差距和居民生活水平差距，逐步实现全体人民共同富裕、共享现代化建设成果。对照此愿景，当前存在以下制约因素，乡村振兴与新型城镇化融合发展总体水平不高。

（一）城乡发展理念滞后

一方面，城镇化仍处于战略转型期，市民化进程滞后、土地粗放低效、"城市病"等问题仍然十分突出，新型城镇化高质量发展"任重而道远"；另一方面，乡村振兴作为"新战略"，国家层面也出台了《乡村振兴战略规划（2018－2022年）》，但对其认识仍有待进一步深化。不少地区在编制地方规划或方案时，仍将其作为传统的新农村建设。尽管《国家新型城镇化规划（2014－2020年）》提出要"促进城镇化和新农村建设协调推进"，但乡村振兴战略与新农村建设相比，其内涵与外延都有很大的提升，是新农村建设的"升级版"。因此，新型城镇化战略实施的前期，由于乡村振兴战略尚未提出，在实践中体现两大战略融合发展的理念明显不足。

（二）城乡要素流动不畅

城乡要素能否自由流动，是评价乡村振兴与新型城镇化融合发展水平的重要指标。从土地要素来看，2015年以来农村"三块地"试点改革取得了明显的成绩，但大多数地区闲置宅基地、闲置房屋和废弃集体经营性建设用地等"沉睡"资源尚未盘活。从人才要素来看，由于城乡待遇、发展环境差距明显，各类人才返乡入乡就业创业积极性不高；不少新生代农民工宁可"漂"在城市，也不愿回乡兴业。从财

政金融要素来看，财政投入总量与乡村振兴需求仍有差距，特别是农村基础设施等短板领域投入不够；在金融服务上，由于农业生产周期长、抵押物少，金融机构服务"三农"意识普遍不强、产品单一，贷款额度往往也较小。

（三）城乡产业发展脱节

城乡产业协同发展是城乡融合发展的基础。近年来农业发展取得了显著的成绩，但农业供给侧结构性改革是一项长期工作，城乡产业发展水平仍然存在明显的差异。一方面，农业劳动生产率普遍不高，农产品相对过剩与短缺交替出现等问题，短期内难以解决；另一方面，农村新产业、新业态发育不足，规模小、品牌弱，生产标准化滞后、发展不规范。同时，农业与第二、三产业融合发展水平不高，特别是农产品仓储物流、农产品加工业发展滞后，制约了农业生产与销售、餐饮、旅游等业态的融合，产业链条短、附加值低。此外，城乡产业协同发展缺乏有效的空间载体。现有的多数农业园区发展粗放，同质化现象突出，产业关联度不高；城镇各类工业园区则与乡村联系较弱，农民参与度低，对农业农村的辐射带动作用有限。

（四）公共资源配置不合理

由于长期受城乡二元结构影响，城乡教育、医疗、社会保障和基础设施等公共资源配置不均衡。农村校舍硬件设施落后，教师流失严重，教育水平明显偏低；乡村医疗卫生服务体系不健全，医疗设备滞后，医护人员不足，严重制约乡村医疗卫生服务水平；城乡居民基本医疗保险、大病保险和基本养老保险制度仍然存在明显差异。在基础设施建设上，2018年全国农村自来水普及率仅有81%，低于城市地区约17个百分点；卫生厕所普及率只有60%，农户生活污水仅有30%得到处理；偏远地区道路等级低、质量差、交通安全隐患多。城乡公共资源配置不合理，直接影响农民的农民获得感、幸福感、安全感，又制约着城乡要素自由流动和产业协调发展。

第 5 章

乡村振兴与新型城镇化协同发展时空演进与影响因素研究

一、指标体系、研究方法与数据来源
二、乡村振兴与新型城镇化协同发展时空演进
三、乡村振兴与新型城镇协调发展度影响因素分析
四、结论

乡村振兴与新型城镇化两大战略是互促共进、相辅相成的关系，在本质上具有一致性。《乡村振兴战略规划（2018－2022年）》要求坚持乡村振兴和新型城镇化双轮驱动；中共中央、国务院2019年4月发布的《关于建立健全城乡融合发展体制机制和政策体系的意见》提出重塑新型城乡关系，走城乡融合发展之路，要以协调推进乡村振兴战略和新型城镇化战略为抓手；国家"十四五"规划提出要全面推进乡村振兴，完善新型城镇化战略，健全城乡融合发展机制。在新发展阶段，推进乡村振兴与新型城镇化两大战略协同发展，是建设社会主义现代化强国的重大战略举措，也是实现全体人民共同富裕的坚强保证。

目前有关乡村振兴与新型城镇化两者的研究，主要集中在两个方面：一是两者关系机理与融合策略研究，即基于两者的目标内涵、内在逻辑关系及主要矛盾，剖析融合发展的内在机理，探索融合发展的实现路径、构建战略耦合机制；二是两者关系评估，即利用时间序列数据研究两者动态关系，基于省级和地市级等空间尺度进行测算。总体来看，现阶段学术界对乡村振兴与新型城镇化协同发展进行了有益的探索，但由于我国区域差距明显，基于时空演化视角的定量分析及其影响因素研究有待进一步加强。本书基于省（市、自治区）级尺度，利用2012—2019年面板数据，通过构建多维评价指标体系，系统剖析党的十八大以来乡村振兴与新型城镇化协同发展时空演化特征及其影响因素，以期为新发展阶段建立健全城乡融合发展机制、实现乡村振兴和新型城镇化双轮驱动提供决策参考。

一、指标体系、研究方法与数据来源

（一）指标体系构建

目前有关乡村振兴与新型城镇化评估量化尚无统一标准。本书在借鉴相关研究成果的基础上，根据乡村振兴与新型城镇化两大战略的内在要求，遵循科学性、系统性、数据可获得性等原则，构建乡村振兴与新型城镇化评价指标体系（表5-1）。其中：乡村振兴按照产业兴旺、生态宜居、乡风文明、治理有效、生活富裕等5个方面总要求，共选取18项指标；新型城镇化从人口、经济、生活、土地、生态城镇化5个维度，共选取18项指标。

乡村振兴与新型城镇化评价指标体系及权重 表 5-1

一级指标	二级指标	三级指标	属性	权重	变量
乡村振兴	产业兴旺(0.3896)	农林牧渔业产值比重(%)	+	0.0834	X_1
		农业机械化水平(kW/公顷)	+	0.1185	X_2
		有效灌溉率(%)	+	0.1287	X_3
		粮食单产(t/公顷)	+	0.0590	X_4
	生态宜居(0.1777)	耕地化肥施用量(t/公顷)	−	0.0481	X_5
		耕地农药施用量(kg/公顷)	−	0.0246	X_6
		农村卫生厕所普及率(%)	+	0.0530	X_7
		每万农村人口乡村医生和卫生员数(人)	+	0.0520	X_8
	乡风文明(0.1965)	农村居民教育文娱支出占比(%)	+	0.0582	X_9
		每万农村人口拥有乡镇文化站数(个)	+	0.0993	X_{10}
		农村电视节目人口覆盖率(%)	+	0.0111	X_{11}
		农村人口平均受教育年限(年)	+	0.0279	X_{12}
	治理有效(0.0851)	城乡居民可支配收入比	−	0.0275	X_{13}
		城乡居民消费支出比	−	0.0295	X_{14}
		农村人口老龄化率(%)	−	0.0281	X_{15}
	生活富裕(0.1512)	农村居民人均可支配收入(元)	+	0.0896	X_{16}
		农村低保人数比例(%)	−	0.0319	X_{17}
		农村居民恩格尔系数	−	0.0297	X_{18}
新型城镇化	人口城镇化(0.1701)	城镇人口密度(人/km²)	+	0.0691	Y_1
		城镇化率(%)	+	0.0512	Y_2
		第三产业从业人员比重(%)	+	0.0498	Y_3
	经济城镇化(0.3492)	人均GDP(元)	+	0.0799	Y_4
		第三产业产值比重(%)	+	0.0547	Y_5
		人均地方财政收入(亿元)	+	0.1406	Y_6
		城镇居民可支配收入(元)	+	0.0740	Y_7
	社会城镇化(0.2556)	人均拥有图书馆藏书量(册)	+	0.1339	Y_8
		每万人高等学校在校生人数(人)	+	0.0340	Y_9
		每万人拥有公共交通车辆(标台)	+	0.0435	Y_{10}
		每万人拥有卫生机构床位数(张)	+	0.0442	Y_{11}
	土地城镇化(0.1383)	经济密度(万元/km²)	+	0.0476	Y_{12}
		建成区面积占城区比重(%)	+	0.0577	Y_{13}
		人均城市道路面积(m²)	+	0.0330	Y_{14}
	生态城镇化(0.0869)	污水处理率(%)	+	0.0115	Y_{15}
		人均公园绿地面积(m²)	+	0.0380	Y_{16}
		建成区绿化覆盖率(%)	+	0.0268	Y_{17}
		生活垃圾无害处理率(%)	+	0.0106	Y_{18}

（二）研究方法

1. 熵值法

常用的赋权法有主成分分析法、德尔菲法、层次分析法、熵值法等。为保证权重赋予的客观性，便于从时间、空间两个维度定量分析乡村振兴与新型城镇化综合发展水平，本书采用基于面板数据的熵值法确定各项指标权重。具体计算步骤如下：

（1）数据标准化：

正向指标：$X'_{tij} = \dfrac{x_{tij} - x_{\min}}{x_{\max} - x_{\min}} + 0.01$ （5-1）

逆向指标：$X'_{tij} = \dfrac{x_{\max} - x_{tij}}{x_{\max} - x_{\min}} + 0.01$ （5-2）

式中，x_{tij}、x'_{tij}分别代表第t年第i个地区第j项指标的原始数据和标准化后的数据，$x_{\max}$、$x_{\min}$分别代表第j项指标的最大值和最小值，其中$t=1, 2, 3 \cdots\cdots T$；$i=1, 2, 3 \cdots\cdots m$；$j=1, 2, 3 \cdots\cdots n$。

（2）指标归一化：$P_{tij} = \dfrac{x'_{tij}}{\sum_{t=1}^{T} \sum_{i=1}^{m} x'_{tij}}$ （5-3）

（3）计算熵值：$E_j = \dfrac{1}{\ln(T \times m)} \sum_{t=1}^{T} \sum_{i=1}^{m} P_{tij} \ln P_{tij}$ （5-4）

（4）计算各指标权重：$W_j = \dfrac{1 - E_j}{\sum_{j=1}^{n}(1 - E_j)}$ （5-5）

（5）测算综合发展水平：$V_{ti} = x'_{tij} \times W_j$ （5-6）

2. 耦合协调度模型

由于耦合度（C）只能反映乡村振兴与新型城镇化之间相互作用、相互影响程度的强弱，无法反映二者协调发展的程度，故在耦合度模型基础上引入发展度（T），建立耦合协调模型。其计算公式为：

$$D = \sqrt{C \times T}$$ （5-7）

其中，$C = \dfrac{2\sqrt{R \times U}}{R + U}$；$T = \alpha R + \beta U$。式中$R$、$U$分别代表乡村振兴与新

型城镇化的综合发展水平；本书认为乡村振兴与新型城镇化同等重要，故令 $\alpha=\beta=0.5$。根据相关研究成果，将耦合协调度划分为 10 个等级（表 5-2）。

耦合协调度等级划分表　　　　　　　　　表 5-2

D	协调度等级	D	协调度等级
(0.0, 0.1]	极度失调	(0.5, 0.6]	勉强协调
(0.1, 0.2]	严重失调	(0.6, 0.7]	初级协调
(0.2, 0.3]	中度失调	(0.7, 0.8]	中级协调
(0.3, 0.4]	轻度失调	(0.8, 0.9]	高级协调
(0.4, 0.5]	濒临失调	(0.9, 1.0]	优质协调

3. 不平衡指数

为定量反映各研究单元乡村振兴与新型城镇化耦合协调度分布的等级程度，本书采用劳伦兹曲线计算各研究单元耦合协调度等级体系不平衡指数。其计算公式为：

$$S=\frac{\sum_{i}^{m}Y_{i}-50(m+1)}{100m-50(m+1)} \quad (5-8)$$

式中：S 为不平衡指数，Y_i 表示规模等级，是各研究单元按照占全国耦合协调度总量的比重从大到小排序后，第 i 级的累计百分比，m 取 30。如果各研究区域耦合协调度平衡分布，则 $S=0$；如果分布极不平衡，集中在一个研究区域内，则 $S=1$。随着时间的变化，若 S 变大，则表示我国乡村振兴与新型城镇化协同发展向区域不平衡方向发展；反之，则向区域平衡方向发展。

4. 空间相关性分析

为揭示乡村振兴与新型城镇化协同发展的空间关联特征及时空演化规律，本书采用全局空间自相关和局部空间自相关分析计算 Moran's I 指数。

（1）全局空间自相关：利用全局 Moran's I 指数反映耦合协调度的整体空间分布情况，判断空间上是否有集聚性。其计算公式为：

$$I=\frac{\sum_{i=1}^{m}\sum_{j\neq1}^{m}\omega_{ij}(D_{i}-\bar{D})(D_{j}-\bar{D})}{\frac{1}{m}\sum_{i=1}^{m}(D_{i}-\bar{D})^{2}\sum_{i=1}^{m}\sum_{j\neq1}^{m}\omega_{ij}} \quad (5-9)$$

式中，$\bar{D}=\frac{1}{m}\sum_{i=1}^{m}D_{i}$，$D_i$ 与 D_j 分别代表 i 地区与 j 地区乡村振兴与新型城镇化

的耦合协调度，$\bar{D}$ 代表耦合协调度的均值，ω_{ij} 代表空间权重矩阵。$I\in[-1, 1]$，当 $I>0$ 时，代表空间正相关，即高值与高值集聚或低值与低值集聚；当 $I<0$ 时，代表空间负相关，即高值与低值集聚或低值与高值集聚。

（2）局部空间自相关：利用局部 Moran's I 指数反映某个地区与其相邻地区之间耦合协调度的空间差异程度。对城市 i 而言，其计算公式为：

$$I_i = \frac{(D_i - \bar{D}) \sum_{j \neq 1}^{m} \omega_{ij}(D_i - \bar{D})}{\frac{1}{m}\sum_{i=1}^{m}(D_i - \bar{D})^2} \quad (5\text{-}10)$$

式（5-10）中各个变量的含义与全局自相关公式（5-9）中变量的含义相同。$I_i>0$，表示该地区与周围具有相似值的地区空间集聚（高—高或低—低集聚）；$I_i<0$，则表示与非相似值的地区空间集聚（高—低或低—高集聚）。

5. 面板数据模型

为揭示各因素对乡村振兴与新型城镇化协同发展的具体影响程度，本书利用截距式面板数据模型计算回归系数。其计算公式为：

$$D_{it} = (\alpha_0 + \alpha_i) + \sum_{k=1}^{K}\beta_k F_{kit} + \varepsilon_{it} \ (k=1,2,\cdots\cdots, K; i=1,2,\cdots\cdots, m; t=1,2,\cdots\cdots, T)$$
$$(5\text{-}11)$$

式中，D_{it} 为被解释变量，代表 i 地区第 t 年乡村振兴与新型城镇化耦合协调度的测算值；F_{kit} 为解释变量，代表 i 地区第 t 年第 k 个影响因子的测算值；β_k 为解释变量系数，反映解释变量对被解释变量的影响程度与方向；ε_{it} 为随机误差项，表示被忽略的随样本个体和时间变化因素的影响；α_0 为常数项，α_i 为不同地区的截距项，表示不同样本存在的个体影响。

（三）数据来源

由于西藏和香港、澳门、台湾地区指标数据缺失较多，故本书选取我国 30 个省（市、自治区）作为研究对象。所用数据来源于 2013—2020 年的《中国统计年鉴》《中国人口和就业统计年鉴》《中国农村统计年鉴》《城乡建设统计年鉴》、国家数据统计局以及各省（市、自治区）统计年鉴，个别缺失数据通过线性插补法获得。

二、乡村振兴与新型城镇化协同发展时空演进

（一）乡村振兴与新型城镇化综合发展评价

总体来看，2012—2019 年我国乡村振兴与新型城镇化综合发展水平均呈上升趋势（表 5-3），其中：乡村振兴综合发展水平由 2012 年的 0.3948 上升到 2019 年的 0.4912，年均增长 3.17%；新型城镇化综合发展水平由 2012 年的 0.2385 上升到 2019 年的 0.3932，年均增长 7.40%。从四大区域来看[①]，东部地区优势明显，其乡村振兴与新型城镇化综合发展水平均为最高；西部地区乡村振兴综合发展水平较低，但其发展速度较快，与东部地区差距呈缩小趋势；东北地区由于转型压力较大，区域经济发展缓慢，影响其新型城镇化进程，2019 年新型城镇化综合发展水平不仅低于中部地区，也低于西部地区。

2012—2019 年全国及四大区域乡村振兴与新型城镇化综合发展水平　　表 5-3

区域	年份	2012	2013	2014	2015	2016	2017	2018	2019	年均增速
乡村振兴	全国	0.3948	0.4155	0.4477	0.4614	0.4610	0.4712	0.4799	0.4912	3.17%
	东部	0.4910	0.4912	0.5131	0.5220	0.5182	0.5271	0.5348	0.5466	1.55%
	中部	0.4398	0.4551	0.4973	0.5116	0.5116	0.5200	0.5258	0.5375	2.91%
	东北	0.4128	0.4237	0.4512	0.4647	0.4745	0.4734	0.4727	0.4994	2.76%
	西部	0.3458	0.3631	0.4077	0.4247	0.4283	0.4416	0.4518	0.4635	4.27%
新型城镇化	全国	0.2385	0.2609	0.2840	0.3044	0.3248	0.3505	0.3701	0.3932	7.40%
	东部	0.3323	0.3511	0.3743	0.3995	0.4258	0.4523	0.4714	0.4961	5.89%
	中部	0.2149	0.2390	0.2637	0.2819	0.3028	0.3252	0.3465	0.3713	8.12%
	东北	0.2477	0.2694	0.2892	0.3074	0.3062	0.3268	0.3410	0.3473	4.94%
	西部	0.2126	0.2310	0.2533	0.2602	0.2819	0.3037	0.3213	0.3564	7.66%

---

① 根据我国四大地理区域划分，东部地区包括北京、天津、河北、上海、江苏、浙江、福建、山东、广东和海南，中部地区包括山西、安徽、江西、河南、湖北和湖南，西部地区包括内蒙古、广西、重庆、四川、贵州、云南、陕西、甘肃、青海、宁夏和新疆，东北地区包括辽宁、吉林和黑龙江。

省级层面上，各省区乡村振兴与新型城镇化综合发展水平均呈上升趋势（表5-4）。从各省区乡村振兴与新型城镇化发展阶段划分来看，绝大多数省区乡村振兴处于中等水平发展阶段、新型城镇化则处于较低水平发展阶段。2019年，乡村振兴仅有湖南处于较高水平发展阶段，新型城镇化仅有北京和上海两市处于较高水平发展阶段。总体上，乡村振兴缺少发展增长极，空间差异较小；新型城镇化逐渐呈现出以北京—上海为核心，空间极化趋势增强。

2012—2019年各省区乡村振兴与新型城镇化综合发展水平阶段划分　　表5-4

	测算结果	发展阶段	2012年	2013年	2014年	2015年	2016年	2017年	2018年	2019年
乡村振兴	(0.0, 0.2]	低水平	0	0	0	0	0	0	0	0
	(0.2, 0.4]	较低水平	13	9	5	4	3	2	0	0
	(0.4, 0.6]	中等水平	17	21	25	26	27	27	29	29
	(0.6, 0.8]	较高水平	0	0	0	0	0	1	1	1
	(0.8, 1.0]	高水平	0	0	0	0	0	0	0	0
新型城镇化	(0.0, 0.2]	低水平	5	3	2	0	0	0	0	0
	(0.2, 0.4]	较低水平	22	24	25	26	25	24	23	21
	(0.4, 0.6]	中等水平	3	3	3	3	4	4	5	7
	(0.6, 0.8]	较高水平	0	0	0	1	1	2	2	2
	(0.8, 1.0]	高水平	0	0	0	0	0	0	0	0

（二）乡村振兴与新型城镇化协同发展时空演进

1. 协同发展水平

2012年以来，全国乡村振兴与新型城镇化耦合协调度逐年提升（图5-1），且耦合度均大于0.98，表明乡村振兴与新型城镇化相互影响、协同发展水平不断增强，2015年迈入初级协调阶段。从四大区域来看，东部地区耦合协调度最高，2018年迈入中级协调阶段；中部地区与全国平均水平相当；西部地区耦合协调度最低，但发展速度较快，与全国平均水平差距不断缩小；东北地区耦合协调度尽管也呈上升态势，但提升速度低于全国平均水平，2012年高于全国0.0110，到2019年则低于全国0.0183且差距仍有扩大趋势。

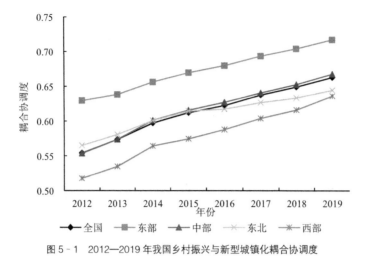

图 5-1 2012—2019 年我国乡村振兴与新型城镇化耦合协调度

2. 协同发展时空演进特征

为了描述我国各省（自治区、直辖市）之间乡村振兴与新型城镇化耦合协调度的空间差异程度，引入不平衡指数。结果显示，2012 年以来我国各省（自治区、直辖市）耦合协调度的不平衡指数逐年下降，由 2012 年的 0.0651 下降到 2019 年的 0.0415（图 5-2），表明我国乡村振兴与新型城镇化协同发展的空间差异逐渐缩小。

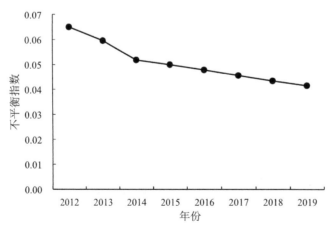

图 5-2 2012—2019 年我国乡村振兴与新型城镇化协同发展空间格局差异

根据耦合协调度等级划分标准，利用 ArcGIS 软件对 2012—2019 年我国 30 个省（自治区、直辖市）的乡村振兴与新型城镇化耦合协调度进行可视化处理，剖析其空间分布格局及演变特征。2012 年，我国乡村振兴与新型城镇化耦合协调度呈"东高西低"的空间分布格局,高值区主要集中在经济发达的东部沿海地区。北京、上海达到中级协调阶段,北京耦合协调度最高;天津、山东、江苏、浙江、江西5个省区处于初级协调阶段;贵州、广西、甘肃、云南4个省区处于濒临协调阶段,贵州耦合协调度最低;其余19个省区均处于勉强协调阶段。2012—2016年期间,处于初级协调阶段的省区数量不断增加,由2012年的5个增加到2016年的17个,区域范围由东部地区逐渐向中部和东北地区扩展。2016—2019年期间,处于初级协调阶段的省区空间范围进一步扩大;2019年上海迈进高级协调阶段,北京、天津、江苏、浙江、福建处于中级协调阶段,其余省区均达到初级协调水平。综合来看,2012—2019年期间,我国各省区乡村振兴与新型城镇化协同发展水平不断提升,"东—中—西"梯度推进特征明显,省区间整体差异有所缩小,但以沿海发达地区为"高地"的空间格局短期内难以改变。

3. 协同发展空间相关性

（1）全局空间自相关

考虑到海南与其他省区无邻接,本书基于距离带构建空间距离权重矩阵,利用GeoDa软件测算乡村振兴与新型城镇化耦合协调度的全局Moran's I指数(表5-5)。结果显示,2012—2019年耦合协调度的全局Moran's I指数均通过了5%的显著性检验,且均为正数,Z得分大于1.96(显著性水平 α=0.05,临界值Z=1.96),表明我国乡村振兴与新型城镇化协同发展具有显著的正向空间相关性,其空间分布并不是完全随机的而是相互依赖的,相邻省区间具有相同的属性。具体来看,2012—2019年全局Moran's I指数在波动中呈现下降的发展态势。2012—2015年期间Moran's I指数增长,2015年达到0.2874,表明此阶段各省区乡村振兴与新型城镇化协同发展空间相关性有所增强;2016—2019年期间Moran's I指数减小,2019年仅为0.2030,低于2012年水平,表明此阶段各省区乡村振兴与新型城镇化协同发展空间相关性下降。

2012—2019年乡村振兴与新型城镇化耦合协调度全局空间自相关分析结果 表5-5

年份	Moran's I	Z	P
2012	0.2278	3.4705	0.0060
2013	0.2500	3.7642	0.0040
2014	0.2573	3.8899	0.0040
2015	0.2874	4.3251	0.0030

续表

年份	Moran's I	Z	P
2016	0.2421	3.7568	0.0040
2017	0.2186	3.4346	0.0060
2018	0.2291	3.5551	0.0040
2019	0.2030	3.2336	0.0050

（2）局部空间自相关

为了进一步展示我国各省区乡村振兴与新型城镇化耦合协调度局部区域内的空间结构形态演变特征，采用 GeoDa 软件绘制耦合协调度的 Moran 散点图，并列出其对应省区表（图 5-3、表 5-6）①。2012—2019 年我国约 60% 的省区集中在第三象限内，进一步说明了我国乡村振兴与新型城镇化协同发展存在显著的空间正相关。其中，北京、天津、山东、江苏、上海、浙江、福建、江西 8 个省区长期位于第一象限内，这类省区与其相邻省区乡村振兴与新型城镇化耦合协调度均较高，属于高—高集聚型；甘肃、青海、四川、重庆、贵州、云南、广西、海南 8 个省区长期位于第三象限，这类省区与其相邻省区耦合协调度均较低，属于低—低集聚型；内蒙古、吉林、山西、安徽、湖北 5 个省区长期位于第二象限，这类省区的相邻省区耦合协调度较高，但自身耦合协调度较低，属于低—高集聚型；黑龙江、新疆、广东 3 个省区长期位于第四象限，这类省区自身耦合度较高，但相邻省区耦合协调度较低，属于高—低集聚型。从不同象限对应省区变化来看，总体变化幅度较小，局部空间相关性较稳定。2012—2015 年间，河南与湖南由于城镇经济发展水平、社会服务水平显著提升，乡村振兴与新型城镇化协同发展得到强化，分别由低—高集聚、低—低集聚转变为高—高集聚、高—低集聚；辽宁与陕西因自身新型城镇化发展相对滞后，与乡村振兴协同发展水平有所下降，最终退至低—高集聚区。2015—2019 年间，宁夏及其相邻的省份乡村振兴与新型城镇化协同发展推进速度缓慢，故由低—高集聚转变为低—低集聚；河北因新型城镇化水平相对落后，阻碍了与乡村振兴的协同发展，从高—高集聚区"出局"。局部 Moran's I 显著性检验结果显示，未通过 5% 显著性检验的省区数量呈先减少（2012—2015 年）再增加（2016—2017 年）最后维持稳定（2018—2019 年）的变化趋势，2019 年较 2012

---

① 因文章篇幅限制，本书仅展现 2012 年（研究起始时间点）、2015 年（Moran's I 峰值时间点）与 2019 年（研究结束时间点）的 Moran 散点图及其对应省区表。

年多 3 个省区,表明近年来省区间的空间关联性有所下降。综合来看,高—高集聚区主要集中在东部地区,低—低集聚区集中在西部地区,局部空间集聚效应稳定,但省区间的联动效应以及高值区的辐射带动作用有待提升。

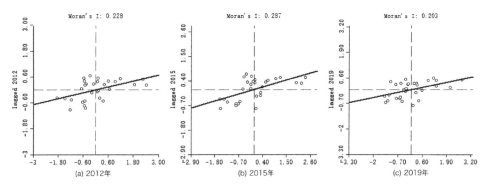

图 5-3　2012 年、2015 年与 2019 年乡村振兴与新型城镇化耦合协调度 Moran 散点图

2012 年、2015 年与 2019 年乡村振兴与新型城镇化耦合协调度
Moran 散点图对应省区表　　　　　　　　　　　　　　　　表 5-6

年份 集聚模式	2012	2015	2019
高-高集聚	辽宁、河北、北京、天津、山东、江苏、上海、浙江、福建、江西(10个)	北京、天津、河北、山东、江苏、上海、浙江、福建、江西、河南(10个)	北京、天津、山东、江苏、上海、浙江、福建、江西、河南(9个)
低-低集聚	甘肃、青海、四川、重庆、贵州、云南、广西、海南、湖南(9个)	甘肃、青海、四川、重庆、贵州、云南、广西、海南(8个)	甘肃、宁夏、青海、四川、重庆、贵州、云南、广西、海南(9个)
低-高集聚	内蒙古、吉林、宁夏、山西、河南、安徽、湖北(7个)	内蒙古、吉林、辽宁、宁夏、陕西、山西、安徽、湖北(8个)	内蒙古、吉林、辽宁、山西、安徽、湖北、陕西、河北(8个)
高-低集聚	黑龙江、新疆、陕西、广东(4个)	黑龙江、新疆、广东、湖南(4个)	黑龙江、新疆、广东、湖南(4个)

三、乡村振兴与新型城镇协调发展度影响因素分析

(一)影响因子提取

为从乡村振兴与新型城镇化评价指标体系中提取具有代表性、互不相关的因子,

作为两者协调发展的影响因素，本书利用 SPSS 软件对我国 30 个省（自治区、直辖市）面板数据进行主成分分析。首先进行 KMO 检验和 Bartlett 球形检验，其 KMO 值为 0.738，显著性水平 $P<0.001$，说明主成分分析结果显著性水平较高。根据特征值大于 1 的原则，共选取 9 个主成分，累计贡献率达 82.40%，能够反映原始数据绝大部分信息，因此用这 9 个主成分代表原始的 36 项指标（表 5-7）。其中，因子 1 在人均地方财政收入、人均 GDP、城镇居民人均可支配收入上具有较大载荷，反映了经济发展；因子 2 在城乡居民可支配收入比、粮食单产、农村低保人数比例上具有较大载荷，反映了城乡差距；因子 3 在每公顷耕地化肥施用量、农业机械化水平、生活垃圾无害化处理率上具有较大载荷，反映了农业投入；因子 4 在每万人拥有卫生机构床位数、农村居民教育文娱支出占比、农村居民恩格尔系数上具有较大载荷，反映了公共服务；因子 5 在建成区面积占城区比重、城镇人口密度上具有较大载荷，反映了城镇规模；因子 6 在人均公园绿地面积、人均城市道路面积上具有较大载荷，反映了基础设施；因子 7 在每万人高等学校在校生人数、农村人口平均受教育年限上具有较大载荷，反映了人才资源；因子 8 在每万人农村人口乡村医生和卫生员数上具有较大载荷，反映了乡村医疗；因子 9 在污水处理率、每万农村人口拥有乡镇文化站数上具有较大载荷，反映了环境治理。

旋转后的因子载荷矩阵 表 5-7

	因子 1	因子 2	因子 3	因子 4	因子 5	因子 6	因子 7	因子 8	因子 9
X_1	−0.709	−0.136	−0.164	0.085	0.222	0.024	−0.075	0.427	−0.132
X_2	−0.049	0.371	0.686	−0.170	0.021	0.131	−0.136	−0.345	0.037
X_3	0.435	0.463	0.498	−0.206	0.248	0.096	−0.312	0.001	0.065
X_4	0.354	0.715	0.067	−0.023	0.000	0.037	−0.038	0.166	0.243
X_5	0.002	0.274	0.749	−0.346	0.094	0.062	0.125	0.093	0.154
X_6	−0.035	0.278	0.641	−0.354	−0.087	−0.090	0.095	0.471	−0.075
X_7	0.494	0.587	0.317	−0.059	−0.079	0.059	−0.023	0.233	−0.037
X_8	−0.440	−0.107	0.046	0.099	0.042	0.088	0.127	−0.743	−0.096
X_9	−0.271	0.013	−0.082	0.706	0.058	0.180	0.314	0.119	0.114
X_{10}	−0.070	−0.449	−0.258	0.352	−0.019	−0.117	−0.190	−0.200	−0.539
X_{11}	0.423	0.575	0.029	0.082	−0.001	0.169	0.299	−0.122	0.053

续表

	因子1	因子2	因子3	因子4	因子5	因子6	因子7	因子8	因子9
X_{12}	0.500	0.279	0.188	−0.062	0.223	0.144	0.577	0.103	0.050
X_{13}	−0.250	−0.867	−0.157	−0.085	−0.025	0.035	−0.210	0.015	0.027
X_{14}	−0.175	−0.600	−0.215	−0.567	−0.009	−0.058	−0.027	0.111	0.133
X_{15}	0.252	0.294	0.255	0.388	−0.405	−0.178	0.044	−0.110	0.400
X_{16}	0.807	0.424	0.190	0.207	−0.053	−0.020	0.024	0.091	0.140
X_{17}	−0.413	−0.605	−0.386	0.037	0.142	0.102	−0.379	0.048	−0.011
X_{18}	−0.202	−0.161	0.222	−0.652	−0.230	−0.295	−0.045	0.358	−0.045
Y_1	−0.088	−0.008	0.004	0.048	0.848	−0.408	0.088	−0.065	0.046
Y_2	0.835	0.359	0.039	−0.031	−0.155	−0.030	0.285	−0.013	−0.009
Y_3	0.836	0.183	−0.048	0.029	−0.082	−0.006	0.310	0.101	−0.233
Y_4	0.870	0.317	0.130	0.026	−0.128	0.057	0.085	−0.080	0.086
Y_5	0.813	0.002	0.021	0.237	−0.051	0.034	0.235	0.286	−0.053
Y_6	0.946	0.110	0.026	−0.102	−0.093	−0.066	0.115	0.054	0.042
Y_7	0.863	0.186	0.208	0.264	−0.097	0.045	−0.004	0.138	0.151
Y_8	0.798	0.217	−0.114	−0.073	−0.104	−0.268	−0.183	0.172	0.156
Y_9	0.395	0.280	0.028	0.112	0.059	−0.045	0.697	−0.216	0.123
Y_{10}	0.566	0.072	0.230	0.056	0.059	0.315	0.032	−0.112	−0.458
Y_{11}	0.122	−0.036	−0.162	0.845	0.027	0.022	−0.115	−0.009	0.030
Y_{12}	0.616	0.099	0.525	0.065	0.003	−0.321	−0.081	−0.191	0.163
Y_{13}	−0.330	0.000	−0.071	0.145	0.866	−0.055	0.021	−0.008	−0.037
Y_{14}	−0.358	0.274	0.156	0.200	−0.074	0.680	−0.172	−0.115	0.087
Y_{15}	0.200	0.015	0.244	0.380	0.008	0.322	0.080	−0.060	0.710
Y_{16}	0.001	−0.074	0.047	0.143	−0.331	0.765	0.114	−0.038	0.085
Y_{17}	0.290	0.096	0.594	0.018	−0.133	0.412	0.351	0.065	0.048
Y_{18}	0.235	−0.084	0.661	0.377	−0.299	0.073	0.040	−0.051	0.122

旋转法：具有Kaiser标准化的正交旋转法；旋转在38次迭代后收敛。

（二）回归结果分析

由于面板数据中所包含的样本是所研究总体的所有个体，且截面样本个体较多，时间序列较少，解释变量较多，因此选用截距式面板数据模型。根据 Hausman 检验结果，选择固定效应变截距模型进行回归分析。将面板数据导入 Eviews 软件进行模型回归估计，结果显示拟合优度 R^2 为 0.9850，修正的 R^2 为 0.9822，F 值为 348.06，P 值 <0.000，表明该模型拟合效果较好，整体显著。从模型回归系数的显著性来看，除公共服务未通过 5% 的显著性检验外，其余影响因素均通过了 5% 的显著性检验（表5-8）。

从回归系数的大小与方向来看，经济发展、基础设施、城镇规模、人才资源、乡村医疗、农业投入、环境治理共 7 个影响因素的系数为正数，表明这些影响因素对乡村振兴与新型城镇化协同发展具有正向促进作用，且每提升 1 个单位，耦合协调度分别提升 0.1153、0.1000、0.0888、0.0501、0.0458、0.0381、0.0286 个单位，正向促进效应依次递减；城乡差距的系数为负数，表明城乡差距对乡村振兴与新型城镇化协同发展具有负向抑制作用，每提升 1 个单位，耦合协调度下降 0.1173 个单位。综合来看，不同因素对乡村振兴与新型城镇化协同发展的影响存在较大差异。其中，经济发展是促进乡村振兴与新型城镇化协同发展的首要因素，经济发展水平的提高，将有助于城乡居民增收致富以及城乡基础设施、公共服务完善，加快城乡一体化进程；基础设施的完善更能发挥其城乡互动媒介与互助桥梁作用，促进城乡要素流动；城镇规模的扩大更能发挥城镇对乡村的辐射带动作用，通过"以城促乡"推动乡村振兴；人才资源的合理配置与双向流动有助于推进农业农村现代化，为城乡协调发展、实现城乡互补提供人才支撑；乡村医疗水平的提升不仅是农村人民生命安全的重要保障，也是促进城乡人才要素流动、吸引人才下乡的基本要求；农业投入的增加有助于促进农业发展、农村繁荣与农民收入提高，从而缩小城乡差距，推进城乡协调发展；环境治理水平的提升是新型城镇化的重要目标，也是乡村振兴的内在要求；而城乡差距的扩大将加剧城乡矛盾，阻碍城乡融合发展。

乡村振兴与新型城镇化耦合协调度面板模型估计结果　　　表5-8

变量	系数	标准差	T统计量	概率
C	0.3816	0.0137	27.9340	0.0000
经济发展	0.1153***	0.0114	10.1049	0.0000

续表

变量	系数	标准差	T统计量	概率
城乡差距	-0.1173***	0.0132	-8.9075	0.0000
农业投入	0.0381**	0.0132	2.8858	0.0043
公共服务	-0.0065	0.0118	-0.5514	0.5820
人口分布	0.0888***	0.0075	11.7804	0.0000
基础设施	0.1000***	0.0105	9.5582	0.0000
人才资源	0.0501**	0.0156	3.2074	0.0016
乡村医疗	0.0458***	0.0125	3.6546	0.0003
环境治理	0.0286*	0.0115	2.4820	0.0139

注：*** 表示 0.1% 显著水平上显著，** 表示 1% 显著水平上显著，* 表示 5% 显著水平上显著。

四、结论

本书的研究表明，2012年以来我国乡村振兴与新型城镇化协同发展水平不断提升，其时空演化具有显著特征，主要表现在以下4个方面。其一，乡村振兴区域空间差异较小；新型城镇化逐渐呈现出以北京—上海为核心的空间格局。其二，2015年全国乡村振兴与新型城镇化迈入初级协调阶段，呈现出"东高西低"的空间分布格局，空间差异逐年缩小，2019年多数省区仍处于初级协调阶段。其三，乡村振兴与新型城镇化协同发展在空间上具有显著的正向相关性，高—高集聚区主要集中在东部地区，低—低集聚区主要集中在西部地区，局部空间集聚效应稳定，但省区间的联动效应以及高值区的辐射带动作用不强。其四，经济发展、基础设施、城镇规模、人才资源、乡村医疗、农业投入、环境治理对乡村振兴与新型城镇化协同发展具有显著的正向促进作用，其中经济发展正向效应最为显著；城乡差距具有负向抑制作用。

基于以上分析结果，本书认为，促进乡村振兴与新型城镇化两大战略协同发展，应从以下5个方面着手。一要促进城乡产业融合发展。加快构建现代乡村产业体系，延伸农业产业链条，推进农业与第二、三产业融合发展，积极培育新产业新业态，增强城乡融合发展的动力源泉。二要缩小城乡差距。推动城镇基础设施与公共服务向乡村延伸，加快城乡一体化进程；多措并举，加大农村产权制度改革与就业培训力度，增加农民可支配收入。三要因地制宜补短板。北京、上海两地乡村振兴落后于新型城镇化发展，要加快打通城乡要素平等交换、双向流动的制度性通道，增强城镇对乡村的辐射带动作用，尽快实现乡村振兴；湖南、河北等新型城镇化滞后于乡村振兴的省区，要加快推进以人为核心的新型城镇化进程，促进城镇化高质量发展。四要引导区域协调发展。通过搭建各类区域发展合作平台，扩大区域城乡市场的沟通与融合，促进不同区域间优势互补、互利互惠。东部乡村振兴与新型城镇化耦合协调度高的省区，应强化对周边省区的辐射带动作用，形成更大范围的空间联动；耦合协调度低的省区，更应加强与相邻省区的对接融合发展，并综合自身资源禀赋和发展基础，探索走出一条乡村振兴与新型城镇化协同发展的新路子。五要加强顶层设计。各地政府应在遵循乡村和城镇化发展规律的基础上，对乡村振兴和新型城镇化进行整体性、系统化的规划与统筹，明确时间表、路线图并出台相关政策，为乡村振兴与新型城镇化协同发展提供制度保障。

第 6 章

城乡产业融合
——农村新业态发展

一、农村新业态和乡村振兴现状趋势
二、农村新业态发展存在的困难与问题
三、乡村振兴背景下农村新业态高质量发展相关建议

2018年中央一号文件《中共中央 国务院关于实施乡村振兴战略的意见》正式发布，明确了实施乡村振兴战略的目标任务，按照产业兴旺、生态宜居、乡风文明、治理有效、生活富裕的总要求，对统筹推进农村经济建设、政治建设、文化建设、社会建设、生态文明建设和党的建设作出全面部署，提出产业兴旺是重点，构建农村一二三产业融合发展体系，鼓励支持各类市场主体创新发展基于互联网的新型农业产业模式。创新发展农村新产业新业态，可以有力推动农村"产业兴旺"，从增产导向转向提质导向，增强农村发展新动能，提高农村自身"造血"能力，加快农业农村高质量发展，促进乡村振兴。2019年中央一号文件《中共中央 国务院关于坚持农业农村优先发展做好"三农"工作的若干意见》，提出要坚持农业农村优先发展总方针，以实施乡村振兴战略为总抓手，深化农业供给侧结构性改革，充分发挥乡村资源、生态和文化优势，发展壮大乡村产业，发展适应城乡居民需要的休闲旅游、餐饮民宿、文化体验、健康养生、养老服务等产业。深入实施乡村振兴战略，为新时代农村新产业、新业态实现高质量发展提供了重大机遇；同时，乡村振兴战略也明确了农村新产业、新业态发展方向，并提出了更高的标准和要求。

一、农村新业态和乡村振兴现状趋势

（一）农村新业态快速发展

近年来，我国在加大结构调整、转型升级力度的同时，大力培育新经济，新产业、新业态、新产品不断涌现并越来越活跃，新旧动能加速转换，经济新动能正在加速孕育与积聚，对经济增长的支撑作用逐步增强。随着农业供给侧结构性改革的深入推进和一二三产业融合发展，特别是2017年党的十九大报告提出乡村振兴战略以来，各地以实施乡村振兴战略为总抓手，积极培育农村新产业、新业态、新模式，休闲农业与乡村旅游、农村电商持续快速发展，农产品加工业保持稳中增效的态势，成为农村经济发展的新动能。

1. 休闲农业与乡村旅游规模不断扩大

随着我国经济社会水平和居民收入消费水平的不断提高、城乡空间距离的缩短，近年来休闲农业与乡村旅游快速发展，农家乐、民俗村、田园农庄、农业科技园、古村落、乡村度假村等产品层出不穷，成为我国旅游业发展新力。2012—2019 年，我国休闲农业与乡村旅游人数不断增加，从 2012 年的 7.2 亿人次增至 2019 年的 32 亿人次，占国内游客接待人次的 53.28%，年均增长率高达 33.2%；休闲农业与乡村旅游营业收入快速增长，2019 年全国乡村旅游营业收入达到了 8500 亿元（图 6-1），占国内旅游总收入的 12.8%[①]。受新冠肺炎疫情影响，2020 年 1—8 月中国休闲农业与乡村旅游人数减少至 12.07 亿人，同比下降率达到 60.9%。

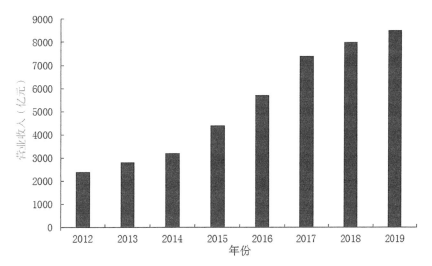

图 6-1 2012—2019 年全国休闲农业和乡村旅游营业收入增长
资料来源：产业信息网（http://www.chyxx.com/industry/201809/677799.html）和人民网（http://country.people.cn/n1/2019/0214/c419842-30674249.html）。

当前休闲农业与乡村旅游发展呈现四大特征：一是产业规模不断扩大。休闲农业和乡村旅游已从零星分布向集群分布转变，空间布局从城市郊区和景区周边向更多适宜发展的区域拓展。二是业态类型不断丰富。既包括以"农家乐"和聚集村为主的休闲旅游，以提供食宿、游乐、采摘、购物为主；也包括以自然景观、特色风貌和人文环境为主的生态旅游，提供农家饭菜、宿营房屋、农事体验等服务；还包括依托田园景观，以健康养生为主的休闲旅游，提供食宿、康养、保健等服务。此外，也形成了一些有特色的农业嘉年华、特色小镇等品牌。截至目前，

---

① 资料来源：产业信息网（http://www.chyxx.com/industry/201809/677799.html）。

全国已创建 388 个全国休闲农业和乡村旅游示范县（市），推介了 710 个中国美丽休闲乡村。三是产业内涵不断拓展。由原来单纯的休闲旅游，逐步拓展到文化传承、涵养生态、农业科普等多个方面，更加注重开发"好山好水好风光"的农业农村资源，发掘资源潜在价值。通过拓展科普教育、农事体验的功能，让人们近距离参与农业生产，了解乡村民俗；通过拓展养生养老、健身运动的功能，让城市居民到乡村居住，感受田园和农耕生活。四是就业增收不断增加。发展休闲农业和乡村旅游带动了餐饮住宿、农产品加工、交通运输、建筑和文化等关联产业，农民可以就地就近就业，还能把特色农产品变礼品、特色民俗文化和工艺变商品、特色餐饮变服务产品，增加了经营性收入。一些地方把民房变民宿，农家庭院变成农家乐园，增加了财产性收入。特别是一些贫困地区，发掘独有的稀缺资源，有效带动农民脱贫致富。

2. 农村电商持续快速发展

我国农村电子商务发展，起步于 1995 年郑州商品交易所集成现货网的成立。近年来，随着农村宽带、电话等信息基础设施的不断完善，计算机、手机等设备在农村的逐渐普及，农村地区的互联网用户数量持续上升，农村居民开始尝试网络购物、发布农产品信息。特别是在"互联网＋农村"计划的推动下，我国农村电子商务呈现爆发式增长，农村电子商务的产品种类不断丰富，工业品、农资用品"下乡"和农产品"进城"的双向流动显著加快，交易规模快速增长。据商务部数据[①]，2020 年全国农村实现网络零售额 1.7 万亿元人民币，同比增长 8.9%。截至 2020 年底，全国农产品网络销售达到了 4158.9 亿，同比增长 26.2%；农村实物类产品网络零售额 1.63 万亿元人民币，同比增长 10.5%，占农村网络零售总额的 90.93%。服装鞋帽针纺织品、日用品、家具位居前 3 位，分别占农村实物商品网络零售额 28.36%、17.7% 和 8.88%，增速前 3 位的品类分别是中西药品、烟酒和通信器材，同比增速分别为 139.1%、47.2% 和 38.9%。

从农民需求来看，由于我国农业"小农户与大市场"的矛盾，导致农民需求、农业生产与市场信息不对称，一方面面临着"买难"的问题，购物不便、价高质低等问题普遍存在，影响了农民生活品质的提升；另一方面也面临着"卖难"的问题，不少特色农渔产品特别是一些季节性比较强的农产品，抗市场风险能力还

---

① 商务部就 2017 年全国农村电商发展情况等答问（http://www.gov.cn/xinwen/2018-01/25/content_5260868.htm）。

比较弱,"增产不增收"现象时有发生。因此,农民迫切希望打通农村与城市的物流和信息通道,尽快实现"网货下乡"和"土货进城"。从国家层面"全面建成小康社会目标和新型工业化、信息化、城镇化、农业现代化同步发展"的要求来看,"三农"问题一直是我国的工作重心,创新农村商业模式,培育和壮大农村电子商务市场主体,对于推动农业升级、农村发展、农民增收具有重要意义。因此,自2013年以来,国家出台了一系列鼓励农村电子商务发展的相关政策,特别是2015年国务院办公厅专门出台《关于促进农村电子商务加快发展的指导意见》(国办发〔2015〕78号),明确农村电子商务发展的指导思想、发展目标与重点任务;2017年,商务部、农业部联合下发《关于深化农商协作大力发展农产品电子商务的通知》(商建函〔2017〕597号),要求充分发挥商务、农业部门协作协同作用,以市场需求为导向,着力突破制约农产品电子商务发展的瓶颈和问题,加快建立线上线下融合、生产流通消费高效衔接的新型农产品供应链体系。同时,为加快电子商务在农村的推广运用,自2014年起每年在全国选择部分具有较好发展基础的地区开展电子商务进农村示范,截至2020年底,综合示范项目累计支持338个县,实现了国家级贫困县的全覆盖。截至2020年底,国家级贫困县电商经营总数达306.5万家;2020年国家级贫困县网络零售总额达3014.5亿元[①]。

从企业层面来看,农村众多的网民数量与网购人群,以及丰富的农产品资源,将为电商企业和互联网零售商提供一个更广阔的"蓝海"市场。如京东指2015年实施"工业品进农村战略(Factory to Country)、农村金融战略(Finance to Country)和生鲜电商战略(Farm to Table)"的"3F"战略,建立由其自营的县级服务中心、合作的乡村合作点和乡村推广员及整合社会资源的京东帮服务店等组成农村网络服务体系,目前"京东帮服务店"开店数量已经突破1700家,大家电配送服务范围超过44万个行政村。阿里巴巴在2014年推出了以"千县万村"计划为主体的农村战略,计划将在3~5年之内,投资100亿元,建立一个覆盖1000个县、10万个行政村的农村电子商务服务体系。阿里巴巴还将通过研究院、淘宝大学、农村电商培训中心等机构为其"网货下乡、农产品进城"解决农村电商人才培养问题。截至2020年9月,阿里巴巴已建成965个县级运营中心,覆盖村级服务站近10万个。阿里巴巴农村淘宝已经覆盖全国30个省级行政区域,全国淘宝村和淘宝镇数量分别达到5425个和1756个(表6-1)。

---

① 全国电子商务公共服务网站(https://dzswgf.mofcom.gov.cn/news/23/2021/12/1639442498268.html)。

2014—2018年淘宝村和淘宝镇数量增长　　　　　表6-1

地区	2014年 淘宝村	2014年 淘宝镇	2015年 淘宝村	2015年 淘宝镇	2016年 淘宝村	2016年 淘宝镇	2017年 淘宝村	2017年 淘宝镇	2018年 淘宝村	2018年 淘宝镇	2019年 淘宝村	2019年 淘宝镇	2020年 淘宝村	2020年 淘宝镇
浙江	62	6	280	22	506	51	779	77	1172	128	1573	240	1757	304
广东	54	5	157	20	262	32	411	54	614	74	798	155	1025	225
江苏	25	2	127	11	201	17	262	29	452	50	615	155	664	248
山东	13		63	6	108	12	243	36	367	48	450	87	598	134
河北	25	2	59	5	91	8	146	16	229	27	359	149	500	220
福建	28	2	71	7	107	13	187	24	233	29	318	106	441	153
河南	1		4		13		34	2	50	3	75	44	135	94
湖北	1		1		1		4		10		22	20	40	33
天津	1		3		5		9	1	11	2	14	2	39	13
北京			1		1		3	1	11	1	11	1	38	37
江西			3		4		8		12		19	46	34	54
安徽					1		6		8		13	48	27	68
四川	2		2		3		2		5		6	46	21	54
上海											0		21	28
陕西							1		1		2	1	16	2
湖南			3		1		3		4		6	20	12	33
广西							1		1		3	9	10	15
辽宁			1		4	1	7	1	9	1	11	6	9	8
重庆							1		3		3		9	3
山西			1		1		2		2		2	3	7	11
云南			2		1		1		1		1	9	6	14
吉林			1		1		3		4		4	2	4	5
贵州							1		1		2	1	4	2
新疆							1		1		1		3	
黑龙江											1	5	2	8
宁夏							1		1		1		1	
海南													1	1
甘肃													1	
合计	212	17	779	71	1311	135	2118	242	3202	363	4310	1155	5425	1767

资料来源：阿里研究院《中国淘宝村发展报告2020》。

从农村电商发展现状来看，呈现六大典型特征。一是在流通内容上，形成"工业品、农资产品下乡"与"农产品进城"双向流通新格局，但目前仍以"工业品下乡"为主导。从零售额来看，2020年全国农产品网络销售为4158.9亿元，仅占全国农村实现网络零售额1.7万亿元的24.46%。二是在空间分布上，农村电商区域发展不平衡现象明显，呈现出明显的沿东部沿海地区集聚的特征。以2020年淘宝村空间分布为例，全国5425个淘宝村，主要集中在浙江省、广东省、江苏省、山东省和河北省等东部沿海地区，上述5省淘宝村数量占全国淘宝村总量的83.76%。三是在发展动力下，呈现"自上而下、自下而上"相结合，政府扶持、电商平台"下沉"、农民和涉农企业创新创业等合力推进新态势。自2014年中央一号文件提出要支持电商、物流、商贸、金融等企业参与涉农电商平台建设以来，中央、国务院和相关部委出台了一系列扶持农村电子商务发展的政策。阿里、京东等电商平台"下乡进村"，是其扩大农村市场的客观需要；农民和涉农企业发展电子商务，也是其顺应"互联网+"趋势，实现创新创业、加快转型发展的现实需要。四是在发展模式上，各地区结合自身发展基础和资源禀赋条件，探索形成多种模式并存新局面。总体来看，其发展路径主要有两种：第一，电商平台在农村的推广、建设，如阿里、京东利用线上的优势，对线下实体店进行改造，并在农村建立县级服务中心、农村建立服务点；也有在农村创建并与当地农村社会经济发展紧密相连的电子商务服务商，如遂昌的"赶街网"，目前正向浙江省内和全国其他地区布局，到2020年，赶街服务体系已在全国17个省、49个县（其中含16个国家级贫困县）、12000多个行政村落地，服务覆盖1600多万村民[①]。第二，传统实体企业利用其农村网点和配送优势，对原有网点进行改造升级。如邮政截至2018年底已建成农村电子商务服务站点（村邮乐购）近46万个，以"邮乐网"为线上平台，依托便民服务站点，打造"工业品代购+农产品进城+便民服务+普惠金融+电商培训"的邮政农村电商服务体系。从农村电子商务发展的资源要素来看，其一是依托当地优势农产品资源，如甘肃成县的核桃、山东博兴的草编；其二是依托当地已有的特色产业集群，如河北清河羊绒产业、江苏沙集的家具产业。五是农村电商政策支持力度持续加大，市场秩序逐渐规范。近年来国家出台了一系列支持"电商"促进农业农村发展的政策措施。2014—2022年连续9年中央一号文件均明确提出发展农村电商。据不完全统计，国务院及各有关部委出台多个文件，制定一系列政策措施支持"农业、农村"的道路交通、网络

---

① 数据来源：遂昌县人民政府：《遂昌农村电商"赶街模式"助力精准扶贫》（http://www.suichang.gov.cn/art/2021/3/31/art_1229370544_59818033.html）。

宽带、物流设施、信息服务等基础设施建设，为电商在农业、农村发展创造有利条件。此外，推进了"电商"法治建设，逐步规范市场秩序。《食品安全法》《电子商务法》明确网络食品安全管理责任，推进了网上电子商务法规和相关标准建设，逐步营造良好营商环境。六是农村电商催生新业态、新模式，农村产业逐渐向多元化发展。农村电商的迅速发展有利于缓解农产品进城"最初一公里"难题，为分散小农户走进大市场拓宽渠道，打通"从农田到餐桌"的农产品供给链；有利于缓解工业品、消费品下乡"最后一公里"难题，促进农村消费升级。一方面，对农业生产的支撑作用不断增强，带动了农民生产需要种子、化肥、农药、饲料等生产资料和工具、生产工具直接进入田间地头。另一方面，通过电商平台，带动了农民生活的日常消费品快速、便捷走进广大农村。有利于催生新业态、新模式，农村产业逐渐向多元化发展，如创意农业、分享农业、众筹农业、休闲农业、乡村旅游等，通过电商平台将特色农产品、乡村文化、乡村景色展示，不仅让城市消费者更了解农业、更向往农村、更信任农业生产者，缩短城乡差距，也极大带动农民脱贫，促进农民就业增收。

3. 现代农产品加工业稳中提质

近年来，我国农产品加工业有了长足发展，已成为农业现代化的支撑力量和国民经济的重要产业，对促进农业提质增效、农民就业增收和农村一二三产业融合发展，对提高人民群众生活质量和健康水平、保持经济平稳较快增长发挥了十分重要的作用。随着我国农产品加工业深入推进供给侧结构性改革，转型升级步伐加快，质量效益持续改善，产能利用率不断提高，出口保持平稳增长，产业融合发展趋势明显，总体呈现稳中向好态势。一是增长速度稳步回升。2019年，规模以上农产品加工业完成营业收入146905.4亿元，同比增长2.1%，增速较2018年同期下降1.9个百分点，延续自2016年初以来的企稳回升态势；2020年，农产品加工业克服经济下行压力以及新冠肺炎疫情等不利影响，保持良好发展势头，规模以上农产品加工业实现营业收入144600.6亿元，同比下降1.7%，与一季度、上半年、前三季度相比，降幅分别收窄10.3、3.2、0.9个百分点，生产经营逐渐恢复至2019年水平；分阶段看，2020年一季度，受新冠肺炎疫情影响，规模以上农产品加工业营业收入同比下降12.0%，首次出现负增长。随着疫情防控措施和政策逐步落实，企业复工复产不断推进，生产秩序逐步恢复，农产品加工业生产和销售持续加快，营业收入降幅逐步缩小。二是质量效益不断改善。2020年，规模以上农产品加工业实现利润总额10378.4亿元，同比增长6.9%，增速较2019年同期上升5.4个百分点，比规模以上工业高2.8个百分点；农产品加工业主营业务收入利润率为6.7%；规模以上农产品加工业营业收入利润率为7.2%，较2019年同期提高0.6个百分点，比规模以上工业高1.1个百分点，达到2012年以来新高。三是供给结构继续优化。根据《2019年中国农产品加工业经济运行报告》，食用类农产品加工业各子行业主营业务收入增速呈现高、中、低不同档位。其中，肉类加工业、乳品加工业、制糖业增长较快，同比增速超过10%，表明新兴和传统特色农产品加工产业继续追赶式发展。饲料加工、植物油加工、乳品加工、粮食加工与制造、肉类加工、水产品加工、果蔬加工等保持中高速增长，态势稳定。烟草制造业增长最为缓慢，符合控烟预期。制糖业和粮食原料酒制造业因产成品出厂价格明显上浮等原因，主营业务收入也较快增长。四是主要产品产量提高。2020年，肉类产量基本保持不变，全国猪牛羊禽肉产量7639万t，产量保持平稳，牛肉产量672万t，同比增长0.8%；羊肉产量492万t，同比增长21.0%；禽肉产量2361万t，同比增长5.5%；粮食加工品产量增长，2019年中国小麦粉产量为8606.9万t，且产量向优势地区进一步集中。其中，小麦粉的前5省集中度（产量最多的5省占全国总产量比例）为86.5%，较2017年提高3.9个百分点；大米的前5省集中度为64.0%，较2018年提高1.0个百分点；食用植物油的前5省集中度为46.4%，较2018年提高1.7个百分点。五是出口贸易恢复增长。2017年，规模以上农产品加工业完成出口交货值10980亿元，同比增长7.1%，增速较2016年同期上升4.9个百分点。从海关数据看，主要食品行业商品累计出口总额518亿美元，同比增长5.4%，较2018年同期上升3.1个百分点。其中，谷物制品、植物油、干制蔬菜、淀粉和冷冻饮品出口增长较快，出口额同比分别增长37.7%、22.9%、23.0%、31.4%和45.4%。主要食品行业实现贸易顺差9.2亿美元，较2018年同期收窄62.3%，为近5年最低值。但是近年来，受中美贸易摩擦和新冠肺炎疫情等因素影响的影响，农产品出口出现下滑趋势，贸易逆差扩大。2019年规模以上农产品加工业完成出口交货值8912.3亿元，同比下降0.4%，增速较2018年同期下降4.7个百分点。2020年，农产品贸易额32468.3亿美元，同比增长8.0%。其中，出口760.3亿美元，同比下降3.2%；进口1708.0亿美元，同比增长14.0%；易逆差扩大至947亿美元，同比增长32.9%。

从当前农产品加工业发展现状来看，具有四方面显著特征。一是产业融合发展趋势更加明显。2017年，有关部委先后启动了国家现代农业产业园、农村产业融合发展示范园和农村一二三产业融合发展先导区等创建工作，组织实施了农村一二三产业融合发展项目，促进农业与二三产业融合发展。截至2019年2月，先后有四川省眉山市东坡区现代农业产业园等20个园区被认定为国家现代农业产业园、北京市房山区窦店镇窦店村农村产业融合发展示范园等100个单位被认定为首批国家农村产业融合发展示范园、天津市蓟州区等155个县（市、区）被确定为2018年全国农村一二三产业融合发展先导区创建名单。越来越多的加工企业和加工合作社与小农户建立了稳定订单、保底收益、按股分红、股份制、股份合作制、合作制和社会化服务等利益联结机制。还有很多企业与消费体验、休闲旅游、养生养老、个人定制、电商平台等加快融合，催生了一批新产业新业态新模式。二是科技创新推广能力不断提升。2017年，首次采用线上线下同步、专家在线答疑的科企对接、技术推广方式，打破传统展会对接模式的空间局限，让更多企业受益。国家肉制品、水果、马铃薯主食加工、乳品加工和食药同源等产业分别成立科技创新联盟，推动了农产品加工业转型升级和创新发展。三是主食加工中央厨房日益兴起。2020年米面食品、速冻食品、方便面及其他方便食品的市场规模达4813亿元，同比增长6.8%，增速较2019年同期下降0.1个百分点，高于农产品加工业平均增速3.8个百分点；随着团餐和外卖等餐饮消费需求不断增长，中央厨房形式的加工企业快速兴起，并涌现出了餐店自供型、门店直供型、商超销售型、团餐服务型、旅行专供型、在线平台型、代工生产型、特色产品型和配料加工型等不同模式，进一步推动了主食加工业的发展。四是产业政策支持体系逐步完善。农村第一二三产业融合发展补助政策进一步支持贫困地区产地初加工设施建设，引导加工企业到贫困县、贫困村建立加工基地，将农产品产地初加工、农业产业强镇、优势特色产业集群等项目向贫困地区倾斜；2020年，农产品初加工加快推进，新增1.4万座初加工设施，新增初加工能力700万t；同时，各地认真贯彻落实《国务院办公厅关于进一步促进农产品加工业发展的意见》（国办发〔2016〕93号），推动财政奖补、融资服务、税收优惠、企业上市、增设保险等政策落地生效。依托当地资源优势，搭建园区等平台，各地初步形成了各具特色的农产品加工业聚集区和产业带，截至2020年，全国各地陆续建成1600多个农产品加工园区，对加工企业集中规范管理；此外，依托原料和文化资源，具有区域特色的农产品加工业聚集区不断形成，山东、内蒙古等10个畜禽养殖大省，肉类加工企业主营业务收入占全国60%，湖南辣味、河南冷冻食品、四川豆制品等影响力持续提高。

(二)农村新业态成为农村经济发展新动力

1. 发展农村新业态是满足广大人民群众对美好生活需要的重要举措

党的十九大报告提出中国特色社会主义进入新时代,我国社会主要矛盾已经转化为人民日益增长的美好生活需要和不平衡不充分的发展之间的矛盾。在经济社会发展与城镇化推进过程中,收入水平提高带动了消费结构升级,人们对自然生态、有机和个性化产品的消费需求增加,提供丰富的文化旅游产品、优质商品以及安全食品、绿色食品、休闲食品等,是着力解决好发展不平衡不充分问题、更好满足人民在经济、政治、文化、社会、生态等方面日益增长需要的重要举措。一是从休闲农业和乡村旅游来看,新时代大众旅游、全域旅游呈现出的"出游高频化、需求品质化及旅游休闲化"等特征,旅游已经成为广大城乡居民非常普遍的消费选项,成为人民对美好生活向往的重要组成部分。从城镇居民来看,不仅要求农村提供充足、安全的物质产品,而且要求农村提供清洁的空气、洁净的水源、恬静的田园风光等生态产品以及农耕文化、乡愁寄托等文化产品。从农村居民来看,不仅要求物质生活上的富足,也希望生活在好山、好水、好风光之中。无论是从城市居民还是农村居民的角度,都对休闲农业和乡村旅游工作有新期待,这种期待有物质需求,也有文化需求,更有生态需求。二是从农村电商来看,随着农村生活水平的不断提升,农村居民消费习惯发生变化,品质、健康、绿色等消费需求增加,高端、时尚、高品质产品对农村居民的吸引力不断增强,随着国内各大电商平台上线跨境电商频道,在田间地头"买全球,卖全球",不断满足城乡居民对美好生活向往的新期待。三是从农产品加工来看,广大人民群众对美好生活的向往,已经从"有没有"转变到"好不好",对农产品口味、品牌与质量的需求越来越高。针对消费者口味、市场趋势以及区域、季节等因素,加快新品研发和产品口味提升,积极开发具有高附加值、凸显地域文化特色的安全食品、绿色食品和休闲食品,成为当前农产品加工业转型发展的主流方向。

2. 发展农村新业态是推进农业供给侧结构性改革的重要内容

"十二五"以来,我国农业农村发展进入一个黄金期,粮食连年高位增产、农民收入持续较快增长、农村基础设施和公共服务不断改善。在经济发展新常态背景下,确保如期实现全面小康,实现工业化、城镇化、信息化和农业现代化同步发展,我国农业发展面临着高库存与农产品有效供给不足并存、农产品价格倒挂现象突出、国际市场竞争力下降、可持续发展能力减弱、农业农村短板效应明显等突出矛盾,迫切需要通过推进农业供给侧结构性改革予以破解。为此，2017年中央一号文件《中共中央 国务院关于深入推进农业供给侧结构性改革加快培育农业农村发展新动能的若干意见》，提出要围绕农业增效、农民增收、农村增绿，加强科技创新引领，加快结构调整步伐，提高农业综合效益和竞争力。因此，推进农业供给侧结构性改革，关键要调好调顺调优农业结构，提升农业产业链、价值链，增强农业可持续发展能力。为此，必须在传统农业供给体系中加上新理念、引入新元素，必须将现代科技、生产方式和经营模式引入农村，更注重新技术应用、农业多功能性挖掘、经营模式创新和产业链延伸，农业生产自然地嫁接现代生产要素，为农业转型升级、提质增效注入了全新动力。

近年来，我国农村电商产品种类不断丰富，工业品、农资用品"下乡"和农产品"进城"的双向流动显著加快，交易规模快速增长，有助于打通农民与农资用品、农产品与城市消费者之间的直接联系通道，加快农业降成本、去库存、补短板，进而提高农业供给体系的质量和效率。一是有利于减少中间环节，降低农产品成本。农民通过农村电商购买农资更加便利，价格也因中间环节的缩短而便宜，品种选购也更多元化和精准化，特别是一些农村电商还提供农技、农识和信息交流等服务，有利于农业生产成本的降低和生产效率的提升。二是破解"小农户与大市场"的矛盾，有利于去库存。传统农业生产、销售、需求等信息的不对称，容易出现农产品滞销、"卖难"等现象，农村电商的线上销售将农产品由地方市场推向全国乃至全球市场，拓展农产品销售新空间，有利于缓和农产品市场的周期性波动。三是推动农业增效与转型升级，提升供给水平。农产品交易中的消费者需求信息，将通过农村电子商务大数据反馈于农业生产者，有利于引导农业生产者适应市场需求调整种养结构，优化生产业态、实施精准生产，淘汰落后农业产能，倒逼"精细农业"形成，进而不断提高供给水平，更好地满足消费者需求。

3. 发展农村新业态为新时期脱贫攻坚提供新的路径

2015年，《中共中央 国务院关于打赢脱贫攻坚战的决定》提出要实现到2020年让农村贫困人口摆脱贫困的既定目标，必须在现有基础上不断创新扶贫开发思路和办法。截至2018年底，我国贫困人口从2012年的9899万人减少到2018年的1660万人，农村新业态发展在脱贫攻坚中发挥了重要作用。一是在农村电商扶贫。一方面，贫困人口依托农村电子商务进行创业就业，并通过网上平台拓展贫困地区农产品销售渠道，增加贫困人口收入，特别是农村电子商务中金融服务功能的提升，有助于加快贫困地区农村产业发展，在增强"造血"功能的同时，实现扶贫工作由传统的"授人以鱼"到"授人以渔"转变。如农村淘宝和蚂蚁金服联合开展农资农具和小额贷款支持，既可以解决农户生产的资金需求，又通过普惠金融方式使贫困户更多地接触市场机构，改善农村市场经济环境，特别是边远落后地区。另一方面，农村电子商务中"农产品进城"和"工业品、农资产品下乡"的双向流通，缩短了"农村"与"城市""贫困地区"与"发达地区"间的空间距离，有利于发达地区的发展理念、信息、技术等要素加快向欠发达地区辐射、转移，为欠发达地区发挥后发优势创造有利条件。2018年11月，商务部办公厅《关于进一步突出扶贫导向全力抓好电商扶贫政策贯彻落实的通知》（商办建函〔2018〕391号），要求真落实全国农村电子商务精准扶贫经验交流会、全国电商扶贫工作会等重要会议部署和有关文件要求，围绕脱贫攻坚，以电子商务进农村综合示范为抓手，扎实推进电商扶贫工作。在脱贫攻坚推进过程中，各电商平台积极参与，如中国邮政集团截至2020年上半年开设了覆盖832个国家级贫困县的扶贫地方馆，开展了3116个电商扶贫项目，探索出的"邮乐网＋原产地认证＋地方邮政＋农村合作社＋农户"运营模式，极大地推动了农产品进城，帮助农民增产增收。以重点贫困村江西省瑞金市壬田镇凤岗村为例，江西邮政分公司携手当地政府，帮助该村80多岁的廖秀英成立了"廖奶奶咸鸭蛋专业合作社"，吸收32个贫困户抱团致富，咸鸭蛋年销售量超过200万枚①。二是旅游扶贫。习近平总书记指出，脱贫攻坚，发展乡村旅游是一个重要渠道。旅游是典型的"造血式"扶贫，传统模式是依托旅游景区的建设和发展，吸纳贫困人口就业，进而帮助其实现脱贫。在全域旅游这一新模式下，旅游扶贫的覆盖范围更大、惠及人群更广，为景区以外的乡村地区、城郊地带乃至城市核心区都带来了旅游创收和增收的新机会，有利于区域性整体贫困问题的解决。2017年全国乡村旅游25亿人次，通过乡村旅游实现脱贫人数占脱贫总人数的17.5%。乡村旅游已成为我国农民就业增收、农村经济发展、贫困人口脱贫的主战场和中坚力量。按照规划，"十三五"时期发展乡村旅游，将带动2.26万个建档立卡的贫困村实现脱贫。三是加快发展农产品加工业，大力实施产业扶贫。农产品加工业连接工农、沟通城乡，行业覆盖面宽、产业关联度高、带动农民就业增收作用强。《全国农产品加工业与农村一二三产业融合发展规划（2016—2020年）》提出，立足当地资源优势，以农民合作社、企业等新型经营主体为龙头，立足当地

---

① 中国邮政集团：发挥行业优势 助力农村电商精准扶贫（https：//www.sohu.com/a/254777339_99891998）。

资源，与农户建立稳固的利益联结机制，发展农产品生产、加工、储藏保鲜、销售及休闲、服务等融合经营，确保贫困人口精准受益，探索支持贫困地区、革命老区、民族地区、边疆地区和生态涵养地区的产业扶贫新模式。《国务院办公厅关于进一步促进农产品加工业发展的意见》（国办发〔2016〕93号）提出支持贫困地区结合精准扶贫、精准脱贫，大力开展产业扶贫，引进有品牌、有实力、有市场的农业产业化龙头企业，重点发展绿色农产品加工。

4. 发展农村新业态为创新创业和增收就业开拓"新蓝海"

党的十九大报告提出要提供全方位公共就业服务，促进农民工、高校毕业生等青年群体多渠道就业创业。在当前经济转型升级、传统产能过剩的背景下，大批农民工、一些企业主，甚至部分大中专毕业生敏锐地意识到，家乡农村对资金、技术和人才需求潜力很大，是可以大有作为的广阔天地，农民工正在由原来的"孔雀东南飞"向"春暖燕回巢"转变，返乡创业就业人数呈逐年递增趋势。至2020年底，各类返乡下乡创业创新人员达到1010万人，同比增长19%，新型职业农民超过1400万人，新型经营主体290万家；返乡入乡人员中，约20%回归种养业，主要从事规模种养、特色种养、育苗育种或领办合办农民合作社、家庭农场；约55%创办起家庭工场、乡村车间和小微企业等主体，发展餐饮民宿、农产品初加工、特色工艺等。此外，还有25%左右为临时兼业人员，主要从事小买卖、打短工等。返乡入乡创业就业层次提高。据统计，返乡入乡创业项目中，55%运用信息技术，开办网店、直播直销、无接触配送等，打造了"网红产品"；85%以上属于一二三产业融合类型，广泛涵盖产加销服、农文旅教等领域。农村发展的新产业新业态，让农闲时段的劳动力可以就地就近实现就业，增加农民的工资性收入，拓宽了增收渠道。据有关部门数据，2020年，平均每个返乡创业创新项目可吸纳6.3人稳定就业、17.3人灵活就业，并通过采用契约式、分红式、股份式联结方式，把产业增值收益留给农民①。充分发挥返乡人员的技能，依托农村绿水青山、乡土文化等独特资源优势，加快发展新产业新业态，进一步做大做强农村"草根经济"，将成为带动农民增收致富的重要依靠。农村电商是实施大众创业、万众创新的重要平台，其门槛低、风险相对较小的优势，吸引大量返乡高校毕业生、返乡青年和农民工、大学生村官、农村青年、巾帼致富带头人、退伍军人等依托农村电子商务创新创业。一

---

① 资料来源：中国政府网（http://www.gov.cn/shuju/2021-03/25/content_5595514.htm）。

方面，农民通过农村电子商务销售当地的农特产品、加工产品和乡村旅游产品，在减少销售中间环节的同时扩大了市场范围，将提高农民的经营性收入；另一方面，农村电子商务所带动的加工、包装、物流、安装、维修等劳动密集型产业发展，将提升农民的工资性收入（图6-2）。根据《中国农村电子商务发展报告（2017—2018）》，2017年农村网店数量达到985.6万家，带动就业人数超过2800万人。

此外，发展休闲农业和乡村旅游，是加快农村一二三产业融合、促进乡村产业振兴、带动农民增收致富的重要途径。近年来，各地紧紧围绕发展现代农业、促进农民就业增收、建设美丽宜居乡村等目标，深入发掘农业多种功能，着力开发新产业、新业态、新模式，推动休闲观光农业向创意休闲农业转型升级，取得了显著成效。以江苏省为例，截至2018年底，全省具有一定规模的休闲农业和乡村旅游园区景点增至9200个以上，年接待游客量突破2亿人次，综合收入超过510亿元，从业人员近105万人。

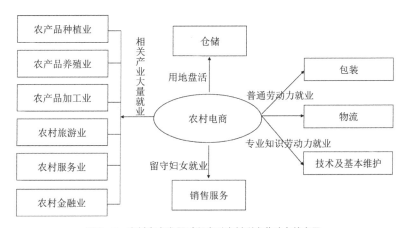

图6-2 农村电商发展过程中对农村剩余劳动力的安置
资料来源：根据"吕丹.基于农村电商发展视角的农村剩余劳动力安置路径探析[J].农业经济问题，2015"修改而成。

（三）乡村振兴战略为农村新业态发展提供了新机遇

党的十九大报告提出实施乡村振兴战略，并将其写入了党章，是在中国特色社会主义新时代，解决新的社会主要矛盾、实现"两个一百年"奋斗目标和全体人民共同富裕的必然要求。产业兴旺，既是乡村振兴的重要基础，也是关键所在。一方面，实施乡村振兴战略，为新时代农村新业态进一步发展提供了重大机遇；同时，乡村振兴战略进一步明确了农村新业态发展方向,也对当前农村新业态发展提出了更高的标准和要求。另一方面,乡村振兴战略所提出阶段性目标:到 2020 年,农业供给体系质量明显提高,农村一二三产业融合发展水平进一步提升;2035 年乡村振兴取得决定性进展、农业农村现代化基本实现;2050 年乡村全面振兴,农业强、农村美、农民富全面实现,迫切需要通过加快农村新业态健康发展,提升农业发展质量,培育乡村发展新动能。

1. 乡村振兴战略明确了农村新业态发展的新目标与新方向

2018 年中央一号文件《中共中央国务院关于实施乡村振兴战略的意见》进一步明确了实施乡村振兴战略的总体要求、具体目标与重点任务,并提出乡村振兴,产业兴旺是重点。2018 年 9 月,中共中央、国务院印发了《乡村振兴战略规划（2018—2022 年）》,细化实化未来几年工作重点和政策措施,明确提出把握城乡发展格局发生重要变化的机遇,培育农业农村新产业新业态,打造农村产业融合发展新载体新模式,推动要素跨界配置和产业有机融合,让农村一二三产业在融合发展中同步升级、同步增值、同步受益。各地区也先后编制本区域乡村振兴规划或专项规划,要求加快发展农村新业态（表 6-2）。

全国和部分地区乡村振兴战略规划中有关新业态发展重点内容　　表 6-2

地区	农村新业态发展重点内容
全国	一是深入实施电子商务进农村综合示范,建设具有广泛性的农村电子商务发展基础设施,加快建立健全适应农产品电商发展的标准体系。二是实施休闲农业和乡村旅游精品工程,发展乡村共享经济等新业态,推动科技、人文等元素融入农业。三是构建全程覆盖、区域集成、配套完备的新型农业社会化服务体系。四是清理规范制约农业农村新产业新业态发展的行政审批事项
北京	通过农旅结合、农科结合、农文结合等模式,因地制宜创新发展业态。一是培育农村生活性服务业,健全农业社会化服务体系。二是开展重要农业文化遗产挖掘、认定、开发、利用、保护、传承工作。三是研发绿色智能农产品供应链核心技术,加快培育农业现代供应链主体,加强农商互联,密切产销衔接,发展农超、农社、农企、农校等产销对接的新型流通业态。四是强化农村产业融合发展的载体建设,培育创建国家农村产业融合发展示范园,高标准建设一批现代农业产业园,一批产业特色鲜明、人才资本要素集聚、生产生活生态融合的特色小镇,一批有产业优势、有文化底蕴的集体经济强村,推动新产业新业态规范、有序、高质量发展
吉林	加快构建农牧特加并举、第一、二、三产业融合发展的现代农业产业体系,推进产业集群集聚发展,打造现代农业发展的动力源。一是大力发展农产品加工业。围绕打造若干个农产品加工产业集群,统筹推进初加工、精深加工、综合利用加工和主食加工协调发展。二是加快发展现代农业流通业。加快完善农产品流通体系,创新流通方式,建立起营销形式多样、产销联结紧密、经营业态多元、品牌美誉度高的农产品流通新格局;加快农村电子商务示范基地建设,鼓励互联网企业建立产销衔接的农业服务平台,推动电商企业与新型农业经营主体、农产品加工流通企业合作。三是加快发展休闲农业和乡村旅游。深入发掘农业农村的生态涵养、休闲观光、文化体验、健康养老、冰雪休闲等功能,促进农业功能从提供物质产品向精神产品扩展、从提供有形产品向无形产品扩展

续表

地区	农村新业态发展重点内容
江苏	推动科技、人文等元素融入农业，稳步发展体验农业、创意农业、光伏农业等新业态。一是推进"百园千村万点"休闲农业精品行动，运用"旅游+""生态+""互联网+"等模式，推动休闲观光农业和乡村旅游高质量发展。二是鼓励发展农业生产租赁、众筹合作等互助共享经济，探索农产品个性化定制服务、农业农村会展服务等新经济。三是以产业为基础、渔文化为纽带、渔区风情风貌为特色，打造一批休闲渔业基地。四是大力发展农村电商
浙江	大力开发农业多种功能，推进农产品生产、加工、销售与旅游、健康、文化、信息、体育等产业融合发展。一是加快农产品加工园区建设，提高农产品加工转化水平。二是加快推进农村流通现代化，推进"互联网+农村物流"，加快农产品储藏、运输和冷链物流体系建设，打造农产品销售公共服务平台。三是规范提升发展农家乐休闲旅游业。四是深入实施农村电子商务增效行动和电子商务进万村工程，大力发展数字农业，鼓励支持各类市场主体创新发展基于互联网的新型农业产业模式。五是大力发展乡村旅游、民族文化旅游、生态康养、农耕文化、观光农业、创意农业等新产业新业态，培育千亿级的农业美丽经济
山东	推动终端型、体验型、智慧型、循环型新产业新业态"四型发展"，促进产业链相加、价值链相乘、供应链相通"三链重构"。一是创新农村电商模式，发展"新零售"等业态，推进农产品电商物流配送和综合服务网络建设，建立符合电商行业及消费需求的农产品供给体系。二是实施休闲农业和乡村旅游精品工程，打造齐鲁乡村旅游品牌。加快培育休闲观光园区、森林人家、康养基地、乡村民宿、渔夫垂钓、旅游小镇等乡村旅游产品；推进乡村旅游创业创新创客工程，引导农民工、大学生等返乡就业创业
湖南	一是促进休闲农业与乡村旅游发展。引导休闲农业与特色产业、资源环境、农耕文化等融合，促进提档升级。二是发展农村电子商务。打造农产品电商上行通道，推动农业特色产品电商专区建设，推广农产品社交销售平台，利用各类展会线上线下结合，拓宽农产品销售渠道。三是支持农产品产地建设规模适度的预冷、贮藏保鲜等初加工冷链设施，培育一批实力雄厚的冷链物流企业
河南	一是推动乡村旅游休闲产业提质增效。树立全域旅游理念，引导重点景区向周边地区拓展，发展精品民宿等特色产业，延伸旅游产业链，形成多业态集聚的乡村旅游带和集中片区。二是大力发展农村电商。开展电子商务进农村综合示范，以示范县创建为抓手，推动农产品、农村工业品、乡村旅游及服务产品电商化，培育一批特色电商镇、电商村。三是挖掘乡村新功能新价值。推动农业与科技、人文、康养等元素深度融合，拓展延伸农业价值链，发展体验农业、创意农业、设施农业等，建设一批养生养老和休闲体验农业园区。鼓励发展农业生产租赁、众筹合作等多种形式的互助共享经济，探索农产品个性化定制服务、会展农业、共享农庄等新兴业态。推进乡村旅游创客创业行动，打造一批高水准文化艺术旅游创业就业乡村
新疆	一是实施农产品加工业提升行动，统筹推进农产品初加工、精深加工、综合利用加工和主食加工协调发展。二是深化农产品市场开拓。加快培育农商产业联盟、农业产业化联合体等新型产业链主体，打造一批产加销一体的全产业链企业集群；实施"互联网+"战略，大力发展电子商务，与国内大型电商开展合作，推进"线上"与"线下"营销相结合。三是大力发展休闲农业和乡村旅游。把发展休闲农业和乡村旅游放在产业发展更加突出的位置全力推动，纳入全域旅游总体布局，尽快形成新的产业亮点和新的发展动能

资料来源：农业农村部网站（http://www.moa.gov.cn/ztzl/xczx/gh_24713/）及相关地区政府官网

2. 发展农村新业态是实现乡村振兴战略目标的重要抓手

一方面，"产业兴旺、生态宜居、乡风文明、治理有效、生活富裕"的总体要求与"农业强、农村美、农民富全面实现"的目标，涉及乡村经济、政治、文化、社会、生态和党的建设等方方面面，要求乡村高质量发展，进而实现全面的振兴；另一方面，各项要求之间，并不是简单的并列关系，而是相互影响、相互制约的有机整体。因此，实施乡村振兴战略必须要整体部署，统筹推进乡村经济建设、政治建设、文化建设、社会建设、生态文明建设和党的建设，避免出现"木桶效应"中的短板。发展农村新业态，既有利于深化农业供给侧结构性改革，加快构建现代农业产业体系、生产体系、经营体系，加快实现产业振兴，同时农村新业态发展也对"生态宜居、乡风文明、治理有效、生活富裕"等产生积极影响（图6-3）。发展农村新业态，有利于构建现代农业产业体系、提升农业发展质量，培育乡村发展新动能，加快实现产业振兴；同时，产业振兴也明确了农村新业态发展的目标与方向，要求健康有序、高质量发展。发展农村新业态，通过产业发展和经济社会水平的提升，将极大地增强环境治理能力，有利于加快实现生态宜居；同时，生态宜居也要求在农村新业态发展中正确处理开发与保护的关系，运用现代科技和管理手段，将乡村生态优势转化为发展生态经济的优势，提供更多更好的绿色生态产品和服务，促进生态和经济良性循环。发展农村新业态，将推进诚信建设，强化农民的社会责任意识、规则意识；同时，通过产业发展和经济社会水平的提升，将进一步完善农村公共文化建设，有利于加快实现乡风文明。乡风文明也要求农村新业态发展，要立足区域特征，传承发展提升农村优秀传统文化，特别是在发展中要保护区域文化遗产。发展农村新业态，将吸引农民工返乡和知识青年下乡创新创业，有利于缓解农村留守儿童、留守老人问题和加强农村基层党组织建设，促进农村现代治理体系建设。同时，通过农村治理，确保乡村社会充满活力、和谐有序，将进一步优化农村新业态发展环境。发展农村新业态，将带动返乡农民工和知识青年创新创业和就业增收，对于其生活水平提高具有重要意义。同时，生活富裕也要求乡村振兴和农村新业态发展，需要坚持农民主体地位，切实发挥农民在乡村振兴和农村新业态发展中的主体作用，把维护农民群众根本利益、促进农民共同富裕作为出发点和落脚点，促进农民持续增收，

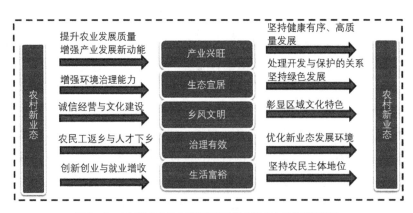

图6-3 农村新业态与乡村振兴战略总体要求之间的逻辑关系

不断提升农民的获得感、幸福感、安全感。

如休闲农业和乡村旅游发展，一是可以发掘农业的多种功能，夯实一产的基础，推动二产两头连，促进三产走高端，让乡村资源优势变为经济优势，让农民的钱包鼓起来，让农业"有干头、有赚头、有奔头、有念头"，促进产业兴旺与生活富裕；二是可以让乡村的景观靓起来，同时能为市民提供各种服务，让人们享受"好山好水好风光"的视觉愉悦，促进生态宜居；三是有利于结合当地文化符号、文化元素，通过休闲养生、农耕体验等活动，挖掘当地的民俗乡土文化、农耕饮食文化、图腾文化和民间工艺，将其激活、保护、传承和弘扬，促进乡风文明；四是休闲农业和乡村旅游以农民为主体、农村为场所，既有小农户和基层组织的自主经营，又有工商资本的参与带动，这一过程中，休闲农业和乡村旅游将先进的管理模式和理念引入农村，影响基层组织管理方式，促进自治、法治、德治"三治"体系的建立，有利于激发基层组织自我调整和创新的活力，促进治理有效。

二、农村新业态发展存在的困难与问题

（一）农村新业态发展的顶层设计不清晰

1. 农村新业态概念与内涵尚不明确

尽管国内文献有关业态的研究遍及零售业、文化创意产业、旅游业、餐饮业、农业、银行业、电影行业、汽配业、图书馆业、印刷业、传媒业、竞争情报业、民航业、石油业、生物制药业以及其他服务业等不同行业或不同产业层面，但究竟何谓产业业态，尚无公认的界定。同样，近几年农业业态、农业新业态、农村新业态等提法日渐增多，但国内无论是学术界还是政府部门，对农业业态、农村新业态的概念及内涵尚未有明确的界定（表6-3）。

部分学者对农村新业态界定的比较　　　　表6-3

学者	农村新业态界定
戴天放（2014）	农业经营主体为了满足消费者对农产品和服务的新需求，超越传统农业的单一经营模式和产品，将农业与其他产业相互融合，从而不断创新推出农业新产品（服务），并且能够持续成长与稳定发展，从而达到一定的经营规模的新型农业产业业态

续表

学者	农村新业态界定
田伟利、宁碧波、吴冠岑（2015）	为满足城乡居民日益增长的消费需求和可持续发展要求（新要求），以市场为导向，兼顾社会、经济、生态效益（新目标），运用新的物质技术条件和社会化服务体系（新条件），培育新型业态农业生产和经营主体，促进农业内部及农业与各种产业之间的融合，创新农业经营形态和组织方式，拓展农产品市场需求、生产新型农产品、得到农产品的新价值
赫修贵（2017）	随着农业农村经济发展与科技的进步，在原农村一二三产业基础上，借助信息等新技术，分化、嫁接、重构的新生产组织形态或服务组织形态
陈慈、陈俊红、龚晶等（2018）	在消费需求变化多端和市场竞争日益激烈的环境下，农业企业通过产品和服务的不断创新去满足甚至引导消费需求，在这个过程中，农业的产品形态、组织形态、经营形态出现了一定的动态变化，当量变达到质变后，便形成了一个新的农业业态
梁瑞华（2018）	是指不同产业之间的相互融合或者通过拓展农业产业链条，从而将单一的经营模式和产品转变为具有创新性的、能够满足不同消费者需求的、具有一定经营规模的新产品、新服务

同样，关于农村新业态的类型类别划分也存在明显的差别，如有学者划分为农业与服务业交叉融合型新业态、农业子产业之间的整合融合型新业态、高新技术对农业渗透融合型新业态、综合融合型新业态等四大类型（戴天放，2014）；还有依据农业新业态的产生路径，划分为服务型、创新型、社会化、内部融合型和综合型等五大类别（陈慈、陈俊红、龚晶等，2018）。从近3年来中央一号文件来看，2017年提出壮大新产业新业态，并明确了乡村休闲旅游产业、农村电商和现代食品产业三大领域，同时要求加快建设宜居宜业特色村镇与田园综合体；2018年则提"构建农村一二三产业融合发展体系"，新业态一词，全文仅在深化农村土地制度改革内容中出现1次，2019年则提"发展壮大乡村产业"，并明确乡村特色产业、现代农产品加工业、乡村新型服务业和数字乡村等重点行业，新业态一词全文也仅出现1次（表6-4）。

近3年中央一号文件对发展农村新业态的提法 表6-4

文件	提法	重点行业
2017年中央一号文件	提出壮大新产业新业态，拓展农业产业链价值链	乡村休闲旅游产业
		农村电商
		现代食品产业
		宜居宜业特色村镇与田园综合体

续表

文件	提法	重点行业
2018年中央一号文件	构建农村一二三产业融合发展体系	农产品加工业
		基于互联网的农产品仓储物流与销售
		休闲农业和乡村旅游
		乡村共享经济、创意农业、特色文化产业
2019年中央一号文件	发展壮大乡村产业	乡村特色产业：果菜茶、食用菌、杂粮杂豆、薯类、中药材、特色养殖、林特花卉苗木等，以及乡村手工业
		现代农产品加工业
		乡村新型服务业：农技推广、土地托管、代耕代种、统防统治、烘干收储等农业生产性服务；休闲旅游、餐饮民宿、文化体验、健康养生、养老服务等产业
		数字乡村："互联网+农业"

我们在实际调研中发现，多数地方政府对农村新业态的概念、内涵、类型不清晰，对新业态与传统业态的区别把握不足，甚至将传统的农产品加工业、低端的农家乐等，均看成农村新业态，"新瓶装旧酒"现象屡见不鲜。

2.农村新业态发展缺乏明确路径

前文分析提到，近年来党中央、国务院高度重视发展农村新业态，先后出台了有关农村电子商务发展、一二三产业融合、农业发展方式转变、返乡创新创业等一系列文件；农业农村部、自然资源部、国家文化和旅游部、商务部等相关部委也围绕农产品加工业、特色小镇、电商、乡村旅游等制定了相关政策，有力推动了农村新业态的发展。但总体来看，由于发展指导思想、原则、目标与路径等顶层设计缺失，农村新业态发展存在盲目性和"一窝蜂"现象。如在大众创业、万众创新背景下，"赶时髦"、利用互联网创业成为众多农民和返乡人员的选择。如阿里平台上经营农产品的卖家从2013年的约40万个增加到2017年的90万个，但由于缺乏策划、宣传、推广等专业知识和对市场的深度了解，同质化竞争激烈，产品"卖出去"难度较大。

此外，农村新业态发展所涉及相关部门较多，既包括农业农村部，也涉及商务部（电商）、文化和旅游部（旅游），同时新业态落地所需要的土地资源又涉及自然资源部,而农村新业态中的企业经营与监管,则涉及国家市场监督管理总局。因此,农村新业态发展需要农业农村部、商务部、文化和旅游部、自然资源部、国家市场监督管理总局,以及电商平台、金融业等多种主体共同发力。目前来看,农业新业态乡村休闲旅游产业、农村电商和现代食品产业等行业相关影响、相互制约,相关部门之间的政策协调以及中央与地方之间的政策衔接,仍需进一步加强。

3. 农村新业态相关统计滞后

农村新业态一方面作为新事物,相关业态发展刚刚起步,另一方面,受概念与内涵不清晰影响,农村新业态相关统计数据滞后。如乡村休闲旅游产业和农产品加工业数据,多数仍然采用传统的旅游数据和农产品加工业数据。农村电商数据,一方面,由于电商大多属散户经营、规模较小,2014年3月开始实施的《网络交易管理办法》提出尚不具备登记注册条件的自然人可以暂不办理工商登记,因此大量个体网商数据尚未纳入相关部门的统计。另一方面,大型电商平台具有详细的农村电子商务交易数据,包括个体网商数据,但由于涉及其所谓的商业机密,数据开放共享范围和程度有限,导致相关政府部门难以掌握本地农村电子商务发展详细情况,制约了相关政策制定的针对性和准确性。此外,大型电商平台对农村电子商务数据的控制,也制约了农村电子商务大数据"倒逼"和引导作用。2018年8月,国家统计局出台了《新产业新业态新商业模式统计分类(2018)》,既包括设施农业种、植、设施林业经营、设施畜牧养殖和设施水产养殖等设施农业,也包括农业生产托管服务、农林牧渔业智能管理服务、专业化农业服务等其他现代农林牧渔服务业,在具体统计中如何科学核算及避免重算、漏算,农业统计工作将面临新的挑战。

(二)农村新业态发展要素制约突出

1. 农村基础设施薄弱

由于长期投入不足,水、电、路等农业基础设施年久失修,投资农业的硬件环境一时难以改善。近年来,虽然国家对农业基础设施的投入逐渐增加,但由于地方上缺乏足够的专项财政资金,以致农村的基础设施建设,尤其是从村镇到农田"最后一公里"的基础设施建设仍显不足。有些农村因自然条件、经济发展水平、历史文化等因素的制约,在基础设施规划建设和后续管护服务中存在着"痛点"和"堵点"。曾经制约农村电商发展的"最后一公里"物流问题,随着快递下乡进程的加快而出现明显缓解，一些偏远的山区物流服务仍然滞后。农产品物流成本较高，特别是一些生鲜农产品冷链运输要求比较高，直接制约销售半径，而且还容易导致流通高损耗率。

2. "用地难"问题普遍存在

农村新业态项目落地，首先要解决的就是建设用地问题。宁海"七山二水一分田"，划定永久基本农田40.3万亩，其中示范区24.2万亩，项目用地指标难度较大。嘉善县所在的嘉兴市，基本农田保护率高达92%，这部分土地原则上不允许用于植树造林、挖塘养鱼、建设禽畜养殖设施或者从事其他破坏耕作层的生产经营活动，设施农用地不能超过生产使用农地面积的5‰，这对于生态农业与乡村旅游融合项目发展，存在明显的制约。部分地方依赖上级支持，"等、靠、要"的思想普遍存在。除了要求增加建设用地指标外，仅依靠增减挂钩单一手段解决用地指标问题。通过农村建设用地整理盘活存量土地、鼓励宅基地有偿退出等方面探索和创新仍需进一步加强。中央和地方层面先后出台了一系列政策措施，如2019年中央一号文件提出"允许在县域内开展全域乡村闲置校舍、厂房、废弃地等整治，盘活建设用地重点用于支持乡村新产业新业态和返乡下乡创业"，但如何操作仍需进一步细化。此外，现行土地分类制度难以适应农村新业态用地需求。当前我国的土地利用分类尤其是建设用地分类缺乏统一的分类标准和规范，导致一些新业态难以明确项目建设用地标准以及土地使用权出让年限和价格。例如：农村电商、生产性服务业等打破了原有工业用地和商业服务业用地的界限，乡村旅游把服务业和现代农业等进行了融合，很难把新业态准确分为工业和商业服务业。而现有的地价体系、土地供应和不动产登记的相关制度，还停留在传统的商业、住宅和工业分类上，面对与传统用地类型不一致的新业态用地，如何确定价格，与传统用途的地价存在什么关系，仍需进一步深化。

3. 金融服务滞后

农村新业态发展离不开金融的支持，而目前遍布农村的金融网点主要为农村信用社、农村商业银行和邮政储蓄银行，在服务"三农"方面，上述银行机构主要侧重于传统的存贷款业务的发展。农村新业态贷款比较困难，一是新业态作为新事物，现实生活中很多群体不了解，缺乏潜在的预期；二是因为缺少抵押物或者抵押物不符合上级银行的要求，难以获得贷款审批；三是涉农项目投资长、见效慢，建设周期长达十年的已不鲜见，贷款的不确定因素多，影响信贷投入的积极性。此外，农业保险的品种太少、覆盖面太窄，而农业生产受天气因素和市场风险的双重制约，一旦遭遇自然灾害和价格波动，经营主体难以承担风险。如农村网商在发展初期实力弱小，组织程度低、合作基础弱，抵御市场风险能力相对较差等原因，往往在融资市场上处于明显劣势地位，很难拿出足够的资产作抵押，而农村网商的联保，也受制于他们组织性较差的状况。虽然各地都设立了创业贷款或创业担保基金，但现实中创业担保贷款条件比较严格，针对创业人员的贷款额度较为有限，基本上是杯水车薪，通过金融机构贷款也会增加利息成本。

4. 人才短缺

目前，乡村特别是贫困村，大批有文化、懂技术、会经营的农村青壮年劳动力以自发进城务工或经商的方式大量外流，出现农村人口"老龄化"、农村"空心化"现象，致使农村发展中人才短缺的问题日益显现和突出。普通农民对农村新业态和运营、品牌打造、电商销售等相关知识接触较少，迫切需要懂"三农"、懂市场、懂技术、懂管理且能扎根农村干事创业的适用型人才。从农村电商来看，根据电子商务研究中心《2021年度中国电子商务人才状况调查报告》，被调查的电商企业中，造成企业发展压力的因素中，人才压力占到65.35%，47.02%的企业急需淘宝天猫等传统运营人才；46.53%的企业急需新媒体、内容创作、社群方向人才；57.43%的企业急需主播（助理）、网红达人方向人才；26.73%的企业急需客服、地推、网销等方向人才；23.76%的企业急需复合型高级人才。被调查企业2021年员工流失率，10%以下的企业占21.78%。从农产品加工业来看，近年来随着我国农产品加工业的快速发展，人才需求快速增长与供给不足的矛盾日益凸显，农产品加工业人才队伍总体规模偏小、结构不合理、综合素质不高、创业创新能力不强。由于农产品加工企业以小型规模企业为主，多数农产品加工企业很难为所需专业人才提供有竞争力的工资待遇和优越的工作、生活条件，对专业人才的吸引力有限，面临高素质人才"引不来，留不住"问题，尤其是领军人才、尖子人才不足，已经成为制约农产品加工业转型升级的重要因素。从休闲农业和乡村旅游来看，从业人数较多但文化素质较低，人员缺乏专业、系统的培训，农业种养、餐饮服务、住宿服务、康体娱乐服务等综合型人才缺乏，导致乡村旅游项目建成后，产品和服务跟不上，往往导致经营困难。

（三）农村新业态发展水平有待提升

1. 规模小、整体实力偏弱

从农产品加工业来看，部分农产品加工企业由传统的家庭作坊、家族企业发展而来，总体上规模较小。2019年全国规模以上加工企业平均主营业务收入仅有2.7亿元，较2015年仅上升0.3亿元（图6-4）。规模偏小，也直接影响农产品加工业科技创新能力，大部分农产品加工企业未建立专业的研发机构，农产品加工科技创新能力仍然不足，装备水平相对落后，存在生产效率较低、耗能高、污染处理落后等问题。在国家大力推进生态文明建设，环保监管政策日益趋严的背景下，农产品加工业节能减排压力增大。中小型粮油、饲料、果蔬、畜产、水产等加工企业普遍缺乏配套的环保和排污设施，需要加大投入，弥补短板；"煤改气""煤改电"等清洁生产方式成本较高，企业短期内存在消化成本上升的压力。此外，国内大宗农产品普遍缺乏国际竞争力，同类产品的国内外价格差不断扩大，进口压力不断加大，产品市场受到挤压。

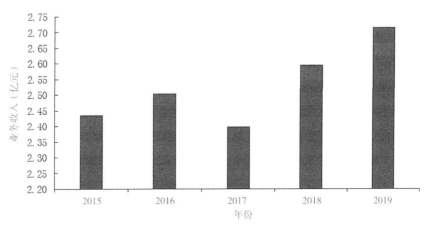

图6-4 2017年全国规模以上农产品加工企业平均主营业务收入
资料来源：2015—2019年《中国农产品运行报告》

从农村电商来看，2021年农村网店、网商达到1632.5万家，农村网络零售额达到2.05万亿元，平均测算每个网店年销售额仅有12.57万元。有大量的农村网店处于"休眠"状态，很多店铺商品长期不出新，网页宣传画面更新不及时，部分网商年交易额几乎为零。从休闲农业和乡村旅游来看，因开发和经营者多为当地农民，旅游项目功能单一，经营收入相对较低。北京市休闲农业和乡村旅游发展水平在全国处于前列,但从乡村旅游来看,2017年全市从事乡村旅游实际经营接待户5832家,实际经营接待户年平均接待游客仅有1732人,年平均营业收入仅有16.29万元(图6-5)。

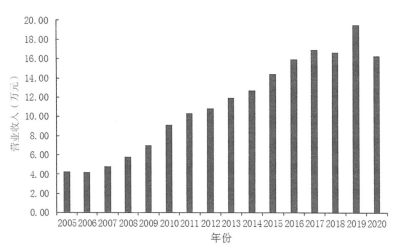

图6-5 2005—2020年北京市从事民俗旅游实际经营接待户年平均营业收入
资料来源:《北京统计年鉴2021》

2. 品牌效应尚未形成

农业品牌贯穿农业供给体系全过程,覆盖农业全产业链全价值链,是农业综合竞争力的显著标志。从农村新业态发展现状来,品牌创新薄弱,效应尚未形成。从农产品加工业来看,行业大而不强,质量效益与世界先进水平仍存在较大差距,知名品牌少,尤其是具有国际影响力和竞争力的中国品牌和民族品牌较为缺乏(表6-5)。根据2021年"世界品牌500强"排名,食品饮料行业35个品牌上榜,最高的是可口可乐,排名第11,餐饮行业麦当劳挤进前十;我国中粮、茅台、青岛啤酒与五粮液4个品牌上榜,排名最高的中粮仅位于第196位。

2021年"世界品牌500强"农业食品与饮料领域排名比较　　表6-5

排名	品牌	所属国家	排名	品牌	所属国家	排名	品牌	所属国家
11	可口可乐	美国	69	嘉士伯	丹麦	90	轩尼诗	墨西哥
20	雀巢	美国	74	喜力	荷兰	115	卡夫亨氏	美国
27	百事	瑞士	76	科罗娜	墨西哥	120	玛氏	美国
45	杰克丹尼	美国	82	百威	美国	121	尊尼获加	英国

续表

排名	品牌	所属国家	排名	品牌	所属国家	排名	品牌	所属国家
137	皇冠伏加特	俄罗斯	230	金宝汤	美国	378	泰森食品	美国
140	醇悦香槟	法国	246	安海斯-布希	美国	400	好时	美国
142	箭牌	美国	249	茅台	中国	446	人头马	法国
143	贝克	德国	251	五粮液	中国	453	红牛	泰国
155	达能	法国	292	青岛啤酒	中国	465	普瑞纳	美国
188	绝对伏加特	瑞典	306	家乐氏	美国	481	马爹利	法国
193	百加得	古巴	313	马天尼	意大利	488	芝华士	英国
196	中粮	中国	354	明治	日本			

资料来源：世界品牌实验室

当前农村电商对品牌的培育意识较弱，大部分尚处于低水平的模仿阶段，复制、抄袭他人产品设计、宣传等现象屡见不鲜，这也导致其产品附加值低、盈利空间较小。有些生产者和电商虽然意识到品牌的重要性，但专业的品牌策划商、品牌培育商服务价格又较高，品牌打造的周期长，普通农村电商经营户难以承担。

（四）农村新业态发展规范化不足

1. 存在盲目性与无序性

在大众创业、万众创新背景下，"赶时髦"、利用互联网创业成为众多农民和返乡人员的选择。如2017年底，农村网店达985.6万家，较2016年底（816.3万家）增加169.3万家，增长20.7%，但由于缺乏策划、宣传、推广等专业知识和对市场的深度了解，同质化竞争激烈，产品"卖出去"难度较大。在发展模式上，由于盲目照搬所谓成功模式，与当地实际脱节并缺乏特色，盈利模式不清晰，往往导致经营困难。休闲农业乡村旅游经营者中多数是当地农民，由于经营管理与投资能力局限，往往忽视前期深度调研和整体规划，只考虑当前利益，未顾及长远，匆忙上马的多，发展随意性较强，市场定位不明，同质化现象普遍，产业化、组织化程度低。农产品加工业地理集中程度相对较低，空间布局趋于分散化，目前各地已创建出一批农产品加工产业集聚园区，但因产业链条短，受原材料、加工技术等因素制约，集聚园区内加工企业仍以单一性生产行为为主导，对原材料供应商和市场销售商依赖性较高，尚未与农民、合作社、生产基地、批发市场、超市等建立长期稳定的利益联结机制，易诱发区域内加工企业因争夺原材料或市场引发无序甚至恶性竞争。

2. 标准化相对滞后

多数农产品加工企业加工设备陈旧、技术水平低，农产品加工行业缺少相应的行业标准，产品质量监管体系不健全，加大农产品加工产品质量安全隐患。农产品生产、加工、运输、储藏、销售等环节均可能产生污染，其中，一些农产品加工企业收购原料产品时因缺少必要的检测工序或检测设备，不能在加工环节前发现农产品质量问题，以致出现质量安全问题后，各环节相互推诿。在休闲农业和乡村旅游中，企业性质认定不清晰，很多企业的主业是农业生产，旅游接待是副业，在一产和三产之间难以认定，特别是在土地利用、税收补贴以及相关政策归属方面，并不有利于旅游业务的开展；旅游标准体系欠缺，休闲农业和乡村旅游并非简单地将旅游业放在乡村和农业，其标准体系既要体现出农业、农民、农村的特色，又要遵循旅游服务的要素和规律。作为农村电商的特色资源，农产品尤其是特色生鲜农产品经常以小规模生产为主，由于农产品认证体系、溯源体系、检验检测等品质保障体系不健全，导致同类产品价格、品质差异明显，产品质量和安全问题有待加强，网络购物假货现象突出。同时，农村电子商务服务站点作为线上线下结合的主要依托，已经在全国各地村镇广泛铺开，但是由于各服务站点的运营公司不同，其运作方式、服务管控存在散乱现象，服务站点管理与服务急需标准化。此外，农村电商平台越来越多，应根据不同的类别、不同的等级、不同的特征，明确农产品、农资、农具等各类交易产品的信息描述，其信息规范化管理的需求日益凸显。

3."乱用地"问题突出

随着农村产业融合发展加快，乡村用地需求量加大，部分地区违法违规用地问题凸显。例如，一些乡村产业或旅游项目采取土地流转方式搞建设，改变土地性质、用途，甚至侵占基本农田，擅自修建"大棚房""木屋民宿"等。有的企业以土地流转的名义，打着建设高效农业或旅游生态农庄的幌子，建设木结构房屋或者钢架简易房，实际上也是在没有办理农用地变性、未取得审批的情况下，在农民的承包耕地上建起房屋、棚房、硬化道路及其他设施，实际改变被占用土地的用途。早在2009年，北京市就发现以设施农业、观光农业为名，违法增加居住功能，变相侵占耕地，以租代售、非法转卖的项目34个，占地面积4617.3亩。2018年10月，农业农村部、自然资源部对京津冀三地"大棚房"进行初步排查,发现违法建设项目 2799 个,涉及土地面积 9869 亩。截至 2018 年 11 月底,全国已排查各类农业设施 1815.7 万个,发现占用耕地违法违规建设"大棚房"11.4 万个。

此外,园区化正成为一种发展潮流,名目繁多的电商园区和农字号园区大量涌现。根据阿里研究院与伟雅网商俱乐部联合发布的《中国电子商务园区研究报告(2016)》,截至 2016 年 3 月,全国电子商务园区数量达 1122 家,同比增长约 120%,其中县域电子商务园区超过 300 家,并且建设热潮仍在持续。部分园区存在发展定位不清晰、规划不合理、配套服务不完善、园区面积过大等问题;有的园区则"名不副实",借电商园区之名,利用电子商务优惠政策,发展与电子商务不相关产业,甚至还有园区以所谓的"产城融合"战略,大力发展房地产。农业园区也同样存在此类问题,单就国家级农业科技园区,先后公布了 8 批名单,园区累计达到 200 多个。

三、乡村振兴背景下农村新业态高质量发展相关建议

(一)准确把握乡村振兴的科学内涵与要求

一是在思想认识上,要准确把握乡村振兴的科学内涵,避免看成传统的社会主义新农村建设,明晰与社会主义新农村建设的区别,避免穿旧鞋走老路。二是在任务落实上,要坚持全面振兴,避免片面盲目追求"产业兴旺"。一方面,"产业兴旺、生态宜居、乡风文明、治理有效、生活富裕"的总体要求与"农业强、农村美、农民富全面实现"的目标,涉及乡村经济、政治、文化、社会、生态和党的建设等方方面面,要求乡村高质量发展,进而实现全面的振兴;另一方面,各项要求之间,并不是简单的并列关系,而是相互影响、相互制约的有机整体。因此,实施乡村振兴战略必须要整体部署,统筹推进乡村经济建设、政治建设、文化建设、社会建设、生态文明建设和党的建设,避免出现"木桶效应"中的短板。同样,农村新业态发展决不能"一叶遮目",为片面实现"新业态"发展,甚至为凸显政绩、追求 GDP 数量而忽视产业发展的质量、忽视乡村的全面振兴。三是在城乡融合上,要与新型城镇化形成"双轮驱动",避免顾此失彼。我国在当前社会主义现代化建设过程中,

既要以人的城镇化为核心，有序推进农业转移人口市民化，提升城镇化水平和质量，同时也需要加快推进农业农村现代化，着力解决好乡村发展不平衡不充分问题，防止城乡差距过大、乡村人口过度流失，进而实现"城镇现代化"与"农业农村现代化"双轮驱动。因此，乡村振兴与推进城镇化不是非此即彼而是互促共进、相辅相成的关系，特别是根据世界城市化发展普遍规律，我国仍处于城市化率30%~70%的快速发展区间，要促进乡村振兴与新型城镇化协同发展，加快全面形成工农互促、城乡互补、全面融合、共同繁荣的新型工农城乡关系。同时，农村新业态发展，也不能局限于农村、就农村论发展，要加快与城市产业的融合，在互动中发展。

（二）明确农村新业态发展的顶层设计

一是在概念与内涵上，要明确：新业态是一个动态概念，必须具备一定的规模性和形成稳定发展态势；与传统业态之间的联系区别、"新"在何处；农村新业态所具备典型特征和辨别的基本依据。二是在发展路径上，要坚持因地制宜，顶层设计要避免"一刀切"，地方政府要避免生搬硬套。我国区域发展不平衡现象突出，东部和中西部地区乡村地理区位、文化背景、经济基础、资源禀赋差异明显，乡村振兴的具体路径也不尽相同。同样，农村新业态发展也没有固定的模式，要科学把握乡村的差异性和发展走势分化特征，分类施策、不搞一刀切，在强化"硬约束"的同时，进一步增强"弹性"。同时，在全国范围内选择一些条件成熟、基础较好且有过探索实践的地区作为试点，先行先试，总结提炼可复制可推广的经验做法，以突出"典型引路"。就地方政府而言，要打破"等靠要"传统思维，在借鉴先进地区典型经验基础上，结合区域发展实际，因地制宜、积极探索创新符合自身特色的新业态发展道路。三是在发展目标与任务上，要遵循新业态发展规律，避免"一窝蜂"。新业态发展不是一蹴而就的，而是一个长期的、循序渐进的过程。在新业态发展实践中，特别是在考核机制设计上，要避免层层加码，盲目设置"时间表"、追求推进速度。各地区要尊重和顺应新业态发展的规律，充分认识工作长期性、艰巨性和复杂性，既要明确"一张蓝图"、一茬接着一茬干，同时也要尽力而为、量力而行，宜快则快、宜慢则慢，不盲目攀比速度。四是在强化大数据对农村新业态发展的助力。围绕国家统计局《新产业新业态新商业模式统计分类（2018）》，进一步细化农村新业态核算范围与统计标准，加快建立农村新业态大数据，在此基础上，加强对数据整理、分析建模、预测预警、数据脱敏等信息处理，以消费需求为导向建立完善的新业态产业市场监测指标体系和预警预测分析系统,研判国内外市场供求形势,及时对市场运行风险进行预警。定期发布重要价格信息,增强价格信息更新的及时性和这些信息对农民的可及性,从而更好地为农业生产决策和市场调控服务。

(三)提升农村新业态发展环境

一是夯实农村基层党组织建设,增强新业态发展的社会氛围。"火车跑得快,全靠车头带"。要扎实推进抓党建促农业新业态发展,把农村基层党组织建成坚强战斗堡垒,全面增强对农民增收致富带动作用。其一是确立村级党组织在村庄一切公共事务中的核心地位,进一步明确村民委员会在党组织领导下开展自治的工作制度。其二是深层次推进基层党组织建设。探索在各村民小组建立民选议事会、理事会,并在其中设立党的小组,以保障党的领导作用在最基层、更具体的事务中得到巩固和充分发挥,并实施党员联系农户制度。其三是进一步提升基层党组织在经济发展领域的领导能力,打造"一懂两爱"的"三农"工作队伍。一方面,要加强对基层党员干部的培训,树立新理念、学习新知识、掌握新技术,增强基层党员干部对农民发展新业态的指导与示范引领作用;另一方面,积极吸收、培养选拔愿意为集体服务的本村致富能手、外出务工经商人员、本乡本土大学毕业生、复员退伍军人加入党组织,特别是规划、农业科技、销售、经济管理等专业优秀人才。

二是加强用地政策供给、盘活存量资源。在符合国土空间规划前提下,允许县级政府通过村土地利用规划,调整优化村庄用地布局,有效利用农村零星分散的存量建设用地;预留部分规划建设用地指标用于单独选址的农业设施和休闲旅游设施等建设。利用好闲置农房(宅基地)资源,对利用收储农村闲置建设用地发展农村新产业新业态的,给予新增建设用地指标奖励。允许在县域内开展全域乡村闲置校舍、厂房、废弃地等整治,盘活建设用地重点用于支持乡村新产业新业态和返乡下乡创业。将农产品加工用地列入土地利用总体规划和年度计划,认真落实农产品初加工用地政策,优先安排园区用地。建立与新产业新业态用地相适应的统一细致的建设用地分类体系,对国家支持发展的新产业新业态建设项目,不能简单按照工业、科教、公用设施、商服等用途落实用地,应尽量细化和明确不同产业用地。推广嘉善县"飞地"抱团经验。当然,"飞地"发展要符合主体功能区划和区域功能定位,统筹生产、生活、生态三大布局,既要"干专业的事",也要保障和维护生态安全的底线和生命线;此外,薄弱村容易成为"弱势",要与镇(街道)和开发区打造利益共同体,加大对薄弱村资金、项目和分红的倾斜支持力度。

三是各地区因地制宜，积极吸引社会资本合作成立农村新业态发展基金，引导农村新业态健康有序发展。对各类农业经营主体发展农村新业态，以及返乡人员、青年农民等人群围绕新业态创新创业提供授信和贷款支持，简化贷款手续和条件，符合条件的经营主体，可按规定享受创业担保贷款及贴息政策。引导保险机构到农村地区设立基层服务网点，探索开展地方特色农产品保险以奖代补政策试点，增强农产品风险保障能力。

四是围绕市场需求和主导产业发展，加强农民实用技能培训，对农村的主要劳动力进行多层次、多领域的技能培训，培养一批思想新、观念新、技能新的"三新"农民。同时，继续大力支持从农村走出去的大学生、退役士兵、社会精英等人员返乡创新创业，积极吸引城市优质创业培训资源向农村辐射。组织开展针对休闲农业和乡村旅游经营业主、专业村干部、合作社负责人等管理人员的培训，积极培育创办领办休闲农业致富带头人，为实体运营注入先进的经营管理经验。

（四）加快农村新业态转型提质

一是农产品加工业要围绕重点领域开展基础研究、前沿研究和共性关键技术研发，组织实施一批科技项目。重点支持果品、蔬菜、茶叶、菌类和中药材等营养功能成分提取技术研究，开发营养均衡、养生保健、食药同源的加工食品。强化协同创新机制，依托企业建设研发基地和平台。筛选一批成熟适用加工技术、工艺和关键装备，搭建科企技术对接平台，鼓励建设科技成果转化交易中心，支持科技人员以科技成果入股加工企业，实行股权分红等激励措施。打造一批安全优质的农产品加工品牌，开展"老字号"品牌推介，培育一批能够展示"中国制造"和"中国服务"优质形象的世界级品牌与企业。二是休闲农业和乡村旅游要坚持以"农业"为基础的发展定位、以"绿色"为导向的发展方式和以"文化"为灵魂的发展特色。要因地制宜发展特色优势产业，带动传统种养产业转型升级，促进产业多样化、个性化发展；要积极拓展农业的多种功能，促进农村第一、二、三产业融合，延长产业链、提升价值链；要加大示范创建力度，整合一批精品景点和精品线路，培育一批知名品牌。要始终遵循绿色发展理念，坚持绿色发展方式，尊天重地，道法自然，保护家乡好风景，美化山水田林湖，打造田园绿色美，决不以牺牲环境为代价去换取发展。要立足地方和民族的历史地理、传统文化、民俗情感；要传承农耕文明，多种形式挖掘利用展示乡土文化、民俗文化、农耕文化、农事节庆文化、饮食文化等；要加大创意设计，创作一批充满艺术创造力、想象力和感染力的创意精品，推进农业与旅游、文化、教育和康养的深度融合。三是加快"农产品进城"。加强策划、包装、线上展示和品牌打造，推进特色农产品"商品化"的同时，推动专业市场与电子商务融合，推动"互联网＋"向生产领域延伸，向个性化、精细化的农业及衍生品生产服务模式转型升级。促进农村电子商务与农村第一、二、三产业深度融合，拓宽农产品、民俗产品、乡村旅游等市场，在促进工业品、农业生产资料下乡的同时，为农产品进城拓展更大空间。支持各类农业经营主体与电商平台合作，鼓励涉农实体企业加快转型、建设自身电商平台。考虑到电商平台其"中间商"的特征，应大力扶持农业经营主体与城市社区、城市居民，农产品主产区和主销区之间构建"点对点"电子商务交易模式。推进农产品"走出去"，建设农产品跨境电子商务试验区。

（五）加强农村新业态引导与监管

一是优化农村新业态空间布局。按照全国主体功能区划和农业优势产业布局，各地方结合自身的资源禀赋和农业产业发展基础条件，把农村新业态同各类现代农业园区建设结合起来，优化产业布局，支持主产区依托县域形成农产品加工产业集群，尽可能把产业链留在县域，改变农村卖原料、城市搞加工的格局。新业态同各地农业产业发展规划结合起来，发展适应城乡居民需要的休闲旅游、餐饮民宿、文化体验、健康养生、养老服务等产业。二是加强农村新业态创业指导，明确创业风险，避免因"万众创业"所导致的盲目性。严格控制各类农业产业园、创业园等各类载体建设，避免"遍地开花"；规范土地、资金等各类优惠政策，防止政府扶持资金成为新业态项目的"专项资金"。三是强化土地利用动态监管。加大"大棚房"问题整治力度。对在各类农业园区内占用耕地或直接在耕地上违法违规建设住房等非农设施的，以及在农业大棚内违法违规占用耕地建房等改变土地性质和用途的严重违法违规行为，要作为清理整治重点，坚决依法依规严厉打击，坚决退房还地，恢复生产；对农业大棚看护房等生产附属设施占地面积超标的，要区分情况，做细工作，切实加以整改。同时，激活闲置农房（宅基地）需要加强引导与监管。在闲置农房（宅基地）交易过程中，要明确农民的主体地位，确保农民的话语权；对承租企业或个人要进行审核把关，是否具有履约能力，企业经营是否符合产业政策和土地利用规划，是否有利于农业安全和生态环境保护,要严格禁止下乡利用农村宅基地建设别墅大院和私人会馆;鼓励出租人以农房(宅基地)入股等方式,建立企业与农民之间紧密的利益联结机制,使农民能够得到企业发展壮大的"红利";关于农村闲置农房(宅基地)流转租赁期限,可考虑"弹性"流转租赁,如农房(宅基地)流转租赁期限可设为10年,流转租赁年限届满后,对项目综合效益和合同履约等情况进行评估,采取有偿协议方式,续期或收回。四是加强市场监管,强化安全和质量要求,打击制售假冒伪劣商品、虚假宣传、不正当竞争和侵犯知识产权等违法行为,维护消费者合法权益,促进守法诚信经营。督促第三方平台加强内部管理,规范主体准入,遏制"刷信用"等欺诈行为,维护公平竞争的市场秩序。因此要尽快建立乡村旅游标准体系,这个体系应该包括旅游度假村、旅游景点民俗接待户的服务标准、特色产业的技术标准、管理标准、工作标准、乡村旅游发展开发的环境保护标准,生态修复的技术标准、开发设计标准、效益评估标准等。

第 7 章

城乡资本要素流动——工商资本下乡

一、工商资本投资农业现状
二、工商资本投资农业存在的问题
三、工商资本投资农业的对策

目前，我国总体上已进入以工促农、以城带乡的发展阶段，工商资本投资农业已成为推动城乡融合发展的必然要求。工商企业投资开发农业，可以带来农业发展急需的资金、技术、人才等稀缺资源，以技术示范、市场引导等方式带动农民增收致富，对于发展现代农业有重要作用。工商资本投资农业，其最终目的是促进"三农"的发展，但往往当资本流入农村之后，工商企业长期租赁土地用于非农产业、代替农户生产甚至圈地的现象屡见不鲜。农用土地大规模集聚到工商业资本手中，涉及粮食产量、种子、农产品价格等产业安全的问题也随之被提到议事日程上来，以及农村土地流转方式、当地农民与工商企业之间矛盾引起社会各界的关注。由此，工商资本投资农业，需要在鼓励的基础上加强引导和规范，最大限度地发挥工商资本对乡村振兴的促进作用。

一、工商资本投资农业现状

（一）工商资本投资农业的重要意义

1. 工商资本投资农业是"工业反哺农业"的重要形式

解决好农业农村农民问题是全党工作重中之重，党的十八大提出要形成以工促农、以城带乡、工农互惠、城乡一体的新型工农、城乡关系。改革开放四十多年来，我国综合实力显著增强，初步"建成"小康社会。2013年我国人均GDP超过6700美元，进入了中等收入阶段，综合经济实力已经具备了"工业反哺农业"和"以工促农"的能力；在产业结构上，农业在GDP中的份额持续下降，2013年为10.0%，第三产业在GDP中的比重已占主导地位，第三产业增加值占比首次超过第二产业，达到46.1%，到2020年第一产业比重下降至7.7%，第三产业增加值超过50%，达到54.5%，产业结构向高级化和重型化方向转化。农业份额加速下降、农业税的取消以及各类农业优惠扶持政策出台，特别是随着我国新型城镇化的推进，到2020年1亿农业转移人口进城，农业就业人口比重大幅度下降，表明我国目前已进入"工业反哺农业，以工业经济带动农业、农村经济发展"新阶段和形成"以工促农、以城带乡、工农互惠、城乡一体的新型工农、城乡关系"的关键期。工业反哺农业有多种形式，主要是全面落实对农业多予、少取的政策，公共财政向"三农"倾斜、加大公共财政的支农力度、"以税惠农"、让农民长期休养生息、加大政府对农村基础设施建设的投入力度等一系列措施,但现阶段我国农业人口比重大、农业劳动生产率低,距离大规模反哺农业还有一定差距。因此,积极引导工商企业投资农业,推进农业结构战略性调整,推动农业的集约化、规模化和专业化生产,提高农业综合效益和竞争力,加快农业现代化进程,无疑是现阶段"工业反哺农业"的重要形式。

2. 工商资本投资农业是农业现代化的迫切要求

农业产业化经营是实现农业现代化的基本途径和必由之路。而农业产业化资本投入不足、农业信贷短缺等问题一直困扰着农业产业化的发展,加快农业产业化,必须吸引工商资本大量进入农业领域。党的十八届三中全会提出要正确处理政府与市场之间的关系,充分发挥市场在资源配置中的决定性作用。第一,农业基础设施、科技推广、农民培训、生态保护、灾害救助、防疫检测、扶贫开发等公益性或非营利性项目主要由政府公共财政来承担,但农业产业化的资本投入不可能依靠政府资金。第二,尽管改革开放以来少数先富起来的农民开始自己办企业并投入农业,其中涌现了一些农民出身的企业家,但是数量少、规模小、起点低,依靠农民积累来发展农业产业化是一个极其缓慢的过程。第三,信贷资金是依附于产业资本和产业经营主体的,没有企业和农户对农业的资本投入,信贷资金不可能独立作用于农业生产和流通,农业产业化也不可能单纯依靠信贷资金。因此,解决农业产业化的资金来源除了加快农民和现有农业企业的自我积累以外,最大潜力在于让工商资本介入农业领域。无论从当前农业、农村经济现实看,还是从资金流动的长远趋势看,工商资本必将成为未来农业发展的强大驱动力。

3. 工商资本投资农业是工商资本寻求利润空间的必然趋向

从国际环境来看,金融危机爆发以来,世界经济形势日益复杂多变,国际经济和金融市场持续动荡,世界经济增速放缓、发展的风险和不确定性进一步增加,国际市场需求减弱,国际贸易保护主义抬头,导致扩外需甚至稳外需的难度增加,严重影响我国工业及物流、贸易等服务业发展。从国内环境来看,我国正处于经济结构战略性调整和加快发展方式转变的关键期,国内经济增长速度放缓,要求传统工业和低端服务业加快产业转型升级,特别是原材料和劳动力成本的上升,导致多数工业行业均面临着产业结构升级调整的问题,盈利水平下降,许多工业产品利润已接近临界线。而由"小农经济"主导的农业却存在着巨大的盈利空间,农业投资项目盈利潜力吸引着工商资本的进入。近年来,伴随我国现代农业体系的不断深化、国家农业扶持政策的不断完善,农业成为投资的热点领域,工商资本纷纷进入农业开辟新的发展领域(表7-1),参与土地流转的规模快速增长。据统计,截至2020年底,全国家庭承包经营耕地流转面积超过5.5亿亩,约占家庭承包耕地(合同)总面积的30%,其中流入工商企业的耕地面积为5558.54万亩,比2012年增加98.52%,占流转总面积的10.4%。

部分"集团"投资农业情况　　　　　　表7-1

时间	投资方	投资(额度)情况
2006年5月	红杉资本	投资500万美元,以工业化的方式种菜
2007年	汇源(CEO朱礼新)	2007年、2010年分别在北京的顺义和密云购置1.5万亩山地和1500亩发展有机农业
2008年	达晨创投	投资5000万元,助神农集团建养殖基地
2008年8月	德意志银行	注资6000万美元,获取上海宏博集团公司养猪场30%股份
2008年10月	美国泰森食品公司	与山东新昌集团有限公司共同总投资为38.4亿元人民币(美国泰森食品公司出资60%)将主要经营饲料加工、种禽繁育、家禽饲养、屠宰加工、食品加工销售及相关肉类加工业务
2008年12月	私募基金KKR(全球最大)	向蒙牛现代牧业投资1亿美元
2009年2月	网易(CEO丁磊)	在浙江开养猪场,用高科技养1万头猪
2009年6月	复兴集团(董事长郭广昌)	1.6亿元参股养猪企业
2010年	京东(CEO刘东强)	分别于2010年及2011年在江苏宿迁租700亩、5000亩种植水稻
2011年1月	中实(集团)公司	宣布在陕西渭南建设"黄河国际食品产业基地",大举圈地养猪
2011年8月	联想集团	投资完成对江苏武进立华畜禽公司的3000万美元投资,致力于打造鸡、鸭、鹅、猪一体化养殖。而在此前,联想投资还分别投资了武汉两家农业龙头企业,其中一家是武汉梁子湖水产集团。此外,联想投资的母公司联想控股在2011年6月斥资1.3亿元左右投资湖南武陵酒业联想控股旗下佳沃集团于2013年5月推出了第一款水果蓝莓,2013年11月又推出了被人们称为"柳桃"的猕猴桃。佳沃旗下的蓝莓、猕猴桃种植面积分别达1.5万亩、5万亩,占据了各自细分市场的半壁江山
2012年3月	武钢集团	"十二五"期间将投资390亿元于非钢产业。其中,包括筹建"万头养猪场",以及买地种菜
2012年	中粮集团	2012—2015年期间,投资20亿建设种猪养殖基地及相配套的产业链项目,服务于中粮集团的全产业布局
2012年6月	山西焦煤集团	与双汇集团签订协议,双方将投资8亿~10亿元在太原市阳曲县开工建设生猪屠宰加工项目
2012年	富士康集团	富士康集团确定在河南的示范区功能定位是:有机果树蔬菜生产基地、种子种苗研发、生产及营销基地,花卉苗木研发、生产及营销基地,生态旅游、休闲、度假、养生基地。河南省拟选用以下4个地块——雁鸣湖静泊山庄附近地块、荥阳市车庄村唐岗水库附近地块、南水北调主干渠沿岸、许昌市鄢陵县花卉苗木示范区,供富士康选择合作

（二）工商资本投资农业的主要特点

1. 投资主体呈多元化趋势

从调查情况分析，目前工商资本投资农业的主体，既有本地的工商企业、个体工商户，也有市外、省外甚至境外的企业和个人，投资主体比较广泛，呈现出多元化投资态势。工商资本既有来自第二产业如工业、建筑业的，也有来自第三产业如房地产、酒店等行业。在浙江嘉兴，有原从事市政工程建设的企业成为农业种植大户，搞起了葡萄大棚种植；有原从事房地产经营后建立安荣生态农业科技有限公司，种植大棚果蔬；有原从事印染业、现成立浙江印象古塘农业科技有限公司，在王江泾搞现代综合都市农业项目，种植经济价值较高的铁皮石斛；有台商现投资数亿元在南湖区搞新农村建设项目，总规划用地 $11km^2$，建设周期长达 10 年，以"一次规划、分期供地、租地"方式滚动实施农业综合开发。

2. 经营方式呈一体化趋势

目前工商企业投资农业主要有投资开发型、租赁经营型、联合开发型、基地契约型、综合型等投资方式。无论是投资开发型、还是租赁经营型等各种投资经营方式，越来越多的工商企业选择了以市场为导向、专业化分工、标准化生产、社会化协作的经营策略，从而把基地开发、产品加工、市场拓展有机地融合在一起，形成了产加销一体化经营格局。如浙江嘉兴敦好农牧有限公司，在饲养生猪的同时，配置农业生态种植区、休闲观光农业区，生产以绿芦笋为主的特色蔬菜瓜果、特种水产品、青绿饲料及芦笋老茎叶辅助饲料，形成农牧结合、种养结合的生态循环产业链。台谊生态农业项目主要从事种子种苗培育、高效生态农业、农业科技研发、改良及种植，建设集农产品开发、生产、生态度假、文化休闲为一体的农业科技示范园。有些企业不仅追求横向的多元化经营，还尝试向产业链上下游延伸，实现纵向一体化。如浙江嘉兴尚品农业科技有限公司在绿色无公害农副产品的生产加工基础上，向下通过善绿汇品牌连锁向批发、零售、配送环节乃至"食堂托管"延伸，向上则至新品种开发、引进、示范，并计划改变目前与农村合作社的订单合作方式，建成占地 3000 多亩的统防统治、集中管理的省级蔬菜特色产业园。

3. 投资层次逐渐提升

相对传统农业而言，现代农业特别是都市农业的发展潜力更好、利润空间也更大，因此工商资本投资农业的层面也逐渐提升。嘉兴市投资农业的工商企业已远远超出传统农业的生产经营领域，向包括生态农业、循环农业、高科技农业和休闲度假农业在内的现代农业经济迈进，体现了产业融合和农业转型升级的方向，具有良好的社会效益和示范效应。例如，浙江壹草堂铁皮石斛科研基地拟建成集铁皮石斛的研发、育苗、栽培及成品加工为一体的国家级农业科技龙头企业；海宁开开生态农业有限公司投资兴建的布洛瓦农庄，建成了集餐饮、垂钓、娱乐、休闲和农事体验为一体的现代化农庄；嘉兴市浙江北部湾湿地农业生态科技有限公司以发展湿地农业、生态农业、高效农业和种养结合新模式为主业，对开发嘉兴北部湿地农业起到了良好的示范带动作用；嘉兴市瑞丰天元肥料有限公司实施畜禽排泄物综合治理项目，针对目前瓜果蔬菜专用有机肥缺乏的现状，利用畜禽粪便和食用菌种植废弃物加工生产有机肥，变废为宝，化害为利，在减轻农业面源污染的同时提高了生产效益。

4. 区域差距明显

工商资本投资农业存在明显的区域差距，东部沿海地区农业生产基础和投资环境优越，工商资本发达，投资农业起步较早、投资规模也较大。如嘉兴市工商企业投资农业起步于20世纪90年代，截至2013年底，全市工商资本投资总额达9.57亿元，工商资本投资农业金额在500万元以上的项目有45个，其中超过1000万元的有23个。而中部地区的开封市，尽管属于国家粮食主产区，涉农企业可选择的经营范围与盈利空间相对有限，工商资本投资农业尚处于起步阶段，关于工商资本投资农业的相关数据目前也尚无明确统计。

（三）工商资本投资农业的主要路径

从工商业资本进入农业的路径来看，可以分为直接进入和间接进入两种方式；从工商业资本进入农业的具体环节来看，可以分为生产环节进入、流通环节进入、加工环节进入、储运环节进入等多种方式。

1. 工商业资本直接进入农业生产环节

一种工商业资本直接进入农业生产环节的形式是：工商业资本直接从农民手中或采取反租倒包的形式从村集体经济组织手中承包土地，直接投资进行规模化种植或养殖活动，在此基础上发展成为一个完整的产业链条，成为产、加、销一体化的农业企业。如河南开封晋开集团就是直接从村集体经济组织手中承包土地。另外一种工商业资本直接进入农业生产环节的形式是：通过工商业资本对在农业生产环节从事生产活动的、已经破产或退出的农业上市公司进行收购、兼并，从而直接组建农业上市公司，经营农业生产项目。如2008年美国泰森食品公司出资60%，与山东新昌集团有限公司共同投资38.4亿元人民币成立山东泰森新昌食品有限公司，并于2011年5月完成美国泰森国际100%控股。

2. 工商业资本间接进入农业生产环节

工商业资本间接进入农业生产环节的方式主要表现为：一是工商资本控制的公司与农户之间建立紧密型的产销关系，以公司为"龙头"，以农户为"龙尾"，以合同或商品契约的形式构建农业生产和产品流通、销售之间的联系渠道。在这种方式中，工商资本不直接进入农业生产环节，而是以资金、技术、产品等的供需合同为纽带，将农民、农业生产与市场、工商资本联系在一起。二是工商业资本利用中介组织与农户联系在一起。这里的中介组织可以是技术服务组织、农民专业合作组织或协会等，工商业资本采取与各类组织签订产品供销、资金或技术供给等协议，将资本与农户、农业生产较松散地联系在一起。三是工商业资本通过建立农产品交易场所，建立农产品信息、技术等的交易平台，提供农产品加工、储运等服务，进而直接进入农业产业链中的各环节。无论是工商资本与农户之间直接建立联系，还是先与中介组织建立联系，然后通过中介组织与农户建立的形式，或者是通过强大的工商业资本实力控制与农产品流通和销售相关的服务环节的形式，工商业资本间接进入农业通常是通过技术推广、资金融通、销售保障等方式，将农业生产引导到区域化生产或协作的过程中，并且依靠农业生产基地的辐射，带动更多的农民加入工商业资本的控制之下[①]。

（四）工商资本投资农业的现实作用

1. 有利于提高农业生产与经济效益，推动农业转型升级

工商资本将先进的生产技术与管理经验引入农业，实行产业化、规模化、标准化乃至品牌化运营，促使粗放式的农业生产方式向精细农业、生态农业、循环农业、

---

① 吕亚荣，王春超. 工商业资本进入农业与农村的土地流转问题研究[J]. 华中师范大学学报（人文社会科学版），2012, 4: 62-68.

订单农业等先进业态转型，有力推动了农业转型升级。投资农业的工商企业通过引进先进的种植技术、管理方法与人力资源，实现规模化与集约化生产，大幅提高了土地的产出效益；通过引进优良品种，引导农民种植经济效益较高的作物，实现"优质优价"，提高了土地的经济效益；此外通过订单农业或产业链整合，使农业能够按照市场需求有计划地生产，既提高了质量，又降低了农业生产的市场风险。目前，财政预算内农业投入虽有较大幅度增长，预算外渠道不断拓宽，但财政支农总量仍显不足。特别是在粮食功能区、现代农业园区的推进过程中，需要大量的基础设施建设和运行资金，资金缺口较大，一般农户也无力承担，而工商资本可以弥补农户、财政、信贷投入不足的问题。更重要的是，工商资本率先采用先进品种与生产技术，推进产业链整合与多元化经营，探索循环经济与生态农业，引入标准化生产、企业化管理、品牌化运营的现代经营理念，有力推动了产业融合与农业转型升级。对于人多地少地区，由于大多数农户承包地田块多、面积小、机械耕作困难，造成人工成本加大，随着大量农村青壮劳动力进城务工，只有老弱妇孺还在故乡从事农业耕作，甚至很多地区出现了土地撂荒现象，以致有学者提出了"十年之后还有谁来种地"这一重大社会问题。目前看来，鼓励工商资本投资农业是解决这一问题的方法之一。

2. 有利于提高农民收入

工商资本投资农业通过多元渠道促进农民增收。一是土地流转价格的提升，广大农民成为流转土地的受益者。比如嘉兴平湖市东湖果园有限公司于2008年在广陈镇泗泾村流转了210亩土地，每年出让土地的农户都会拿到每亩500~1000斤稻谷的等价租金，附近的老人可以就近到果园来打工。二是家门口赚工资。企业投资农业需要大量劳动力。家门口打工，8小时工作制，每月2000多元的收入，还可以节省外出打工的各项费用，也不用担心孩子没人带，对农民很有吸引力。三是企业返利收益。如嘉兴四季水产以公司为核心，组建平湖市南美白对虾合作社，公司对社员实行订单收购、二次返利，年收购南美白对虾3600t，返利80万元。开封市的流转土地租金一般采取定额现金支付和按定量粮食折价支付两种形式。按定额现金支付的为每亩每年500~1500元不等，其中出租给涉农企业的一般在每亩每年1000元以上；转出土地的农民不仅获得土地流转租金，而且使大量青壮劳动力放心地外出经商、务工，留守在家的老年人或妇女还可到当地种植大户、龙头企业或合作社就近打工，成为"农业工人"。如尉氏县庄头乡七彩虹农业经济发展有限公司流转土地2800多亩，农民除得到流转土地每亩1000元收入外，外出打工年收入3万多元。

3. 利于新型城镇化建设与城乡统筹发展

大型生态休闲类农庄的开发及其对周边地区的带动示范作用，政府推动的基础设施建设与土地集中连片治理，对改善农村的生产与人居环境乃至推动新农村建设和城乡统筹发展都起到了一定的积极作用。土地流转改变了部分农民"亦工亦农、亦商亦农"的兼业状态，带动了产业的发展与农民分工分业，使富余劳动力从土地的束缚中解放出来，进入城镇从事第三产业。一些在城镇有固定工作和收入的农户举家迁出农村、入住城镇，大大加快了城镇化步伐。此外工商资本投资农业还加强了农村与城市的产业互补与互动，缩小了城乡居民收入差距，有利于城乡统筹协调发展。

（五）工商资本投资农业的典型案例

1. 北京密云"北京百年栗园"

2005年，刘成军在他的出生地注册成立了北京百年栗园生态农业有限公司。目前，百年栗园成为专业从事北京油鸡育种研发、种鸡生产、饲料加工、生态养殖、食品加工、产品营销的全产业链农业企业，位于密云县山地丘陵地区的柴蛋鸡养殖基地总占地面积6000亩，已成为集种植、养殖、沼气利用、沼渣回田于一体的循环经济园区，也是亚洲最大的北京油鸡生态散养基地。

百年栗园采用"公司＋合作社＋农户"的生产模式，以公司化的管理带动合作社的建立，以合作社的方式带动农户的增收。在总经理刘成军的带领下，目前密云县已经有500多家养殖农户、1000多家种植农户加入，百年栗园真正地生产在农户中。如今百年栗园的沼气池供着全村1000多户的燃气，1500户农民也在和百年栗园的合作中获得了每年3.5万元的增收。对于如何把控质量，他有自己的理解。"其实是利益分配的问题，跟我合作，农户收益是养普通鸡的3倍。农户收入占到我给超市批发价的7成。如果1个鸡蛋1块钱，农户就拿走7毛钱，市场上基本不会有人比我出的价格更高，并且农户的违法成本很高，一旦检测到不合格鸡蛋，就等于自动退出和公司的合作。"

2. 河南开封"晋开集团"

河南晋开化工投资控股集团有限责任公司是山西晋煤集团在山西省外设立的第一家煤炭化工公司，总部位于开封，主要产品有合成氨、尿素、硝酸铵、多孔硝铵、硝酸磷肥、甲醇、稀硝酸、浓硝酸、硝基复合肥、雨露植物全营养液、植物营养液（UAN液体肥）等。2013年晋开集团在河南流转土地2.5万亩，试验现代农业，按照今后的计划，5~8年则计划流转土地500万亩。在流转土地的过程中，第一不能损害农民的利益，坚持建立在自觉自愿的基础上；第二是不改变土地的种养性质。晋开集团的土地流转模式，更像是"替农民种地"。考虑到给付现金很可能今后会引发社会稳定的问题，比如未来货币贬值，造成购买力下降，给付现金远远低于粮食价格，会引发农民不满；更严重的情况是遇到灾荒年，给农民现金解决不了温饱问题，在其与农民签订的所有项目合约中，都有一条"铁律"——每年以粮食的形式，付给农民土地"租金"。目前，流转土地的租金为720~1000斤小麦/（年·亩）不等，如果农民不愿意接受小麦，则可以按照国家粮食收购价格折合现金。

3. 浙江嘉兴"碧云花园"

嘉兴碧云花园有限公司，位于嘉兴市嘉善县，公司成立于2001年，是由工业企业嘉兴大光服饰有限公司投资设立，目前成为一家以农业生产、开发和休闲观光于一体的生产型、科技型生态农庄和省级农业骨干龙头企业。公司拥有总投资7500万元，占地2200亩，其中核心基地占地1100亩。目前共吸纳210名农民就业，月工资从当初的600多元提高到1600多元。碧云花园在鲜花的种子（苗）培育、种植、贮藏、销售和技术应用等方面形成了系统化的生产经营模式，该公司与当地数百名"花农"建立了技术服务联系，无偿提供技术指导，通过示范效益，引导花卉产业转型升级，促进农业增效、农民增收。

二、工商资本投资农业存在的问题

（一）工商资本投资农业的制约因素

1. 农业生产周期长

农业生产受自然规律支配，一般生产周期较长。目前嘉兴市工商资本投资的农业项目中，建设周期长达10年的已不鲜见（如南湖区世合国际新农村建设项目和秀洲区台湾农民创业园项目，其中前者第一期投资就高达4988万美元），投资回报期在 10 年以上的更是司空见惯，工商资本必要有足够的耐心和承受力等待着未来的资金回报。

2. 土地要素紧缺

近年来，随着国家土地政策的缩紧，用地难矛盾十分突出，成为制约工商资本投资农业的主要障碍。嘉兴市的基本农田保护率高达 92%，这部分土地原则上不允许用于植树造林、挖塘养鱼、建设禽畜养殖设施或者从事其他破坏耕作层的生产经营活动；而按照浙江省自然资源厅的要求，在不破坏土地耕作层的前提下，设施农用地不能超过生产使用农地面积的 5‰。如此一来，工商资本投资的农业项目，尤其是需要大规模设施建设的项目用地面临很大制约。开封市的基本农田保护率和高标准粮田所占比例很高，大部分农田不能从事与农业种植无关甚至与粮食种植无关的生产经营活动，加之河南省暂未出台基本农田的一定比例可以作为设施农用地的灵活性政策（比如浙江和安徽省允许基本农田的 5‰ 可以作为设施农用地），一定程度上制约了设施农业或其他需要较大规模设施用地的农业项目发展。另一方面，不少农民对流转土地心存顾虑。由于大部分农户家中的青壮年劳动力都已外出务工，留守农村的老年人虽已不再把农业收入作为主要收入来源，但因年事已高，又缺乏其他专业技能，很难适应转出土地后"无所事事"的生活，故而仍把土地当作安身立命之本。有的对土地存有增值预期，认为保住土地对自己有好处；有的对现有的农村土地承包政策不了解，怕土地流转出去时间久了会丧失经营权，损害自身的利益。

3. 劳动力成本上升、人才与科技服务跟进不力

随着农村青壮年劳动力的大量转移，部分地区城市工商资本下乡从事种养殖业特别是劳动密集型产业，还面临着高素质劳动者不足和"用工难"的问题。从调研看，一些地区工商资本下乡后，不仅缺乏高素质农业人才，甚至连普通劳动力都紧缺，影响企业正常生产经营活动，也限制了企业经营内容的拓展和提升。据嘉兴一些涉农企业反应，目前在企业做工的劳动力绝大多数在 55~65 岁；从事蔬菜、水果、花卉种植的简单劳动力在每天工作 8 小时的情况下，日工资一般为 65 元；技术工人（如从事葡萄采摘、剪枝）的日工资则达到 200 元。日益上涨的劳动力成本正压缩着农业原本就比较微薄的利润。大多数专业学农的大学毕业生不甘忍受田间地头、猪栏鸡舍的寂寞，不愿到农村创业或为涉农企业服务。部分工商企业从未从事过农业生产，缺乏农业技术和管理经验，导致项目管理滞后、效益不高。

4. 农业金融滞后

对于大部分中小型工商资本或农业经营主体而言，常面临"想投的没钱投，有钱的不敢投"的状况，也就是在农村土生土长的种养能手，具有丰富的专业技术经验，有意扩大经营规模，却没有足够的资本积累或信贷支持，而在工商领域积累了一定量的资本，有意转投农业的创业者，却对农业不够熟悉，甚至对不同类型项目的投入产出状况和盈利前景也不够了解，因此犹豫不决。工商企业投资农业贷款比较困难，一是因为缺少抵押物或者抵押物不符合上级银行的要求，难以获得贷款审批；二是涉农项目投资长、见效慢，贷款的不确定因素多，影响信贷投入的积极性。此外，多数企业还反映农业保险的品种太少、覆盖面太窄，而农业生产受天气因素和市场风险的双重制约，一旦遭遇自然灾害和价格波动，规模经营主体难以承担风险。如开封尉氏县瑞鑫种植专业合作社投资 200 多万元，建设日光温室搞蔬菜、瓜果种植，2012 年一场大雪致温室近半压塌，损失惨重。

5. 农业基础设施薄弱

由于长期投入不足，水、电、路等农业基础设施年久失修，投资农业的硬件环境一时难以改善。近年来，虽然国家对农业基础设施的投入逐渐增加，但由于地方上缺乏足够的专项财政资金，以致农村的基础设施建设，尤其是从村镇到农田"最后一公里"的基础设施建设仍显不足。据开封市一家在黄河沿岸种植有机大米的企业主反映，包括土地平整和沟渠、水井、电力以及适用于大型农用机械的路网建设在内，每亩田地大约要投入 3000 元，2000 亩地就要投入约 600 万元。一旦企业与农户签订的土地流转合同到期，这笔投入的收益就不再归企业所有，但所有成本却由企业来承担。如果政府对于此类投入的补贴不到位，会显著影响企业的投资积极性。

（二）工商资本投资农业的负面影响

1. 农地流转农民长期生计受到挑战

工商资本凭借自身优势，在市场竞争中占据有利地位，如果长时间大规模地直接参与农业经营，会在部分地区和一些利润较高的行业对小农生产形成替代，影响农民就业和增收。同时，部分地区工商资本流入农民土地后，出于利润考虑无法雇佣所有原先的承包农户，带来农民失业问题。在大规模农地流转中，需要考虑的问题不仅仅是工商业资本进入农业能够带来多少资金、给地方经济发展带来多大的贡献，而最为重要的是考虑农地流转后如何保障农民可持续生计的问题。调查发现，尽管当地政府在介入大规模农地流转过程中，都一定程度上关注农民的转移就业问题，包括要求承包流转农地的企业或单位承担一定的吸纳当地流出农地的农民就业的责任，将"农民"吸纳为"农业工人"；但是，对于年龄过长、体弱多病、自身非农就业能力低的弱势农民，其转移就业的难度很大；加上当前农地流转的收益（租金）普遍不高，特别是几年前的租金更低（嘉兴碧云花园在2001年就流转了110亩，当时的流转价格非常低），农民维持可持续生计的能力不断下降，这样的农地流转将损害农村弱势群体的利益。如开封晋开集团流转土地期限到2028年（河南省本轮承包期结束），流转土地的租金为720~1000斤小麦/（年·亩）不等，一方面租期过长，租金缺乏动态变化机制，小麦的价格也存在波动，势必影响到农民的收益；另一方面，由于晋开集团种植机械化较高，所雇佣的农民数量非常有限。

2. 耕地资源与粮食安全受到挑战

工商业资本承租农地的时间一般比较长，农地出租之后的用途变更方式通常有两种情况：一是农地转变为非农用地，在无政府审批和许可的情况下，在农地上建设房屋、旅馆等非农设施，以出租、出卖等方式用于牟利；二是农业内部农地用途的变更，通常是将良田改为经济作物、水果等作物用地。前者在监管严格的情况下，比较容易被发现，可以采取适当的措施予以纠正；而后者则相对比较隐秘，不容易被发现。工商业资本承租农地之后之所以改变农地用途，是出于利益考虑。一般而言，传统的农业大田作物经济效益低，特别是以粮食生产为主的传统种植业，更无高利润可言。对于以逐利为目标的工商业资本而言，投资于传统农业的投资回报率是非常低的，如果再受到自然风险、市场风险的双重负向影响，那么投资传统农业基本无利可图，甚至亏本。因此，对于工商业资本而言，在农业领域要想挣钱，只有改变农地用途，将种植粮食作物的农地改为种植经济作物、果树作物等高产、高效作物的土地，提升农地价值，从而获取收益。农地用途改变带来的问题是：违反基本农田保护制度规定，保障粮食安全的目标受到挑战。有的工商资本看到土地越来越成为短缺资源、政府对农业的项目支持越来越多，着眼于长期的战略投资，并不急于在农业求得快速收益，而是在于"跑马圈地"并"圈而不用"，随着土地作为稀缺资源的不断升值，再相机而动，导致农田抛荒闲置浪费。陈锡文指出"现在全国已经流转土地3亿多亩，其中2亿亩是农户对农户，1亿亩流转给合作社、大户，而企业拿去的3000万亩，真正种粮的几乎没有，非粮化趋势明显，而更过分的是非农化盖房子"。目前嘉兴市工商资本投资农业的"非农化"倾向尚不明显，但"非粮化"与"贵族化"倾向已初见端倪，大量工商资本都投往短期经济效益较高的项目，其中较常见的就是面向高消费人群的高端农副产品的种植、养殖和加工业，以及都市型休闲农业，休闲农庄遍地开花，大量土地用于和老百姓日常消费的口粮无关的领域。

3. 市场稳定与产业安全受到挑战

当前，工商资本逐利的行为主要呈现为对农业生产户压低收购价和对消费者提高销售价，其惯用方法是试图把收购价压低到接近生产户盈亏平衡点，把出售价提高到消费者所能承受的最高值，借以达到最大的商业资本利润。部分工商资本进入农产品流通领域进行市场炒作，严重扰乱市场秩序，不仅冲击了农业生产，影响国家宏观调控，而且对城乡居民的消费也带来负面影响。如2011年夏天，北京、天津、上海等地超市的大蒜、生姜和绿豆价格都达到历史新高，在民间出现了"蒜你狠、姜你军、豆你玩"的顺口溜。近年来，"中间商""盘剥"小农户的问题已经成为社会上的一个热门话题。

此外，国外工商资本大量进入，不仅可能对国内生产者形成打压，同时通过对产业上游的原料和期货、中游的生产和加工、下游的市场渠道和知名品牌形成控制权，影响我国大宗农产品市场定价权，削弱国家宏观调控能力。此外，外国工商资本凭借强大实力掌握我国稀有、特有农业资源，可能控制整个产业链，导致资源价值流失，危及农业资源安全和发展主导权。目前全国已有49家持有效证照的外资企业，杜邦、孟山都、先锋、拜耳等国际种业巨头纷纷涉足国内市场。从具体作物看，自2000年至今，外资企业在中国共审定玉米品种84个，占3.05%，尽管总体份额不大，但一些品种推广速度很快。在蔬菜种子市场中，"洋品牌"占据新、奇、特品种市场，控制了50%左右的市场份额。

（三）工商资本投资农业的主要隐患

1. 工商资本投资农业存在盲目性

农业是永不衰落的产业，现代农业的投资前景被广泛看好，刺激了工商资本向现代农业领域"进军"。但是，在资本潮涌过程中，部分企业盲目跟风投资，对农业基本属性及农业投资的复杂性、长期性和风险性等缺乏深入认识。从目前进入农业领域的工商企业看,身份构成十分复杂,其中不乏从事房地产、建筑、医药等行业的企业,这些企业进入农业,有的是看到国家对农业的大力扶持,有的是以为搞农业比其他产业可能更容易,有的是基于朴素的农业情结,大多数有热情却没有科学规划,急于铺摊子、造声势,对自身经营农业的能力过于自信,对投资农业的风险估计不足,最后只能以失败收场,有的甚至"跑路"①。如近年来嘉兴休闲农庄遍地开花,导致同质化竞争严重,大批没有特色的休闲农庄、"农家乐"面临倒闭风险;此外经济作物种植和养殖业也存在产品同质化的现象,比如投资生猪产业的大多密集于生猪养殖,而养殖领域急需的屠宰加工、粪污生产有机肥、死体无害化处理等投入严重不足,不仅难以起到延伸产业链、推动产业升级的作用,对市场风险的承受能力也大为降低。

2. 政府引入工商资本存在主观性

工商业资本进入农业通常被作为各级政府"招商引资"工作的一部分,是评价政府部门业绩的一个方面,因此,政府非常愿意将工商业资本引进农业领域,只要是有投资,都非常欢迎,认为都是"有良心的资本",忽略了工商资本投资农业的经营范围、经营模式,以及是否符合本地区农业发展方向,是否能够带动农业发展、农民增收,过多地追求经济效益而忽略了社会效益、环境效益。有的政府出于干部考核机制中土地流转指标影响的考虑,出台鼓励工商企业在农村租地经营的政策,并给予财政补贴、税收优惠、土地利用优惠等,不加限制地引进工商企业大面积、长时间租赁农民土地,对工商资本投资农业"非农业""非粮化"行为"睁一只眼、闭一只眼",甚至想方设法帮忙过关。有的政府重"招商"、轻"服务",对引导工商资本进入适宜领域、解决融资用地问题、配合开展劳动力技能培训等缺少作为,许多承诺的优惠政策不能到位,导致企业经营困难。

3. 土地流转存在不规范性和强制性

从开封市的调研情况看,土地流转的随意性较大,没有签订规范合同的流转行为比例仍占22.4%。在签订的书面合同中,很多没有省农业厅统一制定的合同文本;有的经营主体绕开农户直接与村委会签订合同;有的流转合同标的不明,没有违约

---

① 涂圣伟.青涩之果:工商资本进入现代农业[N].上海证券报,2013-12-3(A03).

补偿和争议解决办法；有的对承包户、经营户、村集体三方的权利义务界定不明，一旦发生纠纷，调解缺乏依据。在流转机构上，开封目前尚有部分乡镇未建立土地流转服务组织，已建立服务组织的地方由于经费紧张，工作还没有正常开展；农村土地承包经营纠纷仲裁机构建设进展较缓慢，部分县（区）的纠纷调解仲裁机构刚刚成立；此外，农村土地承包管理工作以前是由乡（镇）农经站具体负责实施，由于乡镇机构改革取消了农经站，导致乡镇土地流转服务工作不到位。土地流转过程中，如果依靠工商业资本与农民一家一户进行"谈判"，交易成本高，效率低，这是很难完成的。因此，为使工商业资本尽快进入，在农地集聚过程中，往往都伴随着基层政府力量的介入，甚至出现由政府力量主导农村土地流转工作的情况，从而使"自愿流转农地"的行为转变成"强制流转"，为"工商业资本创造有利条件"而忽略了"农村家庭条件的复杂性"，忽视农村土地流转中农民作为土地承包方的话语权。特别是在"推进整村或数村农地同时流转"的情况下，农民及其家庭的情况差异性很大，忽略这种差异性，采取"强制流转"，会导致农地流转中各利益主体之间的矛盾、冲突，并出现"后遗症"。

4. 相关政策存在不合理性和不确定性

目前国家给予的农业补贴（种粮补贴、良种补贴、综合补贴、农机补贴）直接以"一折通"的形式补给了土地承包户，而土地流转后从事农业项目的生产者却得不到国家给予的补贴，降低了土地转入方的生产积极性。虽然开封市对于流转1000亩以上、流转期限5年以上的规模经营主体一次性给予每亩100元的奖励，但对于动辄每亩几千元的生产建设投入来说只是杯水车薪。

在土地政策方面，《中共中央 关于全面深化改革若干重大问题的决定》提出建立城乡统一的建设用地市场，允许农村集体经营性建设用地出让、租赁、入股，实行与国有土地同等入市、同权同价，完善对被征地农民合理、规范、多元保障机制，但由于土地制度改革较为敏感，目前尚缺乏具体的可操作文件。由于农业投资收益期长，工商资本倾向于较长时间租赁农民土地，尽管《中共中央 关于全面深化改革若干重大问题的决定》明确提出现有土地承包关系要保持稳定并长久不变，但工商业主与农民签订的合同大多以二轮承包期为限，由于合同到期后相关权益没有明确规定，影响企业投资积极性。

三、工商资本投资农业的对策

（一）正确认识工商资本投资农业

1. 效果明显，问题存在

从调研地区来看，地方工商企业和社会资本进入农业领域为农业发展带来了资金、技术和管理等要素，推动了现代农业发展和农民增收，加速了传统农业向现代农业转变，总体上是健康的，农民总体上也是"欢迎"的。各地从一开始就高度重视工商企业进入农业领域后可能出现的负面影响，但也存在个别圈占土地和侵害农民利益等问题。尽管工商资本投资农业存在负面作用和相关隐患，但不能否认工商资本投资农业对于加快形成以工促农、以城带乡、工农互惠、城乡一体的新型工农城乡关系的重要作用。

2. 坚持循序渐进，按照客观规律办事

工商资本投资农业是我国经济发展阶段转变、农业向现代化转型、农村生产要素关系变化的必然结果，是市场利润、政策红利、圈地诱惑等共同引致的现象，是一个长期趋势而非昙花一现的短期热潮，工商企业投资农业领域也是一个循序渐进的自然过程，必须清晰判断当地经济社会发展所处的阶段，客观分析农业生产发展的基础地位、农村社会保障的实际水平、非农产业的发育程度等因素。必须因地制宜，稳妥推进，遵循经济社会发展的客观规律，历史上因为冒进倾向带来的教训非常深刻，如果逾越所必经的发展阶段，其影响将会是十分深远的。

3. 必须切实维护农民权益

工商资本能够进入农业领域是"好事"，但要把好事做好并不容易。其中最大的问题就是如何处理与农民的利益关系、真正守住切实维护好农民权益的"底线"。因为工商资本进入农业领域既有在土地流转过程中与农民打交道的直接利益关系问题，也有在企业发展壮大过程中如何让农民分享发展的成果，以及在企业和农民之间形成比较稳定、公平合理的利益联结机制等间接的利益关系问题。要坚持自愿和协商原则，把维护农民的权益摆在企业经营的重要位置，处理好企业与农民之间的利益关系，只有实现企业与农民的"双赢"，让农民真正能享受

到工商资本进入农业领域的发展成果,工商资本进入农业领域才能走上持续健康的发展轨道。

4. 坚持因地制宜,分类指导

农业产业化龙头企业在一定程度上代表了工商企业资本投资农业的领域。据有关部门统计,全国1253家重点龙头企业从事的行业涉及粮油、园艺、畜禽、水产、乳业、饲料、林业、中药材、棉麻丝等。其中粮油、园艺和畜禽三个行业占总数的2/3,分别占24%、21%和21%。从调研了解的情况来看,对工商企业投资农业领域的不同方式要区别对待,分类指导,不能搞"一刀切"。其一,土地承包权未发生流转,工商企业不转包、不租赁、不吸收农户土地入股,而是通过"公司+基地+农户"模式提供产业化服务,对此类工商企业要积极鼓励。其二,土地承包权流转给企业,工商企业以转包、租赁农户承包土地从事涉农产业并进行规模化、标准化生产,部分农民在企业就业成为雇工。对此类工商企业要在适度鼓励的同时防止其侵害农户的利益,并从长远考虑农民的就业和生计保障。其三,以土地承包权入股进行规模化经营,农民参与分红,利益共享,风险共担,与企业形成更加紧密的关系。对于由农民为主体建立的合作社采取股份制的形式,要积极鼓励发展。但是对工商企业要谨慎对待,在实践中密切关注这一新兴组织形态的发展,目前很多矛盾尚未显现,如果草率制止恐会打压基层探索的积极性,因此,既要防止农民在股份公司中因处于绝对弱势地位出现利益受侵害的情况,更要防止在社会保障不健全的情况下,出现股份公司破产影响农民生存生计而可能导致的社会不安定局面。其四,通过圈占土地搞资本运作,对此类工商企业资本要坚决予以制止。

(二)鼓励工商资本投资农业的相关建议

当前农业发展所处的阶段性特征,决定了我国农业现代化进程中需要鼓励工商资本进入。因此,《中共中央关于全面深化改革若干重大问题的决定》明确提出是"鼓励"。

1. 创新完善工商资本投资农业的相关政策

要因地制宜,尽快出台针对鼓励工商资本投资农业领域更详细、更有力的税收、资金等方面的优惠政策。如浙江省2014年7月出台《关于鼓励投资发展现代农业的意见》，明确财政、税收、用地等五项具体的"政策红包"，引导工商资本到农村发展适合企业化经营的现代农业。

在税收优惠和贴息扶持方面，对投资农产品加工和流通企业符合条件的固定资产，按照规定缩短折旧年限或者采取加速折旧的方法折旧；对工商资本投资种苗、种植、养殖业生产用电及农业服务中农产品初加工用电的，执行农业生产用电价格；对重点农业龙头企业直接用于农业生产的种苗、种植、养殖的用水，取水量在农业生产用水限额内的，不缴纳水资源费。对投资现代农业取得的具有专项用途的财政性扶持资金，根据国家税收有关规定落实优惠政策。对投资现代农业的工商企业取得的符合条件的技术转让所得和通过高新技术企业认定的农业龙头企业，企业所得税优惠；对投资现代农业的股权转让，不征收营业税；对投资现代农业以不动产或者无形资产投资入股，参与接受投资方利润分配，共同承担投资风险的行为，不征收营业税；对投资国家鼓励发展的农产品加工和流通项目且进口具有国际先进水平的自用设备，在现行规定范围内免征进口关税；企业从事农产品初加工项目的所得按规定免征企业所得税；对用于农产品加工的生产经营用房，按规定缴纳房产税和城镇土地使用税确有困难的，报经地税部门批准，可免征房产税和城镇土地使用税。鼓励有条件的农业企业兼并重组，做大做强，对其通过合并、分立、出售、置换等方式，将全部或者部分实物资产以及与其相关联的债权、债务和劳动力一并转让给其他单位和个人涉及的不动产、土地使用权转让行为，不征收营业税。

在土地政策方面，需要进一步完善土地产权制度，稳定工商资本投资预期，尽快开展农村土地承包关系长久不变试点，研究解决好"长久不变"起点、期限确定、农村新增人口补偿、土地承包经营权继承等问题，推动农村土地承包关系长久不变政策落地；鼓励各类主体参与农村土地复垦整理和滩涂围垦开发，整理土地优先用于发展农业生产，积极探索基本农田集中连片地区现代农业附属设施建设用地使用办法，对于农业企业、农场的临时生产配套用房，在不破坏土地耕作层的前提下，借鉴浙江、安徽等省经验，推广允许其在流转土地范围内按5‰左右比例作为设施用地政策。

在金融政策方面，要择优向有关银行和小额贷款公司、民间资本管理公司、融资担保机构等新型金融组织推荐有融资需求的工商资本经营主体，探索建立农业企业信用评级和项目数据库，促进农业企业、项目与金融机构对接。金融机构要优化信贷服务，简化贷款手续，创新金融产品，提高金融服务农业的针对性。要扩大有效抵（质）押物范围，依法开展大型农用生产设施设备、土地承包经营权、土地流转使用权、参保渔船、林权、海域使用权等抵押贷款和应收账款、仓（订）单、可转让股权、专利权、注册商标专用权等权利质押贷款。加快完善涉农担保体系建设，制订完善涉农担保行业标准和监管办法，鼓励和支持各类涉农担保机构为工商资本提供担保，对由其提供担保的贷款，银行业金融机构应简化审批程序，合理确定利率水平。各类政策性农业担保公司要加大涉农担保力度，提高涉农担保比重和服务质量。逐步建立涉农贷款担保基金，完善涉农贷款风险补偿机制。积极探索"农业信贷+政府贴息""重大项目财政补助担保+农业信贷"等模式，建立信贷财政奖补机制，提高财政支农政策效益。完善政策性农业保险制度，提高保障标准，优化理赔程序，积极开发农业保险新品种，鼓励各地加快地方特色农业保险险种开发。探索、支持农业生产经营者联合发展农村合作经济组织保险互助会。

在农业基础设施建设方面，一方面要增加工商资本投资农业基础设施建设的相应补贴，另一方面要发挥财政资金的引导作用，增加对农业尤其是农业基础设施建设的投入力度，特别是水利设施建设、农业面源污染治理、生态公益林建设、土地整理和耕地改良、海洋生态环境修复和渔业基础设施建设，改善农业生产条件和投资环境，增加农业生产标准化投入、农业科技投入、农业优势产业深加工特别是精深加工的引导性投入。

2. 建立健全工商资本投资农业投资服务体系

政府应积极领导和组织构建资信评估、项目评估等中介机构，为工商投资提供包括投资方向、经营管理、技术改造、产品出口、司法诉讼以及资金筹措等方面的信息咨询服务；政府还应清理整合涉及工商投资管理的行政审批事项，简化环节、缩短时限，进一步推动管理内容、标准和程序的公开化、规范化，提高行政服务效率。针对工商资本进入农业领域后政府及有关部门的后续服务跟不上问题，应切实加大职能转变力度，增强服务意识，搭建好为农服务、为工商资本进入农业领域服务的有效平台。建立和完善农产品销售、土地流转信息、种养产业选择、单位土地投资规模、单位土地产出效益、用人就业搭配等各方面要求的信息。加强农产品和农业投入品骨干市场建设，着力培育农产品市场和大型零售商在农业供应链运行中的核心企业作用，培育消费者驱动的农业产业链和价值链；坚持以需求为导向、应用为重点、产业链为依托的方针，加强农业信息服务体系和服务能力建设；积极支持电信部门与农业部门合作，开展农产品网上交易市场等农村信息化创新业务；鼓励发展农业电子商务，加强特色农产品网上展示展销平台建设支持具备条件的乡村打造农业网商集群。鼓励加强农产品或畜禽良种繁育体系、繁育基地建设；加强动植物疫病防控体系建设，引导公共服务机构与营利性、非营利性服务机构分工协作，全面增强动植物疫病防控能力和对食品安全的保障能力；加强病死动物无害化处理中心建设，鼓励其优化运行机制；支持农机服务产业化加快发展，加强农机销售维修网络和农机培训体系建设，带动覆盖全程的农机化水平全面提升。

3. 强化工商资本投资农业的人才与技术支撑

进一步深化基层农牧业科技推广体系和运行机制改革，建立农牧业科技工作者和农村科技特派员驻村包点制度，鼓励农业科技人员以技术入股、技术承包等形式，与企业、农户结成利益共同体，涉农部门和农技推广等机构应定期和有专门的人员联系企业，及时指导企业解决生产过程中的技术难题，帮助解决产业发展中遇到的实际问题。鼓励科研院所、大专院校、龙头企业和各类专业合作经济组织到农村，建立科技成果推广基地和兴办农业科技示范场、科技园区，帮助工商企业加强与农业大专院校和农业科研院所的联系，保障专业人才供给和加快科研成果转化。加强农民技能培训，建立健全农村实用技术人才培养、使用、激励机制，为工商资本企业发展提供人才和智力支持。推进农业创新服务中心建设，鼓励企业设立农业产业化技术研发和创新中心、创意农业设计中心，加大对农业科研的支持扶持力度，在新品种培育、动物疫病和植物病虫害防治、生态环境建设和资源高效利用等方面取得新的突破，增强重大动物疫情的防控能力。加强农业技术推广体系建设，要围绕农业结构的调整、优化和升级，加大优良品种的选育、引进和推广力度，提高优新品种的覆盖率，重点推广一批对增产增效作用显著的重大农业技术。鼓励企业增强农业投入品和农畜产品质量安全检验检测服务能力，建立政府主导、企业主体、市场运作的饲料标准试验中心和饲料安全评价系统，提升工商资本企业对农产品质量的快速检验检测能力，增强农产品（食品）安全服务能力。

（三）规范和引导工商资本投资农业的相关对策

1. 顶层设计，试点示范

早在2001年，中央18号文件《中共中央 关于做好农户承包地使用权流转工作的通知》指出，为稳定农业、稳定农村，中央不提倡工商企业长时间、大面积租赁和经营农户承包地。但是对各地而言，工商企业到底如何进入、进入哪些领域，地方仍有不少困惑，只能在具体实践中摸索。从实践来看，这一政策的执行与中央的精神尚存差距，这在很大程度上反映了地方包括工商资本的利益驱动和中央宏观层面指导性意见之间的矛盾，各地对政策的把握有较大的差异，既有成功的实践案例，也有"试错"的冲动行为。为此，建议国家加强顶层设计，出台更加明晰可操作的政策体系，对成功的实践要大胆鼓励探索，进一步加大支持力度，对盲目冲动和冒进行为要严格规范引导。建议在全国范围内选择一些条件成熟、基础较好且有过探索实践的地区，作为工商资本投资农业试验区（示范区）进行试点，进一步放大示范区域效应，并探索总结我国不同地区工商资本投资农业的具体做法、经验后在面上推广。

2. 规划引导，优化布局

按照全国主体功能区划和农业优势产业布局，各地方结合自身的资源禀赋和农业产业发展基础条件，一是把工商资本进入农业同各类现代农业园区建设结合起来，引导工商资本依托农业园区发展现代农业，优化产业布局，夯实发展基础，保障农产品有效供给；二是把工商资本进入农业同各地农业产业发展规划结合起来，支持工商资本发展种养业，鼓励工商资本进入产前产中产后的加工、营销、技术服务和开发"四荒"，优化产业结构，做到工商资本在进入农业领域时能够"按图索骥"，找准产业的定位，避免企业投资的盲目性和趋同性；三是把工商资本进入农业同农民收入增长结合起来，引导和鼓励企业尽可能创造就业岗位，吸纳农民就地、就近务工，建立合理的利益分配机制，增加农民收入，分享发展成果。要鼓励工商资本按照因地制宜、合理安排、区域化布局、规模化生产的原则，选择各地区比较优势明显、有发展潜力的特色农业产业，大力开发优质高效农业，把粮食生产功能区、现代科技农业示范园区作为引导工商资本投入的主要平台和重点领域，以高投入、高科技、高品质、高效益的现代农业生产模式，让"两区"真正成为高水平的农业产业集聚区，发挥其辐射作用。

3. 严格准入、全程监督

建立工商资本投资农业准入制度，对企业从事农业生产具有的生产经营能力和履约能力进行审核，把好"准入关"：一是对工商资本资质进行审核，查验企业是否具备应有的农业经营能力、资金实力、技术力量和管理团队等；二是对经营项目进行审核，是否符合产业政策，是否符合当地的产业规划，是否有利于农业安全和生态环境保护；三是对土地流转等工作进行审核，检查土地流转是否依法有偿自愿，合同签订是否规范，确保农民权益不受损害；四是对土地利用进行审核，确保不改变土地用途，不破坏农业综合生产能力，对非农化以及有明显圈地占地意图、无意经营农业的工商资本要坚决予以拒绝，挡在门外。此外，对工商资本投资农业实施情况全程监控，跟踪企业对农业经营项目的投资进度，防止套取国家项目资金和出现"半拉子工程"，避免企业弄虚作假或在中途变更经营范围与经营模式。定期检查与不定期抽查经营范围、投资能力、技术资格、流转土地面积、用途、价格、期限以及流转后规模经营风险和吸纳当地农民就业情况，建立健全制度化、规范化、程序化的监控机制。

4. 弹性流转、动态管理

一是要根据工商资本规模与经营类别，合理确定用地范围，明确建设周期，避免"圈地""圈而不建"行为；二是对规模流转土地特别是面积达到一定规模以上（如500亩）的土地使用要严格审批，规范管理，防止地方政府为招商引资、追求土地流转数量而导致土地资源浪费；三是实行土地流转弹性年期制，改变以往到承包期结束甚至更长时间的做法，一般工商资本项目流转年期为10年，流转年限届满后，对项目综合效益和合同履约等情况进行评估，采取有偿协议方式，续期或收回土地使用权；四是强化土地利用全生命周期管理，加强项目在土地使用期限内全过程动态管理，将项目建设、运行质量与综合效益等相关要素纳入土地流转合同管理，按照"不改变所有权属、不改变农业用途、不破坏综合生产能力"的要求，通过土地核验、定期评估、诚信管理等实施全过程监管，坚决纠正改变土地农业用途的违规行为，避免"非粮化"、杜绝"非农化"等现象。

5. 农民主体，利益共享

工商资本投资农业无论在土地流转还是企业经营环节中，都必须确保让农民参与进来，要明确农民在农业生产中的主体地位，确保农民的话语权，本着平等协商、互利共赢的原则约定合同条款，确定双方认可的土地流转费用，并积极探索土地升值部分在企业和农民之间合理分享的有效办法。要鼓励工商企业与农民专业合作组织、农户，形成利益共享、风险共担、相互促进的投资模式，鼓励各地探索农民土地入股等多种方式，建立企业与农民之间紧密的利益联结机制，使农民能够得到企业发展壮大的"红利"，确保农民的收益。

6. 产业清晰、导向明确

随着我国传统农业向现代农业转型，农业的功能和形态不断拓展，不同产业领域和价值环节的资本构成不同，可进入性和风险收益不同，科学引导工商资本进入农业，需要采取差别化政策措施，明确引导、限制工商资本进入的具体领域。引导鼓励工商资本进入商业性研发和生产销售、设施农业、畜水产品标准化规模化养殖、全程农业机械化服务、农产品检测、加工、储藏、物流、销售等行业，重点包括适合企业化经营的种养殖业、农产品精深加工业以及良种服务、农资连锁经营、农产品现代物流、新型农技服务、农机跨区作业、农业信息服务等领域，此外农业基础设施建设与大宗农产品市场储备也是引导工商资本进入的重要领域；对于具有高污染、高消耗特点的行业以及高毒高残留农药制售、高污染的超大规模畜禽养殖、粮食转化乙醇、食用植物油料转化生物燃料、珍贵濒危野生动植物加工、湖泊和水库投饵网箱养殖等行业，则要严格限制或禁止。对于面向高消费人群的高端农副产品的种植、养殖和加工业，以及都市型休闲农业，要严格监管。

7. 慎重外资，确保安全

考虑到我国人多地少、农业基础薄弱、粮食需求刚性增长等特殊国情和农业发展阶段，需要正确处理对外开放和保护产业的关系，从国家安全的高度重视国外工商资本和农业外资并购，合理引导和利用国外工商资本。健全和完善相关法律法规，规范国外工商资本投资的程序和准入门槛，以防止外资的大规模流入对我国农业行业安全产生威胁。修订完善《外商投资产业指导目录》，对于农业基础性产业的关键性环节，对生态环境具有现实和潜在破坏，利用我国特有稀缺农业资源的产业应该禁止和限制国外工商资本进入，如目前实施的《外商投资产业指导目录（2011年修订）》中鼓励"水产苗种繁育（不含我国特有的珍贵优良品种）"、限制"豆油、菜籽油、花生油、棉籽油、茶籽油、葵花籽油、棕榈油等食用油脂加工（中方控股），大米、面粉加工，玉米深加工"等需要进一步调整，在鼓励、限制、禁止三类政策的制定上要体现灵活性和概括性，加快编制外国工商资本投资农业的"负面清单"，确保我国农业产业安全。

8. 风险预警，未雨绸缪

一是采取相应措施对工商资本投资农业领域建立风险预警机制，及时预警产业风险，努力减少工商资本盲目跟风带来的投资风险，防止部分工商资本的投机行为给农业带来的负面影响，促进工商资本在农业领域健康发展，建立长期的农业投资环境综合评价制度及信息发布制度。二是要建立土地流转风险补助金和村级风险保障金，用于企业无法履行流转合同时补偿农民损失。可借鉴浙江嘉兴等地做法，土地流转风险补助资金由市、镇两级财政按上年新增土地流转面积每亩以一定标准提取；风险保障金可以由市镇（街道）两级财政土地流转风险补助资金、村土地流转风险准备金和业主土地流转保证金组成。这既可以降低土地流转风险，又可以通过强制性投入形成沉没成本，约束企业经营行为。三是工商资本进入农业领域进行土地规模化经营，经营风险随土地集中而集中，容易出现企业与农民之间关于租金、合同履行等纠纷问题，如果处理不好，很可能引发一系列社会矛盾，需要未雨绸缪、加强舆情监测，以便及时应对和正确处理，维护农村稳定。

第 8 章

城乡人才要素流动
——规划师下乡的实践困惑

一、规划师下乡背景

二、规划师下乡服务的实践困惑

三、解惑途径:制度优化

一、规划师下乡背景

由于受城乡二元结构影响,我国乡村长期处于"无规划、无建设、无管理"的自发生长状态,农民收入低、基础设施薄弱、人居环境"脏乱差"等现象十分突出。"三农"学者、时任乡党委书记的李昌平在2000年致信总理,提出"农民真苦、农村真穷、农业真危险"。学术界也呼吁要加强农村基础设施建设,开展新农村运动,发展小企业和小城镇,加快推进农村现代化。为此,党的十六届五中全会提出建设社会主义新农村的重大历史任务,2006年中央一号文件进一步明确了社会主义新农村建设的指导思想、总体要求与重点任务;要求加强村庄规划和人居环境治理,改善农村生活环境和村容村貌。2009年浙江省在全国率先提出建设"美丽乡村",并在行动计划中要求科学编制美丽乡村建设规划。党的十八大提出推进生态文明建设、打造美丽中国;2013年中央一号文件要求加快美丽乡村建设。原农业部也在全国开展"美丽乡村"创建活动,提出规划先行、统筹编制美丽乡村建设规划。至此,有关美丽乡村的规划建设工作由浙江省向全国推开。党的十九大提出乡村振兴战略,是新农村建设的升级版,但内涵却更为丰富。2018年中央一号文件提出要强化规划引领,加快编制乡村振兴地方规划、专项规划或实施方案;《乡村振兴战略规划(2018—2022年)》提出规划先行并统筹城乡发展空间;2019年中央一号文件要求实现乡村规划管理全覆盖。十多年来,从新农村建设、美丽乡村建设到乡村振兴,既体现了党和国家顺应时代变化和实践要求,对"三农"问题认识的不断深入,也表明规划建设管理工作在乡村发展中的地位和重要性不断提升。同时,随着乡村经济社会发展和生活水平提高,农民群众对美好"三生"环境的向往不断增强[①],迫切希望通过科学规划,绘制现代版"富春山居图",引领美丽宜居乡村建设。由此可见,加强乡村规划建设管理,既是"自上而下"的政策要求,也是"自下而上"的农民需求。

近年来,在乡村规划建设管理需求快速增长的同时,相关顶层设计也不断加强。2008年1月1日正式实施的《城乡规划法》,打破了城乡"二元"规划体系[②],要求统筹城乡规划的制定、实施和修编,同时也确立了乡村规划的法定地位。党的十八届三中全会提出建立空间规划体系;2014年底全国开展市县"多规合一"试点

---

① 所谓"三生"环境,即生产、生活和生态环境。
② 1990年4月1日起施行《城市规划法》,针对直辖市、市和镇,并不包括乡村;1993年11月1日起施行的《村庄和集镇规划建设管理条例》,则针对村庄和集镇。其中,城市规划区内的村庄和集镇规划的制定、实施,则依照《城市规划法》执行。

工作，探索市县空间规划体系，推进市县形成"一本规划、一张蓝图"；2019年1月中央农办等五部委联合出台《关于统筹推进村庄规划工作的意见》（农规发〔2019〕1号），明确了村庄规划的总体要求；2019年5月中共中央、国务院出台《关于建立国土空间规划体系并监督实施的若干意见》，要求城镇开发边界外的乡村地区编制"多规合一"的实用性村庄规划；2019年5月自然资源部印发《关于加强村庄规划促进乡村振兴的通知》，提出到2020年底，有条件、有需求的村庄都应编制规划，并明确乡村规划"八个明确、一个统筹"的主要任务。

从实践来看，我国乡村规划具有明显的阶段性特征。自社会主义新农村建设提出以来，乡村规划广泛展开，但规划体系不清、编制技术支撑不足、实施管理难度大等问题较为突出。究其原因，主要有传统规划理念尚未转变、乡村研究滞后[①]、规划建设管理机制不健全等多重因素影响。但从根源上看，则是由于乡村规划建设管理人才缺失。一方面，我国乡村规划建设管理人才培养尚处于探索阶段。自2011年国务院学位委员会和教育部将原"建筑学"下属的二级学科"城市规划"调整为一级学科"城乡规划学"以来，近百所高校增设了城乡规划本科专业；但从"城乡规划学"所设立的6个二级学科来看[②]，则缺少乡村规划方向。另一方面，随着近年来城市规划建设与房地产等相关行业的快速发展，城乡规划专业市场需求大、就业形势好，毕业生主要就职于规划设计院、政府部门、事业单位和房地产、设计咨询等企业。相比较而言，农村基层待遇低、环境差、工作压力大、晋升空间有限，因而城乡规划专业毕业生到乡镇工作的寥寥无几；即使到乡镇工作，也是将其作为"跳板"，再向县城或城市调动。总体来看，目前规划专业出身的乡镇干部非常有限，人才短板尤为突出[③]，严重制约乡村振兴战略的全面实施。为此，2017年中央一号文件要求加快乡村规划建设管理专业人才培养；2018年中央一号文件和《乡村振兴战略规划（2018—2022年）》提出要吸引规划师、建筑师投身乡村建设；中共中央、国务院印发的《关于建立健全城乡融合发展体制机制和政策体系的意见》要求建立人才入乡激励机制，引导设计人员入乡；自然资源部《关于加强村庄规划促进乡村振兴的通知》要求鼓励引导规划师下乡蹲点，并探索建立驻村、驻镇规划师制度；2020年中央一号文件要求有组织地动员规划师下乡服务。可以预见，鼓励引导规划师下乡

---

① 吴良镛先生曾指出：当前对城市的研究较为深入，但对乡村的研究却显欠缺。详见：吴良镛.万里行路，美好人居[N].人民日报.2012-02-15（5）。
② 根据高等学校城乡规划专业教学指导委员会网站（http://www.nsc-urpec.org/，访问日期：2020年4月5日）数据整理统计，2019年全国已有186所高校开设"城乡规划"本科专业。
③ 全国人大农业与农村委员会.关于乡村振兴战略实施情况的调研报告[J].中国人大，2019（7）。

服务,将成为地方政府加强乡村规划建设管理、深入实施乡村振兴战略的重要举措。

人才下乡是当前学术界研究的热点领域。乡村振兴的关键在于人才振兴,要鼓励各类人才下乡,提高人才下乡的积极性。先后有学者对大学生村官、农村科技特派员、大学生农村支教、选派干部下乡扶贫、第一书记驻村扶贫、新乡贤下乡等进行了研究。目前关于规划师下乡的研究相对较少,并主要集中于从理论层面上对乡村规划师的角色、职责等进行探讨。学者们提出随着《城乡规划法》的实施,编制乡村规划成为当前规划师的重要任务,也是规划师的责任所在。当然,规划师"上山下乡"是一个长期的过程,需要明确乡村规划师角色定位;作为沟通政府与基层群众的桥梁,乡村规划师是乡村地区"权力"机构的"能力"补充,要发挥其在乡村规划建设和文化传承中的作用;避免以传统城市规划主导乡村规划的现象,加快建立乡村规划师制度,探索自下而上的村民自治组织模式。总体来看,学术界从宏观层面对规划师下乡进行了有益探索,但下乡实践及制度层面研究亟待进一步加强。本书尝试采用"实践—制度"的框架,基于下乡规划师视角,分析下乡服务中存在的实践困惑,剖析困惑背后的制度缺陷,并提出优化路径和相关建议,为建立完善规划师下乡制度、吸引更多规划师投身乡村振兴提供借鉴。

二、规划师下乡服务的实践困惑

早在改革开放初期,引导规划师下乡服务就受到重视。1981年12月第二次全国农村房屋建设工作会议提出要壮大村镇规划建设管理力量;时任国务院副总理万里要求"城市要从规划、科学、技术、教育等方面支援农村,把农村建设好"。1987年9月城乡建设环境保护部出台了《工程技术人员支援村镇建设的暂行规定》,鼓励城镇规划建设专业技术人员下乡支援。2001年深圳市龙港区聘请顾问规划师,以驻村规划师、固定设计院和顾问规划师工作室等方式在村镇开展工作;2005年北京市开展规划师下乡试点工作,组织近50家规划设计单位,选派约200名规划师下乡为远郊试点村编制乡村规划;2010年成都市出台《乡村规划师制度实施方案》,前3年内共招募了132名乡村规划师。随着乡村振兴战略的深入实施,2018年以来全国不少地区都开始招募规划师下乡服务。如上海市于2018年11月出台《关于推进本市乡村振兴做好规划土地管理工作的实施意见(试行）》，提出实施乡村规划师制度，所选聘的乡村规划师将定点负责乡村振兴规划和政策咨询等工作；2019年2月金山区漕泾镇与5名乡村规划师签约。重庆市于2018年6月首批选聘9名乡村规划师；广东省东莞市于2018年12月首批选聘60名乡村规划师；陕西省西安市目前已选聘559名乡村规划师，为1435个村服务。

2019年6月，笔者报名参加招募，经选拔后被某市C区近郊乡S乡聘为首席责任规划师。本书的经验材料来源于笔者及所带领的团队半年来承担S乡规划师工作的实践记录，包括与S乡领导干部、C区的规划和自然资源管理、农业农村局等部门，以及其他下乡规划师的座谈交流①。S乡位于C区东北部，辖1个社区、14个行政村，全乡面积35.2km²，常住人口约3万人。近年来，随着城镇化的快速推进，S乡在农村社区建设方面成绩显著，但也存在集体经济发展缓慢、人居环境水平较低、公共服务滞后等突出问题。S乡属于该市城乡接合部地区，尽管与普通乡镇存在差异，但此类乡镇正处于城镇化加速推进阶段，乡村规划建设与管理的压力更大，对规划师下乡的需求也更为迫切。规划师下乡是一个逐步推进的过程，兼顾乡村需求和下乡规划师工作的便利性，现阶段全国已招募的乡村规划师也主要以服务城市近郊乡村地区为主②。因此，下乡规划师在S乡的实践案例具有代表性。正式开展工作半年多来，下乡规划师在实践中主要存在以下四个困惑：

（一）如何更好地发挥优势的困惑

C区规划和自然资源管理部门牵头此次招募工作。在资格审查中，要求报名的规划师提交"团队行业优势、首席责任规划师擅长领域及特长等简要说明"等材料。按此要求，笔者作为首席责任规划师报名，明确提出擅长领域及特长为：

> 乡镇（街道）概念规划、总体规划与详细规划；乡村振兴规划与新型城镇化规划、经济社会发展规划与产业规划、城乡管理与人居环境治理、公共政策研究。

考虑到新时代乡镇推进治理体系与治理能力现代化的需要，首席责任规划师牵

---

① 2020年春节以来，由于受新冠肺炎疫情影响，规划师工作除个别在线研讨和培训外，基本处于停滞状态。
② 在大中城市居住的规划师人才较多，引导他们下乡服务的可能性较大；若是小城市或普通县城，其规划师人才本身就缺乏。

头组建"1+1+8+N"的团队，即 1 名首席责任规划师、1 名顾问、8 名专业涉及建筑设计、环境市政、产业规划、公共政策、工程管理、城乡规划管理、法律、党建等领域的成员。其中，N 为首席责任规划师根据具体工作需要，将进一步拓展团队成员和专业配置，如园林、测绘、土木、环能、古建等。

在与 S 乡的首次对接会上，该乡分管责任规划师工作的副乡长 L 提出当前规划建设管理的三项重点工作：

> "一是公园规划建设。目前已完成设计方案征集，起步区也开始建设。这是市级重点工程，规划设计也是市里牵头，乡里需要做好配合工作。二是产业发展。目前乡里产业发展滞后，需要尽快找准产业定位、加快落地，壮大集体经济。目前已邀请一家咨询公司进行策划。三是社区建设。农民回迁房建设正在推进，需要进一步加快，以保障如期回迁。"

正式开展以来，规划师团队参与了公园规划方案协调、产业发展定位研究和社区调研等工作，并在 S 乡领导办公会上提出了相关建议。由于规划的具体编制和项目建设均有相应的机构（企业）承担，规划师工作主要偏重宏观层面，更多的是"专家"角色。首席责任规划师在申报材料时就明确了其擅长领域及特长，包括团队构成的优势，也曾多次与乡里分管领导沟通，希望能直接与规划编制单位对接并参与规划编制，但截至目前仍未有机会参与。规划师的最大优势是"规划"，需要实际参与乡镇规划编制、项目建设管理"全过程"，才能将技术、理念、建议更好地体现在具体工作中并落地落实。此外，团队中涉及公共政策、法律、党建等专业成员，参与实际工作的机会不多，他们的热情和积极性也明显受到影响。

（二）如何处理好与单位工作冲突的困惑

下乡规划师一般都有自身的本职工作。在规划师招募中，报名材料需经工作单位审核盖章。总体上，绝大多数单位对员工报名下乡规划师都是持肯定和支持的态度。如能入选，既有利于提升单位知名度和社会影响力，也有利于单位今后规划建设业务的拓展。当然，前提是对本职工作不能有太大的影响。半年来的实践中，有些工作乡里会提前几天与首席责任规划师联系，如通知某天参加某项会议。首席责任规划师将协调安排好单位工作，如时间冲突则可以提前请假，以按时参加规划师工作。

然而，有不少工作，乡里都是临时通知或前一天通知①，首席责任规划师往往"措手不及"。如 2019 年 10 月某一天：

> 乡里在下午 4 点左右发来通知，希望首席责任规划师第二天上午去区规划和自然资源管理部门汇报方案，然而第二天单位工作已提前安排好并要求本人参加。如第二天参加规划师工作，则必须向单位领导解释并临时请假。

当然，与单位工作时间冲突时，如果允许团队成员可以作为代表，首席责任规划师可协调团队成员参加。由于首席责任规划师对工作情况更为熟悉，多数情况下，乡里和区规划和自然资源管理部门更希望首席责任规划师本人参加。C 区规划师工作合同中特别强调"首席责任规划师的工作时间不得少于团队总在地时间的80%"。规划师工作与单位工作冲突次数增多时，如单位工作请假过多，则必然会影响本职工作；如规划师工作请假过多，乡里领导会认为规划师"太忙"、对下乡服务不重视，直接影响规划师工作考核。时间一长，下乡规划师就会做出取舍，更多的将选择以单位工作为主，对规划师工作则"有心无力"。笔者作为一名高校教师，在单位工作时间相对宽松的条件下就明显地感受到时间冲突的压力，对于其他在规划院、设计院和咨询公司工作的下乡规划师，此压力则会更大。

（三）如何"主动出击"的困惑

C 区各乡镇规划师开展工作，主要与乡镇分管规划工作的副乡（镇）长对接，具体则与乡镇规划科室联系。半年来，S 乡首席责任规划师及其团队围绕乡里需求，努力做到"随叫随到""随要随交"。总体来看，除首席责任规划师主动提出的几次实地调研外，其余均为"被动"工作。首席责任规划师也曾围绕乡村人居环境、农村社区治理等主题主动与 S 乡规划科联系，希望帮助联系相关村委会和社区居委会。规划科也答应帮忙协调，但两个月内依然没有下文。现实中，S 乡规划科任务重，人手严重不足，包括科长在内仅有 5 名工作人员，却承担 8 项工作：

> 负责制定并落实本地区建设发展规划和环境保护行动规划；负责农村土地

---

① 其实乡里也很无奈，很多工作也是临时接到区里相关部门通知，然后与首席责任规划师联系。

开发建设管理工作；负责市政基础设施建设与管理、市容环境卫生管理、绿化美化、环境保护工作，并对相关情况进行检查和治理；协助开展水利建设和水资源管理工作；协助并监督城市管理综合行政执法工作；负责对保障性住房申请家庭相关情况的认定、入户检查、评议、公示、上报以及对承租保障性住房家庭资格的年检复核等工作；负责指导监督本地区业主大会和业主委员会成立、运作、活动；负责地下空间巡查整治、房屋安全管理和房屋拆迁现场管理工作。

乡规划科既没有精力，也没有动力去主动谋划其他工作。同时，乡领导班子分工明确。首席责任规划师主动提出的工作，可能会涉及乡里不同领导的分管领域。如在S乡，社区建设与管理办公室负责农村社区工作，不属于L副乡长分管，因此开展农村社区治理工作则需要与另外一名副乡长沟通。对于不分管的工作，L副乡长积极性本身就会有"折扣"，同时也需要他与另外一名副乡长沟通，甚至需要他跟乡里主要领导汇报后，由乡里主要领导出面协调安排，过程复杂并存在不确定性。

规划师"被动"工作现象普遍存在，容易形成"等"工作的思维模式。当然，在某种程度上体现出规划师下乡工作的"需求导向"。据报道，成都市2010年以来选聘的乡村规划师不少存在"无力感"，"最怕的，是没事可做"①。乡村规划建设管理工作往往围绕项目来推进，除个别基础好的乡镇外，多数乡镇的建设项目都非常有限，规划师往往"吃不饱""满腔的情怀无处发挥""主动出击"又容易被误解。时间一长，当初下乡服务的"初心"容易受到影响。如何让乡镇领导切实感受到规划师的"干事"情怀，而不是"添麻烦"，更好地发挥规划师的主动性、积极性，是规划师下乡"留得下""干的久"的重要因素②。

（四）如何公平地被考核的困惑

C区成立由区主要领导牵头、各有关部门作为成员单位的规划师工作专班，专班日常工作由区规划和自然资源管理部门、区民政局和区农业农村局牵头组织；专班办公室设在区规划和自然资源管理部门，根据需要对规划师制度的执行情况开展第三方评估、组织规划师工作的年度总结与奖励表彰工作。2019年末，规划师工作专班组

---

① 详见《乡村规划师的人才困局：有情怀，缺归属感》（https：//www.sohu.com/a/232713231_115362，访问日期：2020年4月25日）。
② "留得下""干的久"的关键并不是待遇，更多的是通过"干事"获得的成就感；如果仅考虑待遇，多数规划师并不愿意下乡服务。

织年终工作述职评议会,要求各乡镇(街道)首席责任规划师围绕团队当年度在责任乡镇(街道)的工作成果、工作困难与问题、工作思路与方法、下一年度工作计划等内容进行述职,各评议单位现场打分并公布得分结果。其中参与评议打分的单位有:

规划师工作专班牵头单位:区规划和自然资源管理部门、区民政局、区农业农村局;规划师专班成员单位:区发展改革委、区住房和城乡建设委、区城管委、区财政局、区水务局、区园林绿化局;市级相关单位:市规划和自然资源管理部门分管责任规划师的工作处室、市城市规划学会规划师工作委员会。

工作专班也要求规划师与其服务的乡镇(街道)开展双向评估,并将评估结果和年度工作总结上报工作专班办公室。工作专班将结合平时工作和上述现场打分结果,按比例折算成总得分。考核标准和依据是什么?何为"做得好"?参评的下乡规划师普遍存在困惑。一方面,在上述各评议单位中,某些单位与规划师半年来开展的工作紧密程度不一,有的甚至无联系,仅凭汇报材料来进行打分,主观性较大;另一方面,各乡镇(街道)功能定位、发展诉求存在差异,规划师工作的侧重点不尽相同。如街道侧重于街区更新、环境整治;乡镇地区则更多关注乡村产业和民生保障。如按一个标准来衡量,其科学性、公平性必然受到质疑。此外,还有个别首席责任规划师承担了其所服务乡镇(街道)的其他规划建设项目,如将此类工作也纳入规划师成果之中,明显有失公平。

随着乡村振兴战略的深入实施,规划师下乡将逐步推开。C区规划师下乡工作开展相对较早,半年来取得了明显的成绩,并积极探索可复制可推广经验。实践与制度相辅相成,实践推进制度改革创新,制度为实践提供遵循的依据和规范性指导。上述四个主要困惑,并非个案反映出的特殊困惑,很可能是当前下乡规划师在工作中普遍存在的困惑,既表明C区规划师下乡制度可能在某些方面还存在缺陷和短板,也"提醒"全国其他地区在规划师下乡制度设计和优化完善时需要重点关注的内容。

三、解惑途径:制度优化

现阶段,规划师下乡制度设计主要以地方为主,国家层面尚未出台相应的政策规定或实施意见。一方面，不同地区规划师资源禀赋和乡村需求不尽相同，其制度设计需要因地制宜；另一方面，先行地区探索经验，自下而上，将为今后国家层面制度设计提供参考。围绕实践中的困惑，现行规划师下乡制度设计需要在以下几个方面进一步优化：

（一）建立健全下乡规划师与乡镇的"双向选择"机制

下乡规划师从哪里来？这是当前各级政府和乡村社会普遍关心的问题，需要从政府、社会、文化、乡村等多个维度形成合力，构建规划师下乡的立体化通道。各地政府在规划师下乡招募中，都明确了报名条件和工作内容。如北京市要求报名团队中的专业技术人员热爱乡村工作，具有投身乡村规划建设事业的积极愿望和乡村规划编制的实践经验，能够保证一定的现场工作时间等，但也提出"不符合上述条件，但熟悉乡村、具有乡村工作经验的团体也可报名"。工作内容包括深入乡村调查研究、参与村庄规划编制和监督指导工作等。结合成都、西安、东莞等地招募公告来看，现有的报名条件和工作内容都是相对宽松的，以吸引更多的规划师下乡服务。然而，各乡镇规划建设管理需求不尽相同，报名规划师及其团队的特长、优势也存在明显差异，符合条件、能够完成"规定"工作是基本"门槛"。如何实现规划师特长与乡镇需求的"最佳匹配"，是规划师下乡工作的难点之一，需要建立健全下乡规划师与乡镇的"双向选择"机制。下乡规划师既要认清自身的优势所在，也要明确下乡服务的"动机"，不是"赶时髦"，更不是为了"挣钱"，而是要发挥自身的专业优势，为乡村规划建设管理"添砖加瓦"。正如中国建筑设计研究院名誉院长崔愷院士所言："乡村规划设计师应该有历史责任感，这不是简单的商业行为，应该带着公益之心，带着情怀来做乡村规划，要深入乡村，了解乡村，要有长远考虑"[①]。就乡镇而言，不能把规划师下乡看成上级政府的"政治任务"，而是作为破解乡村规划建设管理人才不足的有力抓手。因此，各乡镇要围绕自身需求，对下乡规划师及其团队的能力、动机等全面评估后作出理性选择，宁缺毋滥[②]。若是规划师的特长与本乡镇需求相差较大，在某些具体工作上可能会起副作用[③]。下乡规划师与乡镇双方在正式签约之前要深入了解，可通过设立"试

---

① 详见部分村庄只见规划不见"师"[N]. 北京日报，2018-10-30（11）。
② 不可否认，个别规划师下乡并非所谓的热爱农村事业，而是为了更好地"搞关系""拿项目"。
③ 尽管规划师可以根据某些工作需要及时"充电"，但短期内很难达到专业人员的业务水平。

合作期"不断磨合;"试合作期"结束之后,双方各自进行评估,正式签约或动态调整。

(二)强化规划师下乡工作组织领导机制

2010年出台的《成都市乡村规划师制度实施方案》提出要切实落实乡村规划师制度建设的组织领导,但在实施过程中存在"层层递减",暴露出部分区县管理部门和乡镇政府重视程度不够、工作不到位,对工作实效和下乡规划师的积极性产生了较大影响。2018年中央一号文件提出要加强对下乡人员的管理服务。各级党委和政府要充分认识到规划师下乡对提升乡村规划建设管理水平、破解人才瓶颈的重要意义。首先,要加强党对下乡规划师队伍的领导。乡村规划建设管理是一项综合性工作,涉及农村经济社会发展的方方面面,而传统乡镇行政管理的"条块分割",需要充分发挥党委总揽全局、协调各方的领导核心作用,做到党政"一把手"亲自抓,各部门分工明确、形成合力。同时,对下乡规划师进行专题教育培训,引导规划师把"个人梦"和"农业强、农村美、农民富"的"乡村梦"结合起来,成为党的"三农"政策的宣传者和"美丽乡村"的筑路者。其次,强化对接沟通机制。一方面,要做好规划师下乡的协调服务工作,减少规划师开展工作的"沟通"成本[①]。北京市要求乡(镇)政府组织规划师与村委会之间的对接工作,鼓励以乡镇或村为单位设置规划建设协管员,以更好配合规划师下乡工作。北京市海淀区通过设置常驻乡镇的"全职规划师",与下乡规划师进行沟通衔接[②]。另一方面,考虑到下乡规划师"兼职"特点,在工作时间、工作方式等方面要加强协调,提升工作部署的计划性和工作时间的"弹性",以便规划师统筹安排其单位工作。此外,要充分利用互联网、大数据等现代技术手段,加快乡村基础信息和规划师工作信息平台建设,在保障效果的前提下提高工作效率、减少不必要的下乡行为。

(三)构建下乡规划师长效使用机制

乡村规划建设管理是一项长期工作,不是一蹴而就的。要使规划师下乡工作切

---

① 现实中,由于乡镇工作人员严重不足,不少工作需要下乡规划师自己对接沟通,而下乡规划师并非政府工作人员,对接过程繁琐,对接部门的重视程度也不高。
② 通过招聘设置的"全职规划师",既可减少乡镇规划科室工作压力;其专业出身,与下乡规划师有较多的"共同语言",沟通也更为顺畅。

实有效并持续推进，还得给这些下乡的规划师们提供广阔的用武之地。一是畅通规划师下乡工作渠道。乡镇要主动邀请规划师列席有关规划建设管理的相关工作会议，让规划师对相关工作有更多的知情权；各级政府和相关部门要高度重视规划师提出的意见建议，并做到"件件有反馈"，让规划师有更多的参与感；乡镇要毫无保留地向规划师提供有关乡村的技术资料和基础数据（有保密规定的除外），让规划师更好、更快地掌握乡村基本情况。二是为规划师提供更多工作空间。在保障完成规定任务的基础上，要支持和鼓励规划师"主动出击"，围绕其优势和兴趣开展更多的有利于乡村发展的工作，最大限度地发挥规划师的作用，增强其"主动性"和成就感。三是做好规划师工作与其单位工作之间的衔接。规划师下乡服务，或多或少都会对其单位工作产生影响。要加大宣传，并在制度设计上要提升规划师工作单位对其下乡工作的支持力度，将其下乡服务期间所取得的业绩、成果作为其单位工作年度考核、职称评审的重要依据，减少规划师的"后顾之忧"。四是打通规划师的"上升"渠道。要充分考虑到下乡规划师对事业的追求，鼓励优秀规划师在符合一定条件后留在乡镇担任相应职务，或者政府相关部门招聘时向下乡规划师"倾斜"，为规划师提供更多的发展空间。

（四）创新规划师下乡考核激励机制

考核作为"指挥棒"，是一把"双刃剑"。科学有效的考核，可以充分调动规划师的积极性和主动性；反之，则会挫伤规划师干事激情。一是明确考核激励方案。不少地方出台的规划师下乡制度都提出要开展第三方评估，并作为续聘、奖励和解除合同的依据，但"考什么""怎么考"以及如何奖励、奖励多少等都未明确。由于事先不知道"规则"，一些规划师做了不少工作，但与考核内容存在"错位"，考核结果不够理想。要在规划师开展工作之前，就要明确考核激励机制，引导规划师"干什么""怎么干"，更好地发挥"指挥棒"作用。二是进行分类考核。根据不同乡村地区功能定位和规划建设管理的侧重点，对考核内容和方式进行适当调整，避免考核"一刀切"。三是加强村民对规划师工作的评价。规划师干得好不好，特别是围绕村庄规划、环境整治等开展的工作，村民最有发言权。要牢固树立以村民为中心的工作理念，切实提高村民评价在规划师考核中的比重。四是强化考核结果的综合运用。现实中，有不少考核流于形式，没有"下文"。考核结果只有"用"起来，才能发挥"指挥棒"作用。对于优秀的，既要有适当的物质奖励，也要在社会上广泛宣传并以感谢信等方式通报其工作单位；对于工作不到位的，可适当减少下一年度的工作经费；对于问题特别严重的，除解聘之外也可向其工作单位通报，并明确其一定期限内不得再次应聘下乡规划师。

综合上述分析，本书认为当前下乡规划师存在的困惑，归根到底是由于规划师下乡制度存在缺陷，需要通过制度优化和创新予以破解。第一，建立健全下乡规划师与乡镇的"双向选择"机制，努力实现特长与需求的"最佳匹配"，更好地发挥规划师的优势作用；第二，通过强化规划师下乡工作组织领导机制，降低规划师工作中的沟通成本，增强工作时间的"弹性"，减少与规划师单位工作的冲突；第三，通过构建下乡规划师长效使用机制，支持和鼓励规划师"主动出击"，为规划师提供更多的工作渠道和"上升"空间；第四，通过创新规划师下乡考核激励机制，既避免让真正干事的规划师"流汗又流泪"，也进一步激发规划师下乡服务激情，更好地发挥"指挥棒"作用。

目前，规划师下乡工作尚未全面展开，其制度设计也以地方为主。各地由于规划师资源禀赋和乡村需求不同，其规划师下乡制度设计也存在差异。本书虽不能穷尽下乡规划师面临的所有困惑，但依据"实践—制度"的分析框架，基于规划师视角，从案例中挖掘下乡实践存在的一些典型困惑，并提出破解困惑的制度优化方向，已达到规划师下乡研究的阶段性目的。同时，由于规划师资源有限，每个村都配置一名规划师并不现实，因而本书研究对象主要是乡镇规划师，并非传统意义上的村规划师。对于一些重点村庄，其规划建设管理压力较大，需要单独配置村规划师。村规划师与乡镇规划师工作既有很多交叉，但也存在明显区别，如在选聘、使用、考核等环节上要始终坚持以村民为中心，这也是本研究下一步要做的工作。此外，对于实践中的困惑，下乡规划师也要"扪心自问"，比如自己是否已了解和融入乡村，工作是否可以做得更实更细更好。下乡规划师要始终不忘下乡"初心"，不断提升自身综合素质，为乡村振兴做出应有的贡献。

第 9 章

乡村振兴战略背景下农民持续快速增收路径

一、促进农民持续快速增收是乡村振兴战略的重要任务
二、农民持续快速增收面临的困难与挑战
三、促进农民持续快速增收的主要路径
四、共同富裕目标下北京农民持续增收

农民收入问题是"三农"问题的核心,近年来党中央国务院高度重视农民增收问题。《国务院办公厅关于完善支持政策促进农民持续增收的若干意见》(国办发〔2016〕87号)提出要"确保农民收入持续较快增长";党的十九大报告提出要在经济增长的同时实现居民收入同步增长,并通过实施乡村振兴战略实现农民"生活富裕";2018年中央一号文件明确了实施乡村振兴战略的总体要求、具体目标与重点任务,并提出把维护农民群众根本利益、促进农民共同富裕作为出发点和落脚点,促进农民持续增收,不断提升农民的获得感、幸福感、安全感;2019年中央一号文件要求坚持农业农村优先发展,发展壮大乡村产业,拓宽农民增收渠道;2019年4月,《中共中央 国务院关于建立健全城乡融合发展体制机制和政策体系的意见》正式发布,再次要求拓宽农民增收渠道,促进农民收入持续增长,持续缩小城乡居民生活水平差距;2019年8月实施的《中国共产党农村工作条例》,提出要加强党对农村经济建设的领导,发展壮大农村集体经济,促进农民持续增收致富。农民增收问题一直是学术界研究热点,但由于乡村振兴作为"新战略"提出时间较短,在乡村振兴战略背景下如何促进农民增收的相关研究,有待进一步加强。因此,坚持问题导向、政策导向与目标导向相结合,结合Y街道的典型案例,阐述促进农民持续快速增收是乡村振兴战略的重要任务,剖析当前农民持续快速增收面临的困难与挑战,进一步构建乡村振兴战略背景下农民持续快速增收的总体路径,明确促进农民增收的工作方向与重点任务,具有重要的理论价值和现实意义。

一、促进农民持续快速增收是乡村振兴战略的重要任务

乡村振兴,生活富裕是根本,农民增收则是生活富裕的关键。一方面,促进农民持续快速增收,是实现乡村振兴战略目标任务的重要举措;另一方面,乡村振兴战略的全面实施,也为新时代农民持续快速增收提供了新机遇。

(一)乡村振兴战略要求加快农民持续快速增收

"钱袋子"鼓不鼓、收入能否持续快速增长是农民群众最关心、最直接、最现实的利益问题。随着乡村振兴战略的全面实施,如何实现农民持续增收,既关系到

能否调动亿万农民的积极性、主动性和创造性,也将直接影响乡村振兴战略目标的实现。要让农民富起来,与城市居民实现共同富裕,其关键就在农民能否持续快速增收。

首先,缩小城乡居民生活水平差距,要求加快农民持续快速增收。城乡收入比是衡量城乡收入差距的重要指标。2000年以来,我国城乡收入比具有明显的阶段性特征(图9-1),即由2000年的2.74快速扩大到2003年的3.12,并在2007年达到最高值3.14。随着我国农业农村改革的深入推进,特别是近年来新产业新业态的快速发展,农民增收渠道不断拓宽,农民收入保持持续较快增长,城乡收入差距不断缩小。2018年,全国农村居民人均可支配收入达到14617元;城乡收入比下降到2.69,为2000年以来的最低值。因此,今后继续缩小城乡居民生活水平差距,需要确保农民收入增速快于城镇居民。

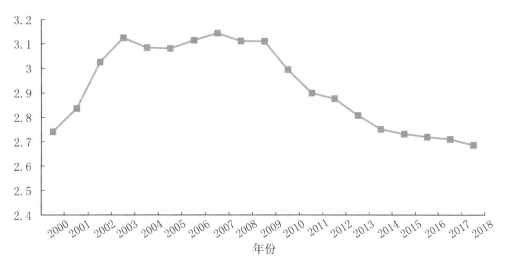

图9-1 2000—2018年全国城乡收入差距变化
资料来源:《中国统计年鉴2018》和《中华人民共和国2018年国民经济和社会发展统计公报》。

其次,打赢脱贫攻坚战,要求加快农民持续快速增收。脱贫攻坚是全面建成小康社会、实现第一个百年奋斗目标最艰巨的任务,而收入则是贫困人口识别和评判的主要指标。党的十八大以来,以习近平同志为核心的党中央高度重视脱贫攻坚工作,举全党全社会之力,深入推进脱贫攻坚,取得了重大决定性成就。我国农村贫困人口从2012年底的9899万减少到2018年底的1660万人。其主要经验之一,就是因地制宜,分类施策,通过产业发展、转移就业等路径和措施,促进贫困人口收入增长。2018年8月,《中共中央 国务院关于打赢脱贫攻坚战三年行动的指导意见》提出：到2020年，确保现行标准下农村贫困人口实现脱贫，实现贫困地区农民人均可支配收入增长幅度高于全国平均水平。由此可见，要打赢脱贫攻坚战并巩固脱贫攻坚成果，促进贫困地区农民持续快速增收是"重中之重"。

（二）乡村振兴战略全面实施为农民持续快速增收提供新机遇

2018年中央一号文件明确了农民增收的目标和方向，即通过拓宽增收渠道，增加农村低收入者收入，扩大农村中等收入群体，保持农村居民收入增速快于城镇居民。《乡村振兴战略规划（2018—2022年）》提出到2022年，城乡收入比要下降到2.67。乡村振兴战略的全面实施，将为农民持续快速增收提供新机遇。第一，随着农业供给侧结构性改革的深入推进，现代农业产业体系、生产体系、经营体系逐步建立，特别是一二三产业融合发展加快，有利于农民经营性收入的增长；第二，随着乡村就业创业促进行动的推进，乡村旅游、农村电商、农产品加工等新业态发展，有利于农民工资性收入的增长；第三，农村基本经营制度、土地制度和集体产权制度改革的深入推进，有利于农民财产性收入的增长；第四，公共财政更大力度向"三农"倾斜，以及农业支持保护制度的健全和完善，有利于农民转移性收入的增长。

二、农民持续快速增收面临的困难与挑战

当前我国经济发展进入新常态，增长速度从高速转向中高速；农业农村发展进入新阶段，支撑农民增收的传统动力正逐渐减弱，迫切需要拓宽新渠道、挖掘新潜力、培育新动能。从农民增收的速度来看，则呈现放缓趋势。2018年全国农村居民人均可支配收入实际增长6.6个百分点，比过去的4年，即2017年、2016年、2015年和2014年，分别低0.7个百分点、1.6个百分点、2.3个百分点和4.6个百分点。农村居民人均可支配收入增速放缓，一方面意味着农民的"钱袋子"将"鼓的慢"；另一方面，城乡收入差距缩小的难度将会加大、甚至会"反弹"。当然，目前全国农村居民人均可支配收入增速，仍然高于城镇居民人均可支配收入增速和国内生产总值增速。因此本书所提出的农民增收放缓，则是相对于前些年的快速增长而言。

（一）务工收入不稳定性增加

改革开放以来，随着农村土地制度改革不断深化和现代农业快速发展，大量农业劳动力从土地上分离出来，进入城市或乡镇企业工作，工资性收入逐渐成为农村居民收入的主要来源。在 2018 年全国农村居民人均可支配收入构成中，工资性收入达到 5996 元，占 41.0%，比 1983 年提高 22.4 个百分点。

我国正处在转变发展方式、优化经济结构、转换增长动力的攻关期，经济扩张速度放缓，经济面临下行压力较大，将直接影响用工需求。同时，在产业升级与企业转型中，会导致部分不能满足新工作岗位要求的大龄农民工，面临结构性失业，再就业困难明显增加，因而"被动"返乡重新务农现象增多。同时，根据国家统计局《2018 年农民工监测调查报告》显示，1980 年及以后出生的新生代农民工逐渐成为农民工主体，占全国农民工总量的 51.5%。相对而言，新生代农民工个性化较强，吃苦耐劳精神与大龄农民工相比也存在一定差距，"高不成低不就"现象较为突出，务工不稳定性与流动性增大，直接影响其收入水平的增长。此外，在当前企业经营困难增多的背景下，农民工工资收入增长空间有限。如 2018 年农民工月均收入增长 6.8%，比 2017 年仅提高 0.4 个百分点。

（二）农业收入增长放缓

2018 年全国农村居民人均可支配收入构成中，经营净收入达到 5358 元，占 36.7%。从各地区来看，经济越发达，其占比越低。在实地调研中，Y 街道所隶属的大连市，2017 年经营净收入占 47.3%、第一产业经营净收入占 38.5%，仍然高于工资性收入，表明农业生产仍然是农村居民最主要的收入来源。农业农村经济发展得好与坏、快与慢，直接影响农村居民的"钱袋子"。

一是传统农业仍然占据主导地位，新业态发展滞后。从 Y 街道现状特点来看：首先，以玉米、大豆、水稻等传统作物为主的种植结构，且以小农模式、小块经营、分散经营等传统生产方式为主；其次，新业态发展较为缓慢，规模化、专业化农业园区以及特色家庭农场的发展仍呈点状分布的自发状态，同时乡村旅游、生态旅游、农产品电商尚处于起步阶段，形成规模仍需时日；再次，Y 街道自身具有的良好工业基础，并未充分发挥其作用，农产品加工业发展不足，农业产业链与价值链较短。此外，周边区域竞争激烈，Y 街道区位与农业资源并无明显优势。叠加上述因素，近年来 Y 街道农业经济发展较为缓慢，甚至出现"减产减收"苗头。

二是农业经营成本不断上升。首先，资源要素趋紧提高了使用成本。Y 街道基本地貌为丘陵，土质为棕壤土并呈弱碱性，农田基础设施相对薄弱，农田土壤、设施等改造成本较高。此外，在资本要素上，小规模分散经营农户尤其是纯农户，由于其自身经济实力不强，通过金融机构贷款也会增加利息成本。其次，生产经营方式不尽合理造成了部分投入不经济。一些农户自认为在农田作业、农产品经营的各个环节均须"自力更生""单打独斗"，不仅劳动生产率低下，而且导致生产资料、农业资源的大量浪费。如农村普遍使用的农用三轮车，通过调查发现其闲置情况严重。Y 街道某村民小组共有 62 户，其中购有农用三轮车的有 51 户（51 辆），一年中车辆有效的务农时间最多仅有 3 个月，以每辆现值 1.5 万元计算，该组每年的闲置资产折合约 57.4 万元。其他农业机具如小型播种机、脱粒机等，闲置情况则更为严重。再如在农田病虫害防治作业过程中，由于缺乏统一的组织和部署，在防治窗口期各农户施药时间不同步，造成病虫害不断传播、复发，导致各农户重复施药并不断加大施药量，不仅增加资金、劳力成本，还影响农产品质量，并容易形成难以根治的耕地面源污染。再次，强农惠农政策支持力度不足，变相增加了支出。如在农业用电方面，目前辽宁省农业生产用电 1~10kV 电价为 0.485 元 /kW·h，高于吉林省、黑龙江省的 0.474 元 / kW·h、0.479 元 / kW·h。

三是农产品价格波动。农产品价格直接影响农业产业发展和农民收入，近年来农产品市场价格波动频现，"蒜你狠""蒜你惨"等现象屡见不鲜，农产品价格大幅波动已成为制约农民居民增收致富的重要瓶颈。其中既与遭遇恶劣自然灾害有关，更主要是由于农产品供需不平衡。一方面，农村居民缺乏对市场行情的精准研判，农业生产容易"一窝蜂"；另一方面，相关政策的调整也会导致市场波动，如 2016 年东北地区取消玉米临储政策，玉米种植收益锐减，2017 年东北地区调减玉米面积 1600 万亩，若所调减面积改种其他小品种作物，将大幅增加该产品产量，也将导致该产品价格暴跌。

（三）财产净收入增长难度较大

近年来，随着土地确权、集体产权制度改革等稳步推进，农村居民财产净收入增长明显加快。在 2018 年全国农村居民人均可支配收入构成中，财产净收入增幅最大，达到 12.9%，比 2017 年同期高出 1.5 个百分点。Y 街道所隶属的大连市，

2017年财产净收入仅占1.5%，分别低于辽宁省和全国平均水平0.7个百分点、0.8个百分点，表明大连市农村居民财产净收入相对滞后。根据《大连市发展壮大村级集体经济三年行动计划（2018—2020年）》，全市共有239个集体经济"空壳村"（"空壳村"即没有集体经济收入的村，其中集体经济收入包括经营收入、发包及上交收入、投资收益和其他收入，不含项目补助和村干部报酬补助、村级组织办公经费补助）。Y街道"空壳村""空壳组"现象突出，农村居民财产净收入目前主要来源于土地流转租金，而在土地流转比例较小甚至无流转的村屯，财产净收入很少、几乎为零。究其原因，既涉及农村改革的推进力度，也与其自身资源与区位优势不明显相关，对工商资本的吸引力不够；同时，更需要思考历史遗留问题，特别是若干年前相关政策执行。如，针对土地承包政策"30年不变"，由于严格控制承包面积、集体经济组织成员资格调整，新增人口无地分配、死亡人口继续占地的矛盾尤为突出，只能在留存比例仅有5%的"机动田"内"做文章"，导致当初留存的集体可用土地资源严重萎缩以至于无。再如，在林权制度改革过程中，要求"广度"的全部和"深度"的长期，集体山林资源近乎廉价地"一卖而空"，其他"四荒"资源亦随之"处理完毕"、毫无保留。至于集体所有制企业，则早已"改制"，绝大多数变卖给个人，留存集体股份或继续搞承包制的很少。同时，村集体组织由于缺乏持续稳定收入，其人员、运行等经费，主要依靠政府财政"转移支付"或部分工作补贴，通过"输血"勉强维持，无力对农业生产组织协调、村屯生态环境保护、公益设施建设维护、村庄秩序治理等公共事务进行有效管理，又进一步制约农业农村改革的深入推进。因此，Y街道农村居民财产净收入"上升空间"有限且难度较大。

（四）农村基层组织带动作用有限

"村看村，户看户，群众看支部"，农民增收致富迫切需要农村基层党组织来带动。实践证明，凡是农村基层党组织强的地方，则村强民富、和谐稳定；反之，则村弱民穷、矛盾较多。从Y街道来看，农村基层党员、屯组干部的综合素质较为薄弱，面对市场环境新变化，亟需通过学习提高驾驭农业农村改革发展的各种本领，但少数党员干部不愿学习、不爱学习，仍然用老套路、老经验去判断和应对农业农村新事物、新问题，所谓的"先锋模范作用"比较有限、绩效不佳。一是党员文化水平偏低，老龄化问题突出。截至2018年9月，Y街道初中及以下学历的党员占比超过70%，61周岁以上老龄党员占比达到53%，且自2007年以来一直高于50%。二是

"最基层"的屯组干部——"三长"（村民小组长、党小组长和大队长），综合素质却呈现下降趋势，61 周岁以上的"三长"占比由 2007 年的 29% 上升到 2018 年的 55%，无 40 周岁以下"三长"；初中及以下学历的"三长"占比高达 92%。三是部分党员干部存在求稳怕乱、不求有功但求无过的守摊子思想，物质资源的匮乏成为"懒作为""不作为"的"正当理由"。此外，近年来针对基层干部失之偏颇的舆论宣传所造成的"恐告"情绪，在某种程度上也迫使其"不敢为""不愿为"，"多一事不如少一事"观念普遍存在。当然，也有部分"想干事"的党员干部，尝试发展集体经济带动农民增收致富，但在融资渠道不畅、土地规模流转困难、人才技术支撑不足、建设用地指标有限等现实压力下，也是举步艰难，甚至"知难而退"。

此外，2004 年以来随着农业补贴政策与农村社会保障制度的不断完善，农村居民转移净收入快速增长，成为农民增收的重要来源。2018 年全国农村居民人均可支配收入构成中，转移净收入达到 2920 元，占 20.0%。不同地区转移净收入总量存在明显差距，如 2017 年总量最高的为上海市，达到 5301 元；最低的为云南省，仅有 1478 元。Y 街道所隶属的大连市，2017 年转移净收入仅有 2415 元，不仅总量低于全国平时水平 188 元，其占农村居民人均可支配收入的比重，也低于全国平均水平 5.1 个百分点。由于转移净收入与地区财政收入直接"挂钩"，在当前外部环境复杂严峻、经济面临下行压力的背景下，通过财政增加农民转移性收入的难度明显加大。

三、促进农民持续快速增收的主要路径

当前，我国的中国特色社会主义进入新时代，社会主要矛盾已经转化为人民日益增长的美好生活需要和不平衡不充分的发展之间的矛盾，而发展不平衡不充分问题在乡村最为突出，农民收入持续快速增长并实现"农民富"，既是乡村振兴的根本宗旨，也是破解乡村发展不平衡不充分的关键所在。

（一）加快农业高质量发展，挖掘农业内部增收潜力

农业生产经营对大多数农民而言，既是最直接的收入来源，也是最稳定的收入

来源。要以高质量发展为导向，加快农村一二三产业融合发展，拓展农业多种功能，延长产业链、提升价值链、完善利益链，通过"订单收购＋分红""土地流转＋优先雇用＋社会保障""农民入股＋保底收益＋按股分红"等多种利益联结方式，让农民合理分享全产业链增值收益，实现农业内部增收。一是优化农村特色产业空间布局。按照主体功能区划，以资源禀赋和独特历史文化为基础，加快编制乡村振兴规划，加快形成"一乡一业、一村一品"空间发展新格局，避免"一哄而上"而造成同质竞争。二是加快农业结构调整与品质提升。就Y街道而言，既要积极引入市场效益好、附加值高的新品种、新产品，优化农业生产结构，又要针对海参、草莓、苹果、樱桃、苹果等本地传统优势产品，进一步做好品质提升、深化加工和市场营销等工作，增强产品市场竞争和盈利能力。三是大力发展农村新产业新业态。围绕新时代人民对美好生活的向往和对农业农村的新期待、新要求，加快农业与"互联网＋""旅游＋""生态＋"深度融合，加快发展休闲农业与乡村旅游、农村电商、现代食品加工等新的业态和新的经营模式，提升现代农业多种功能和多重价值，从而带动就业、增加农民收入。2018年上半年，仅农村电商和休闲旅游，就带动4000万人就业。四是加快互联网大数据在农业经营中的运用。一方面，通过生产大数据实现农业生产全过程监控与精准作业，将极大提高效率；另一方面，通过农产品销售大数据倒逼产业结构调整与产品品质提升。此外，通过大数据与互联网技术，特别是农村电商的发展，全面打通"从田间到餐桌"和"从工厂到田间"，减少农产品销售与农资产品购买的中间环节，在提高农产品价格的同时降低农业经营成本，从而增加农民收入。

（二）加强就业创业帮扶，拓宽农民增收渠道

党的十九大报告明确提出要支持和鼓励农民就业创业、拓宽增收渠道。一是大力推进农业转移人口技能培训，增强就业再就业能力。支持农村社区组建农民劳务合作社，加强输出输入地劳务对接，通过市场配置培训需求，加快"订单式"劳务培训和协作，提高职业技能培训的针对性和有效性，促进农业转移人口由传统农民工向现代农民产业工人转变。二是广泛实施新型职业农民培育。结合当地产业分布现状、发展趋势和农民实际需求，分类指导，积极培育包括生产经营型、符合农业企业和专业合作社用工需求的专业技能型职业农民，以及提供农机作业、植保收获、农技指导、河道保洁、绿化养护、垃圾分类管理等社会化服务为主的专业服务型职

业农民，加快构建有文化、懂技术、善经营、会管理的新型职业农民队伍。三是鼓励农民就地创业、返乡创业。深化农村"大众创业、万众创新"，积极吸引城市优质创业培训资源向农村辐射，加强农村创业见习基地和涉农"创业孵化基地"建设；鼓励返乡高校毕业生、返乡青年和农民工、大学生村官、农村青年、巾帼致富带头人、退伍军人等开发特色农业、观光休闲、乡村旅游、森林经营、农村电商等新业态实业项目。在Y街道调研中，该街道正计划与相关高校合作，筹划建设众创空间，打造农民创新创业服务平台。当然，在创新创业指导中，既要明确创业风险，避免因"万众创业"所导致的盲目性，也要严格控制农村电子商务产业园、创业园等各类载体建设，避免"遍地开花"。四是鼓励规范工商资本投资农业农村。引导和鼓励企业尽可能创造就业岗位，吸纳农民就地、就近务工，建立合理的利益分配机制，增加农民务工收入；引导农户自愿以土地经营权等入股企业，建立企业与农民之间紧密的利益联结机制，使农民能够得到企业发展壮大的"红利"，确保农民的长远收益。

（三）深化体制机制创新，增强农民增收新动能

在乡村振兴战略实施中，制度建设将贯穿全过程。推动农民增收，也必须在坚持农民主体地位、发挥市场机制决定性作用的前提下，紧紧抓住土地这个"牛鼻子"，以市场化改革为导向，深化农村集体产权制度改革，推动资源变资产、资金变股金、农民变股东，加快建立有利于农民增收的制度环境和内生机制，从而增强农民增收新动能。第一，鼓励集体经济组织兴办各类土地股份合作社，支持有条件的地区创建"土地股份合作社＋农业职业经理人＋农业综合服务超市"等多种形式农业共营制，增加农户股权分配收益。第二，充分利用承包地确权中实测面积超出确权面积的土地，以及未承包到户的集体土地，依法定程序民主议定后，可因地制宜采用其他方式承包，或收回由集体经济组织以股份合作等方式统一经营，增加集体经济收入。第三，落实中央和地方有关农业农村发展土地指标政策，优先支持农村新产业、新业态发展用地和农业规模经营配套设施用地。第四，构建城乡一体化发展长效机制，促进乡村振兴与新型城镇化融合互动发展。充分发挥新型城镇化辐射带动作用，加快就地就近城镇化进程；围绕宅基地所有权、资格权、使用权"三权"分置，适度放活宅基地和农民房屋使用权，探索农村集体经济组织成员资格的"有偿退出、有偿进入"，积极推进城镇人口通过缴纳集体公共积累，入股集体股份制合作社、取得集体宅基地使用权等试点工作。事实上，农民闲置房屋租赁所获得的租金收入，

近年来已成为北京、上海等特大城市城乡接合部和郊区农民收入的重要组成部分。Y街道要充分发挥其位于大连中心城区"一小时通勤圈"内的区位优势，加快盘活农民闲置宅基地和闲置农房资源，从而增加农民财产净收入。

（四）夯实农村基层党组织建设，提升增收带动作用

"火车跑得快，全靠车头带"。要扎实推进抓党建促乡村振兴，把农村基层党组织建成坚强战斗堡垒，全面增强对农民增收致富带动作用。一是确立村级党组织在村庄一切公共事务中的核心地位，进一步明确村民委员会在党组织领导下开展自治的工作制度。如在实施"四议一审两公开"工作程序时，需要完成村级党组织提议和村党员大会审议环节；党员大会应邀请上级党组织成员参加，并依据上级有关政策对村庄公共事务展开充分的讨论研究，形成有据、客观、可行的决议以争取群众的支持，推动农村基层党组织和党员在农民增收致富和乡村振兴中提高威信、提升影响。二是深层次推进基层党组织建设。探索在各村民小组建立民选议事会、理事会，并在其中设立党的小组，以保障党的领导作用在最基层、更具体的事务中得到巩固和充分发挥，并实施党员联系农户制度。三是严肃基层党员的纪律管理。针对当前存在的个别党员损害公共利益、扰乱治理秩序、参与宗教及非政府组织等有违党性的行为，探讨赋予村级党支部或乡镇党委切实、充分行使纪律的权力，以净化党员队伍、增强党组织的凝聚力和感召力。四是进一步提升基层党组织在经济发展领域的领导能力，打造"一懂两爱"的"三农"工作队伍。一方面，要加强对基层党员干部的培训，树立新理念、学习新知识、掌握新技术，增强基层党员干部对农民增收致富的指导与示范引领作用；另一方面，积极吸收、培养选拔愿意为集体服务的本村致富能手、外出务工经商人员、本乡本土大学毕业生、复员退伍军人加入党组织，特别是规划、农业科技、销售、经济管理等专业优秀人才。五是探索村组干部干事创业的激励机制。如在合法、民主、公开的基础上，允许村组干部在集体经济组织中任职、取得相应报酬等。

此外，要进一步强化农民转移性收入保障机制。充分发挥政府再分配调节职能，完善对农民直接补贴政策，健全农业生产者补贴制度；中央地方各类涉农资金要加强统筹与整合，"集中力量"、更好地发挥在农民增收致富中的作用。

当然，农民增收是一个长期的过程，如何实现持续快速，一方面，各地区要因地制宜、积极探索、综合施策，一张蓝图、久久为功，走出一条适合自身特点的农

民增收致富新路子；另一方面，要坚持统筹兼顾、协调发展，避免盲目攀比和"唯数据论"，努力实现农民增收、粮食安全和农业可持续发展相统一。

四、共同富裕目标下北京农民持续增收

共同富裕是社会主义的本质要求。党的十九大提出中国特色社会主义进入逐步实现全体人民共同富裕的时代；国家"十四五"规划也将"全体人民共同富裕迈出坚实步伐"作为"十四五"时期经济社会发展的主要目标之一；党的十九届六中全会提出在高质量发展中促进共同富裕。北京作为首都，经济体量大、科技实力强、居民收入高、公共服务好，率先实现共同富裕具有明显优势；但作为常住人口达2190万的超大型城市，其也面临着发展的不平衡不充分，城乡之间、区域之间差距依然明显，特别是郊区农民收入偏低、城乡收入差距较大等问题尤为突出。北京"十四五"规划提出要有效缩小收入分配差距，提高中低收入群体收入，加快创建国家共同富裕示范区。为此，如何促进北京农民持续增收、缩小城乡收入差距，是北京实现共同富裕迫切需要解决的重大问题。

（一）促进农民持续增收是实现共同富裕的客观要求

共同富裕是包括市民和农民在内的全体人民共同富裕，也是包括物质生活和精神生活在内的全面发展的共同富裕。实现共同富裕，最艰巨最繁重的任务仍然在农村，重点是要让农民富起来，难点在农民持续增收。

1. 促进农民持续增收，是乡村振兴战略的中心任务

党的十九大提出实施乡村振兴战略，是解决新时代我国社会主要矛盾、实现"两个一百年"奋斗目标和全体人民共同富裕的必然要求。乡村振兴，生活富裕是根本。《中共中央 国务院关于实施乡村振兴战略的意见》提出要把维护农民群众根本利益、促进农民共同富裕作为出发点和落脚点，促进农民持续增收，并要求保持农村居民收入增速快于城镇居民。随着乡村振兴战略的全面实施，如何促进农民持续增收，既关系到能否调动亿万农民的积极性、主动性和创造性，也将直接影响乡村振兴战

略目标的实现。《北京市乡村振兴战略规划（2018—2022 年）》则提出了农民增收的具体指标，即农民人均可支配收入由基期值，即 2017 年的 24240 元，到 2020 年增长到 30000 元，到 2022 年要达到 34000 元。从实际成效来看，随着乡村振兴战略的深入实施，北京农民人均可支配收入持续增长。2020 年尽管受新冠肺炎疫情影响，但仍然实际增长 2.4%，达到 30126 元，超过规划提出的 2020 年目标值。《北京市"十四五"时期乡村振兴战略实施规划》进一步要求扩大农村中等收入群体，并确保农民收入增速快于城镇居民。

2. 促进农民持续增收，是缩小城乡差距的主要途径

收入差距是城乡差距的最直接体现，因而城乡居民收入比是衡量城乡差距的重要指标。党的十八大以来，随着农业现代化、新型城镇化以及乡村振兴的深入实施，农民收入增速快于城镇居民，促进城乡收入比的不断缩小，即由 2013 年的 2.81 下降到 2020 年的 2.56。从北京来看，全市农民人均可支配收入从 2012 年的 15365 元增加到 2020 年的 30126 元，年均实际增速快于城镇居民约 0.6 个百分点，并于 2018 年提前两年实现收入比 2010 年翻一番目标。从城乡收入比来看，已由 2012 年的 2.62 下降到 2020 年的 2.51。尽管城乡收入比明显下降，但从农民人均可支配收入实际增速来看，2014 年以来整体呈放缓趋势，即由 2014 年的 8.6 个百分点下降到 2019 年的 6.7 个百分点。其中，2020 年由于受疫情影响，实际增长 2.4 个百分点。同时，北京城乡居民收入差距的绝对值较大且呈扩大趋势，即由 2014 年的 29665 元增加到 2020 年的 45476 元，均为全国最高，从而导致城乡居民收入比相对较大，2014 年在全国 31 个省（自治区、直辖市）中位居第 17 位、2020 年则上升到第 9 位。通过以上分析表明，只有农民持续快速增收，才能进一步缩小城乡收入差距。

3. 促进农民持续增收，是实现农民精神生活共同富裕的重要基础

收入能否持续快速增长，是农民最关心最现实的利益问题。一方面，农民持续增收，"钱袋子"鼓起来，将不断提升农民的获得感、幸福感、安全感，增强勤劳致富的精神动力。另一方面，农民持续增收，实现小康并逐步富起来，在教育、文化、娱乐等方面的支出也将不断加大，不断满足新时代农民多样化、多层次、多方面的精神文化需求，进而实现农民物质生活与精神生活共同富裕。从全国农民人均消费支出构成来看，文化教育娱乐支出额度由 2013 年的 486 元增加到 2020 年的 1309

元,其占比由 2013 年的 7.3% 上升到 2020 年的 9.5%。同时,随着农民持续增收、农村美起来、集体经济强起来,农村精神文明建设不断加强,农村公共文化、教育、娱乐等服务体系也将持续完善,文明乡风逐步形成,全面提振农民的精神面貌。

(二)北京农民持续增收的主要困境

当前,全国农业农村发展进入新阶段,农民增收的传统动力正逐渐减弱,农民持续增收致富面临较多制约因素。《北京市"十四五"时期乡村振兴战略实施规划》指出当前北京农民增收难度加大。从北京农民持续增收的实效来看,动能明显不足,城乡收入差距依然较大。基于农民收入构成,系统剖析制约北京农民持续增收的主要困境。

1. 农民工资性收入不稳定性增加

在北京农民人均可支配收入构成现状中,工资性收入占比超过 70%,是农民增收的"压舱石"。工资性收入增长情况,将直接影响农民增收的快慢。一方面,受全球经济形势特别是 2020 年 1 月以来的新冠肺炎疫情影响,全市经济下行压力较大,2020 年 GDP 增速仅有 1.2 个百分点,位居全国倒数第 5 位,行业用工需求明显减少。另一方面,2014 年以来,随着北京加快非首都功能疏解和高精尖经济结构打造,餐饮、批发、零售、传统制造等适合农民工就业的低端产业向外地疏解,产业高端化转型又导致部分不满足新岗位要求的农民工结构性失业。同时,北京外来常住人口数量大,高校毕业生众多,劳动力资源相对充足,北京本地农民工再就业困难明显增加。由于上述多种因素叠加,北京农民工资性收入增长较慢,在农民人均可支配收入中的占比,由 2015 年的 75.3% 下降到 2020 年的 70.3%。

2. 农民经营净收入波动性较强

随着经济社会快速发展,农民收入结构不断优化,逐步摆脱倚重传统农业生产收入的格局。从全国来看,尽管经营净收入在农民人均可支配收入中的比重明显下降,由 2014 年的 41.7% 下降到 2020 年的 35.5%,但仍然是农民收入的重要来源。近年来,北京农民经营净收入增长缓慢,2018 与 2020 年均出现负增长。其中 2020 年仅有 1613 元,全国最低。北京农民经营净收入比重,由 2015 年的 9.5% 下降到 2020 年的 5.4%;在四大收入构成中,由第二位下降到第四位。一方面,北京农业经营成本较高。全市农村水资源短缺,根据第三次农业普查数据,全市农业用水源采用地表水灌溉的村庄仅有10.6%、无水源的村庄达到17.9%。大面积采用地下水灌溉,则必然增加经营成本。另一方面,北京农村新业态发展不稳定。农业观光园数量在2015年出现拐点,由2015年的1328个下降到2020年的925个,同期经营总收入由26.3亿元下降到15.5亿元;从事乡村旅游实际经营接待户,其数量在2016年出现拐点,由2016年的9026家下降到2020年的5832家,同期乡村旅游总收入由14.4亿元下降到9.5亿元。此外,设施农业播种面积与产值也出现明显波动。

3. 农民财产净收入增长难度较大

2014年以来,随着土地确权、集体经营性建设用地试点与集体产权制度改革等稳步推进,北京农民财产净收入增长较快,由2015年的1204元增长到2020年的3103元;在农民人均可支配收入中的比重,由2015年的6.1%增加到2020年的10.3%。农民财产净收入,无论是数量还是比重,北京均位居全国第一,持续增长难度较大。一方面,乡村集体经济经营效益不高。2020年集体经济资产达到8759亿元、总收入680亿元,但利润仅有47亿元,呈"资产增长、利润下降"趋势。这既与非首都功能疏解背景下,当前不少村集体经济面临新旧动能转换的空窗期有关,也受集体经济基础弱、运营管理能力差等多重因素影响。全市共有资不抵债村395个,占10%;收不抵支村2017个,占51.2%。同时,村集体经济区域发展不平衡,城乡接合部、平原地区与生态涵养区农民财产净收入存在较大差距。根据第三次农业普查数据,丰台、海淀、朝阳三个区的村集体收入占全市比重达到42.8%。另一方面,乡村仍有不少"沉睡"资源。基于传统"瓦片经济"思维,不少农村集体经营性建设用地仍然低效利用、甚至长期闲置;区位交通便利、基础环境较好的闲置农房盘活效果明显,但偏远地区闲置农房仍然普遍存在、难度较大。根据专门发布农村房屋出租信息的"美丽新乡村网"调查数据,2019年仅门头沟一个区就有4500多套闲置农房。

4. 农业农村转移支付力度不够大

近年来,北京通过退耕还林与疏解腾退补偿,并连续调整城乡居民养老保障待遇标准,农民转移净收入快速增长,由2015年的1915元增加到2020年的4236元;在农民人均可支配收入中的比重,由2015年的9.3%上升到2020年的14.1%。但从全国来看,2020年北京农民转移净收入在全国仅排第8位,与排名第1的上海存在6457元的差距。在城乡居民基础养老金上，2020年上海每月1100元，而北京每月仅有820元，两地农民转移净收入差距就达到3360元。此外，上海生态补偿力度与补偿范围也相对较大。

5. 农民持续增收的要素瓶颈突出

人才、土地、信息等要素，是实现农民持续增收的重要保障。从人才要素来看，老龄化且文化水平低。根据第三次农业普查数据，全市农业生产经营人员年龄超过55岁的比重达到40.6%，高出全国平均水平7个百分点；村干部年龄结构、文化结构不合理，村级组织党支部书记年龄在46岁以上的占80.3%、文化程度为高中及以下的占39.6%。从土地要素来看，北京实施减量发展，要求到2035年城乡建设用地减少100平方公里，乡村产业用地指标紧缺。从信息要素来看，尽管北京信息服务业整体水平较高，但"灯下黑"现象明显，乡村信息服务包括农村电商发展相对滞后。

（三）促进北京农民持续增收对策

2021年8月，习近平总书记在中央财经委员会第十次会议上指出，农村共同富裕工作要抓紧，要通过加快农业产业化，盘活农村资产，增加农民财产性收入，使更多农村居民勤劳致富。"十四五"期间，要准确把握共同富裕内涵要求，坚持问题导向与目标导向相结合，围绕首都城市战略定位与北京"大城市小农业""大京郊小城区"市情农情，通过"三个强化"，明确农民持续增收路径，增强农民持续增收动力，夯实农民持续增收并实现共同富裕的基础。

1. 强化顶层设计，明确农民持续增收目标任务

一要规划引领。"十四五"时期是北京农民持续增收并逐步实现共同富裕的关键期，要围绕北京创建国家共同富裕示范区和"十四五"乡村振兴规划，尽快出台促进北京农民持续增收的专项规划与行动方案，明确任务书、时间表与路线图，细化目标、路径与具体举措，为全面促进农民持续增收提供战略引领。二要分类指导。北京乡村地域广阔，各村区位条件、功能定位、所处阶段、发展类型等不尽相同；北京农民群体较大，各群体劳动能力、家庭情况、文化水平也存在明显差异。要顺应农村发展规律，科学把握京郊农民农村差异性特征，因地制宜、因人制宜，精准施策、梯次推进、滚动发展,久久为功、持续推动北京农民增收致富。三要示范引领。选择一批基础较好、条件成熟并具有代表性的乡镇,作为农民持续增收致富示范点,并在就业创业、乡村新业态发展、农村综合改革、城乡融合与要素流动等领域赋予先行先试的权利,探索可复制可推广的经验做法。

2. 强化多措并举,增强农民持续增收动力

一要加强就业帮扶,拓宽农民转移就业空间。瞄准全市劳动力短缺行业以及城市公共服务、乡村公益、重大工程项目等岗位需求,开展订单、定向、定岗等有针对性的职业技能培训,有序推进农村劳动力转移就业;规范工商资本投资农业农村,鼓励引导其尽可能创造就业岗位,吸纳农民就地、就近务工。二要推进产业融合,挖掘农村内部增收潜力。农民经营净收入是乡村产业振兴的重要衡量指标,对于北京农民特别是生态涵养区农民增收致富,仍然具有重要意义。发挥北京"大城市大市场"优势,拓展农业多种功能,延长产业链,提升价值链,鼓励有能力有条件的农户发展田园观光、农耕体验、耕读教育、森林康养等业态,增加农业观光园、乡村旅游等经营性收入;完善农户与合作社、龙头企业、各类新型集体组织间的利益联结机制,通过"企业+合作社+农户""企业+基地+农户""农户以土地、农具入股企业"等多种利益联结方式,让农民合理分享全产业链增值收益。三要加快农村综合改革,放大资产收益。有序推进农村集体经营性建设用地入市,通过整合资产资源、提供有偿服务、利用财政扶持形成资产参股入股等多种途径,壮大集体经济;盘活农民闲置房屋,探索股份退出以及股权继承、转让、抵押担保,努力增加财产性收入。四要加大转移支付力度,积极增加转移净收入。持续调整城乡居民养老保障待遇标准;全面落实《北京市生态涵养区生态保护和绿色发展条例》,有序扩大补贴范围,完善生态补偿、集体土地房屋征收与补偿等机制。

3. 强化公共服务,夯实农民持续增收并实现共同富裕基础

一要大力发展乡村文化事业。以社会主义核心价值观为引领,以传承发展京郊优秀传统文化为重点,以乡村公共文化服务体系建设为抓手,增加优秀乡村文化产品和服务供给,增强农民勤劳致富精神动力。二要补齐乡村教育、医疗、养老等短板。发挥北京教育资源优势,推进中心城区教育服务向农村延伸,提升农民知识水平与专业技能,加快培育职业农民,增强农民勤劳致富本领;提升农村基层医疗卫生水平,推进农村养老助残设施建设,破解农民勤劳致富的"后顾之忧"。四要持续深化农

村人居环境整治。围绕"清脏、治乱、增绿、控污"要求,尽快完成农村厕所、垃圾、污水治理,加快推进乡村水、电、气、暖、路等基础设施改造提升,打造一批功能现代、安全环保、与自然环境高度融合并彰显北京乡土特色的美丽村庄,提升农民勤劳致富环境水平。

第 10 章

促进乡村振兴与新型城镇化协同发展对策措施

当前，我国进入社会主义新时代，要围绕乡村振兴与新型城镇化的目标任务，加快构建两者融合发展的体制机制和政策体系，促进两者高质量融合发展，为城乡全面融合、乡村全面振兴、全体人民共同富裕提供强有力的抓手。

（一）加强顶层设计与分类指导

一是坚持整体谋划，加强顶层设计。遵循乡村和城镇化发展规律，围绕社会主义现代化国家建设目标，结合全面建成小康社会之后乡村振兴与新型城镇化发展的新趋势、新要求，在城乡要素流动、公共服务资源配置、城乡基础设施、一二三产业等重点领域加快构建两者融合发展的体制机制和政策体系。要对《乡村振兴战略规划（2018—2022年）》和《国家新型城镇化规划（2014—2020年）》实施情况进行评估和总结；尽快启动新一轮乡村振兴和新型城镇化规划的编制，并在指导思想、主要目标、重点任务等方面全面体现两者融合发展理念，甚至可考虑将两个规划"合二为一"，即编制"城乡融合高质量发展规划"。二是要因地制宜、分类施策。考虑到区域的差异性和发展走势分化特征，不同地区的乡村振兴和城镇化所处阶段也不尽相同，因而乡村振兴和城镇化融合发展没有固定的"模式"。要结合东、中、西部不同区域实际，进一步细化发展导向、分类指导、有序推进乡村振兴与新型城镇化高质量融合发展。如东部沿海地区城镇化水平较高，但乡村振兴的主体为本地农民，与市民化的主体即非本地的农业转移人口存在明显"错位"，需要妥善处理好两大主体之间关系。三是试点示范。选择一批基础较好、条件成熟并具有代表性的地区，作为乡村振兴与新型城镇化融合发展试点，赋予在城乡要素流动、公共服务等领域先行先试的权利；通过先行先试，总结提炼可复制可推广的经验做法，从而"自上而下"与"自下而上"相结合、渐进式推进。在试点区域的选择中，可优先考虑已开展新型城镇化试点的若干地区，以放大其前期试点的制度效应。

（二）建立健全促进城乡要素双向自由流动的体制机制和政策体系

城乡要素双向自由流动，既是乡村振兴与新型城镇化融合发展的基础，也是最终实现城乡共同繁荣的主要特征。要全面落实《中共中央 国务院关于建立健全城乡融合发展体制机制和政策体系的意见》，发挥市场在资源配置中的决定性作用，促进"人地钱"等各类要素更多向乡村流动。在人口要素上，要在切实维护好进城农民在农村既有权益的基础上，加快构建市民化成本多元化分担机制，进一步发挥"人地钱挂钩"政策效能，增强农业转移人口进城意愿和能力，并提高迁入地政府推进市民化进程的积极性；通过制定财政、金融、税收、社会保障、职称评定、选拔聘用等激励政策，吸引各类人才返乡入乡创业就业。要树立"不求所有、但求所用，不求常在、但求常来"的人才观，构建城乡人才共享和乡村柔性引才机制，努力破解乡村振兴的人才瓶颈。在土地要素上，要稳步推进农村土地制度改革，盘活用好农村闲置土地，以资源优势吸引资金、技术、人才等要素流向农村；要科学划定"三线三区"，在严格保护耕地、节约集约用地的前提下，改革土地管理制度并赋予省级政府更大用地自主权。在资金要素上，要构建城乡融合发展多元化投入机制，积极发挥财政资金引导作用，加大各类金融支持力度，努力吸引更多社会资金投入；有序引导工商资本投资农业，创新农户和涉农企业之间的利益分配机制，切实维护农民权益。

（三）建设工农互促全面融合的城乡现代产业体系

产业发展是持续提升城乡居民生活水平、最终实现共同富裕的根本之策。一是建设城乡现代产业体系。深化供给侧结构性改革，优化城乡产业空间布局，推动城乡经济发展质量变革、效率变革、动力变革，加快建设实体经济、科技创新、现代金融、人力资源协同发展的城乡产业体系。要增强城镇对乡村产业发展的辐射带动作用，创新农业科技成果转化推广机制，加快物联网、大数据、遥感等在农业中的应用，全面提升农业发展创新力。二是促进一二三产业融合发展。顺应城乡居民消费升级新趋势，以市场需求为导向，以"互联网+""生态+""旅游+"为抓手，健全休闲农业、乡村旅游、农村电商、健康养老等新业态培育发展机制，延长产业链、提升价值链、完善利益链，加快农村新业态高质量发展。三是搭建城乡产业协同发展平台。依托各类特色小镇和农业园区，提升综合服务功能，优化创新创业软环境，吸引城乡人才、资金、技术等要素跨界配置，促进产业融合和集聚发展，打造各具特色的城乡产业协同创新发展示范区。

（四）加快城乡基本公共服务和基础设施一体化进程

要围绕农民所关心的教育、医疗卫生、社保、养老、出行等重大问题，加快推进城乡基本公共服务和基础设施一体化进程。一是提升农村基本公共服务水平。优化城乡教育资源配置，促进优质教育资源城乡共享并向乡村倾斜；增强城镇医疗卫生设施的辐射能力，提升乡镇卫生院和村卫生室服务水平，加快构建城乡医疗卫生服务体系；完善统一的城乡居民基本医疗保险、大病保险和基本养老保险制度。二是加快农村基础设施建设。推进城镇重要市政公用设施向农村延伸；构建政府财政、企业投资、居民投入等相结合的分级分类投入机制，加强农村地区交通、供水、供电、信息、垃圾、污水处理等设施建设和管护。

（五）协同推进城乡治理体系与治理能力现代化

治理体系和治理能力直接关系到城乡居民能否安居乐业、社会能否安定有序。新冠肺炎疫情发生以来，暴露出我国当前城乡治理仍然存在明显短板。要全面贯彻落实党的十九届四中全会精神，坚持"一盘棋"理念，协同推进城乡治理体系与治理能力现代化。一是强化城乡基层党组织领导作用，发挥群众参与治理主体作用，加快构建党组织领导的自治、法治、德治相结合的城乡治理体系和长效机制。二是创新和完善城乡重大疫情防控举措，健全城乡公共卫生应急管理体系和应急物资保障体系，全面提高城乡应对突发重大公共卫生事件的能力水平。

（六）以县域为基本单元推进乡村振兴与新型城镇化协同发展

郡县治，天下安。县域作为拥有广大乡村地区的基本行政单元，是城乡融合发展的主阵地。2022年5月中共中央办公厅、国务院办公厅印发的《关于推进以县城为重要载体的城镇化建设的意见》，明确提出要以县域为基本单元推进城乡融合发展，发挥县城连接城市、服务乡村作用，增强对乡村的辐射带动能力。当前，我国已进入扎实推动共同富裕的历史阶段，最艰巨最繁重的任务仍然在农村。加快推进县域城乡融合发展，既是实现乡村全面振兴的重要抓手，也是扎实推动共同富裕的必由之路。为此，要从要素流动、产业融合、空间统筹、公共服务、基础设施、组织领导等方面，全面加快县域城乡融合，扎实推进乡村振兴与新型城镇化协同发展。

1. 全面优化县域要素资源配置

要加快破除妨碍县域要素自由流动和平等交换的体制机制壁垒，促进人才、资金、信息、技术等各类要素更多向乡村流动。一要盘活乡村"沉睡"要素。稳妥扩大第二轮土地承包到期后再延长 30 年试点范围，加强土地流转规范管理；鼓励农民采取自营、出租、入股、合作等方式盘活闲置宅基地和闲置住宅,探索股份退出及股权继承、转让、抵押担保等权能实现形式；完善集体经营性建设用地入市配套政策，允许农村集体在农民自愿前提下，依法把有偿收回的闲置宅基地、废弃集体公益性建设用地转变为集体经营性建设用地入市，建立公平合理的增值收益分配机制。二要有序引导各类要素下乡。完善财政、金融、社会保障等激励政策，探索通过岗编适度分离等多种方式，吸引企业家、党政干部、专家学者、医生教师、规划师等各类人才返乡入乡创业或定期服务；完善涉农资金统筹整合长效机制，发挥财政资金四两拨千斤作用，撬动更多社会资金投入乡村发展；完善监管与风险防范机制，引导工商资本为城乡融合发展提供资金、产业、技术等支持；实施更加优惠的存款准备金政策，鼓励地方法人金融机构服务乡村振兴；完善涉农科研成果转化推广激励与利益分享机制，促进公益性和经营性农技推广融合发展。

2. 全面提升县域经济发展质量

发展县域经济，构建以现代农业为基础、乡村新产业新业态为补充的多元化乡村经济。健全现代农业产业体系、生产体系、经营体系，推进粮经饲统筹、农林牧渔协调，以粮食生产功能区和重要农产品生产保护区为重点，发展多种形式适度规模经营，加强绿色食品、有机农产品和地理标志农产品认证管理。促进农村一二三产业融合发展，壮大农产品加工业和农业生产性服务业，培育休闲农业、乡村旅游、民宿经济和森林康养等新业态，建立生态产品价值实现机制和优秀农耕文化遗产保护利用机制，盘活用好乡村资源资产。支持大中城市疏解产业向县域延伸，引导产业有序梯度转移。大力发展县域范围内比较优势明显、带动农业农村能力强、就业容量大的产业，推动形成"一县一业"发展格局。加快完善县城产业服务功能，促进产业向园区集中、龙头企业做强做大。引导具备条件的中心镇发展专业化中小微企业集聚区，推动重点村发展乡村作坊、家庭工场。支持大型流通企业以县城和中心镇为重点下沉供应链。加快实施"互联网+"农产品出村进城工程，推动冷链物流服务网络向农村延伸，整县推进农产品产地仓储保鲜冷链物流设施建设，促进合作联营、成网配套。

3. 全面构建县域新型城镇村体系

统筹县域城镇和村庄规划建设，通盘考虑土地利用、产业发展、居民点建设、人居环境整治、生态保护、防灾减灾和历史文化传承,实现县乡村功能衔接互补。全面完成县级国土空间规划编制,结合实际编制乡镇国土空间规划。科学编制县域村庄布局规划,鼓励有条件的地区编制实用性村庄规划。规范开展全域土地综合整治,合理推进农用地和建设用地整理,坚决遏制耕地"非农化"、严格管控"非粮化",严禁随意撤并村庄搞大社区、违背农民意愿大拆大建。一要做大做强县城。促进人口、产业向县城集中,加快就地就近城镇化;推进县城产业配套设施提质增效、市政公用设施提档升级、公共服务设施提标扩面、环境基础设施提级扩能,促进县乡村功能衔接互补,全面增强县城辐射带动作用。二要发展特色乡镇。有序推进县域撤乡设镇、乡镇合并设镇,因地制宜发展特色鲜明、产城融合、充满魅力的特色小镇和小城镇;加强以乡镇政府驻地为中心的农民生活圈建设,以镇带村、以村促镇,推动镇村联动发展。三要打造美丽村庄。统筹村庄布局,科学确定村庄分类,有序推进乡村建设;以农民实际需求为导向,持续开展农村人居环境整治工作;深挖乡村文化内涵,通过村庄风貌管控与传统村落保护,打造一批功能现代、安全环保、与自然环境高度融合并彰显乡土特色的美丽村庄。

4. 全面加大县域普惠共享力度

强化基本公共服务供给县乡村统筹,增加乡村教育、医疗、养老等服务供给。推进城乡义务教育学校标准化建设,发展城乡教育联合体,深化义务教育教师"县管校聘"管理改革,促进县域内校长教师交流轮岗。在县城和规模较大中心镇建设一批高中和中等职业学校。办好乡镇公办中心幼儿园,完善农村学前教育公共服务网络。完善县级医院、乡镇卫生院和村卫生室诊疗条件,发展紧密型县域医疗卫生共同体,推行派驻、巡诊、轮岗等方式。健全县乡村衔接的三级养老服务网络,建设村级幸福院和日间照料中心,发展乡村普惠型养老服务和互助性养老。建设农村公益性殡葬设施,推动殡仪馆尚未覆盖的火葬区的县补齐短板。加强对农村留守儿童、妇女、老年人及困境儿童的关爱服务。

5. 全面推进规建管一体化

统筹规划各类市政公用设施,推动供水供气供热管网向城郊乡村和规模较大中心镇延伸。推进人口规模较大的自然村(组)通硬化路,建设村内主干道和资源路、产业路、旅游路。促进城乡道路客运一体化,拓展公路客运站综合服务功能。推进燃气入乡,建设安全可靠的乡村储气罐站和微管网供气系统。建设数字乡村,以需求为导向逐步推进 5G 网络和千兆光网向乡村延伸。建设以城带乡的垃圾收集处理系统。发展联结城乡的冷链物流、配送投递、电商平台和农贸市场网络。加强乡村消防基础设施建设，改善消防安全条件。推进城镇基础设施建设运营单位开展统一管护，鼓励引入市场化管护企业。

6. 全面推进落地实施

推动县域城乡融合实现共同富裕，具有长期性、艰巨性和复杂性，要加强组织领导，把握节奏、持续用力、久久为功。一要坚持党的全面领导。把党的领导贯穿于县域城乡融合发展的全过程、各领域、各环节，充分发挥基层党组织战斗堡垒作用。二要压实责任。围绕共同富裕和国土空间规划，尽快出台县域城乡融合发展实施意见，明确总体目标与阶段性目标，制定任务书、时间表、路线图；建立健全清单化推进机制，实行闭环管理，强化目标任务考核，以钉钉子精神抓好落实。三要示范引领。2019年底，国家发展改革委等十八部门联合印发《国家城乡融合发展试验区改革方案》，并公布 11 个国家城乡融合发展试验区名单。方案提出到 2022—2025 年，试验区实现城乡生产要素双向自由流动的制度性通道基本打通，城乡有序流动的人口迁徙制度基本建立，城乡统一的建设用地市场全面形成，城乡普惠的金融服务体系基本建成，农村产权保护交易制度基本建立，农民持续增收体制机制更加完善，城乡发展差距和居民生活水平差距明显缩小。因此，要发挥 11 个国家城乡融合发展试验区示范引领作用，加快县域先行先试，及时总结提炼可复制的典型经验并加以宣传推广。

参考文献

[1] 王黎明. 中国特色的新型城镇化道路研究 [J]. 改革与战略，2014, 30(2): 96-99.
[2] 孙立行. 中国特色的"新型城镇化"道路辨析 [J]. 区域经济评论，2014(1): 22-28.
[3] 武廷海. 建立新型城乡关系 走新型城镇化道路——新马克思主义视野中的中国城镇化 [J]. 城市规划，2013(11): 9-19.
[4] 余欣荣. 坚持走中国特色农业现代化和新型城镇化协调发展道路 [J]. 农村工作通讯，2013(18): 13-15.
[5] 孙久文. 城乡协调与区域协调的中国城镇化道路初探 [J]. 城市发展研究，2013, 20(5): 56-61.
[6] 单卓然，黄亚平. "新型城镇化"概念内涵、目标内容、规划策略及认知误区解析 [J]. 城市规划学刊，2013(2): 16-22.
[7] 李程骅. 科学发展观指导下的新型城镇化战略 [J]. 求是，2012(14): 35-37.
[8] Northam, Ray M. Urban Geography [M]. New York: John Wiley & Sons.1975.
[9] Chenery, H, M.Syrquin. Patterns of Development 1950-1970[M]. London: Oxford University Press, 1975.
[10] Gladwin C H, Long B F, Babb E M, et al.Rural entrepreneurship: One key to rural revitalization [J]. American Journal of Agricultural Economics, 1989, 71(5): 1305-1314.
[11] Johnson T G. Entrepreneurship and development finance: Keys to rural revitalization [J]. American Journal of Agricultural Economics, 1989, 71(5): 1324-1326.
[12] Kawate T.Rural revitalization and reform of rural organizations in contemporary rural Japan [J]. Journal of Rural Problems, 2005, 40(4): 393-402.
[13] Moseley M J. Rural Development: Principles and Practice [M]. London: Sage, 2003.
[14] Wood R E. Survival of rural America: Small victories and bitter harvests [M]. Kansas: University Press of Kansas, 2008.
[15] Nonaka A, Ono H. Revitalization of rural economies though the restructuring the self-sufficient realm: Growth in small-scale rapeseed production in Japan [J]. Japan Agricultural Research Quarterly, 2015, 49(4): 383-390.
[16] 简新华，何志扬，黄锟. 中国城镇化与特色城镇化道路［M］. 济南：山东人民出版社，2010.
[17] 韩俊. 农业供给侧结构性改革是乡村振兴战略的重要内容 [J]. 中国经济报告，2017(12): 15-17.
[18] 陈锡文. 论农业供给侧结构性改革 [J]. 中国农业大学学报（社会科学版），2017, 34(2): 5-13.
[19] 黄祖辉，徐旭初，蒋文华. 中国"三农"问题：分析框架、现实研判和解决思路 [J]. 中国农村经济，2009(7): 4-11.
[20] 潘家恩，温铁军. 三个"百年"：中国乡村建设的脉络与展开 [J]. 开放时代，2016(4): 126-145+7.
[21] 张红宇. 关于深化农村改革的四个问题 [J]. 农业经济问题，2016, 37(7): 4-11.
[22] 胡必亮. 将推进城镇化与建设新农村紧密结合起来 [J]. 中国发展观察，2007(5): 22-23.
[23] 陈锡文. 中国城镇化进程与新农村建设须并行不悖 [J]. 农村工作通讯，2011(14): 1.
[24] 张尚武，李京生. 保护乡村地区活力是新型城镇化的战略任务 [J]. 城市规划，2014, 38(11): 28-29.
[25] 吴杨，丁家云，杜志雄. 基于城镇化与新农村建设良性互动的统筹城乡发展战略 [J]. 管理学报，2012(3).

[26] 李宾,王曼曼,孔祥智.我国城镇化与农业现代化协调发展的总体趋势与政策解释[J].华中农业大学学报(社会科学版),2017(5).

[27] 黄祖辉,邵峰,朋文欢.推进工业化、城镇化和农业现代化协调发展[J].中国农村经济,2013(1):8-14+39.

[28] 刘守英."城乡中国"由单向城市化转向城乡互动[J].农村工作通讯,2017(10):42.

[29] 申明锐,张京祥.新型城镇化背景下的中国乡村转型与复兴[J].城市规划,2015,39(1):30-34+63.

[30] 李国祥.乡村振兴战略 村镇化与城镇化双轮驱动[J].中国合作经济,2017(10):19-20.

[31] 韩俊.乡村振兴与城镇化不是非此即彼的关系[J].环境经济,2018,(5):32-33.

[32] 贺雪峰.实施乡村振兴战略要防止的几种倾向[J].中国农业大学学报(社会科学版),2018,35(3):111-116.

[33] 史育龙.协同推进新型城镇化和乡村振兴融合发展[J].今日国土,2020(5):24-26.

[34] 丁静.新时代乡村振兴与新型城镇化的战略融合及协调推进[J].社会主义研究,2019(5):74-81.

[35] 曹宗平,李宗悦.乡村振兴战略:认识偏差与推进路径[J].华南师范大学学报(社会科学版),2020(1).

[36] 蔡继明.乡村振兴战略应与新型城镇化同步推进[J].人民论坛·学术前沿,2018,10.

[37] 郑风田.乡村振兴应与城镇化融合发展[J].中国农村科技,2018(5):15.

[38] 陈文胜.中国迎来了城乡融合发展的新时代[J].红旗文稿,2018(8):19-20.

[39] 苏小庆,王颂吉,白永秀.新型城镇化与乡村振兴联动:现实背景、理论逻辑与实现路径[J].天津社会科学,2020(3).

[40] 王韬钦.新型城镇化与乡村振兴战略协同关系探究[J].广东行政学院学报,2019,31(6):23-28.

[41] 叶超,于洁.迈向城乡融合:新型城镇化与乡村振兴结合研究的关键与趋势[J].地理科学,2020(4).

[42] 刘爱梅,陈宝生.协调推进新型城镇化与乡村振兴战略的体制对策——基于城乡共享体制建设的视角[J].学习与探索,2019(11):66-72.

[43] 汪恭礼.三农视角下城镇化与乡村振兴耦合研究[J].河北师范大学学报(哲学社会科学版),2019,42(4):104-115.

[44] 苏红键.促进新型城镇化与乡村振兴联动实现城乡共荣[J].中国发展观察,2018(Z2):74-76+85.

[45] 蔡秀玲,陈贵珍.乡村振兴与城镇化进程中城乡要素双向配置[J].社会科学研究,2018(6):51-58.

[46] 徐维祥,李露,刘程军.乡村振兴与新型城镇化的战略耦合——机理阐释及实现路径研究[J].浙江工业大学学报(社会科学版),2019(1).

[47] 冯丹萌,孙鸣凤.国际视角下协调推进新型城镇化与乡村振兴的思考[J].城市发展研究,2020,27(8):29-36.

[48] 徐维祥,李露,周建平,等.乡村振兴与新型城镇化耦合协调的动态演进及其驱动机制[J].自然资源学报,2020(9).

[49] 雷娜,郑传芳.乡村振兴与新型城镇化关系的实证分析[J].统计与决策,2020,36(11):67-72.

[50] 周广亮,吴明,台亚非.基于乡村振兴视角的乡村发展与城镇化耦合协调时空格局分析——以河南省为例[J].信阳师范学院学报(自然科学版),2021,34(1):68-75.

[51] 李培林. 新型城镇化道路的思考[J]. 前线, 2013(12): 144+148.
[52] 张鸿雁. 中国新型城镇化理论与实践创新[J]. 社会学研究, 2013, 28(3): 1-14+241.
[53] 段进军, 殷悦. 多维视角下的新型城镇化内涵解读[J]. 苏州大学学报（哲学社会科学版）, 2014, 35(5): 38-43.
[54] 李强, 王昊. 什么是人的城镇化？[J]. 南京农业大学学报（社会科学版）, 2017, 17(2): 1-7+150.
[55] 陈明星, 叶超, 陆大道, 隋昱文, 郭莎莎. 中国特色新型城镇化理论内涵的认知与建构[J]. 地理学报, 2019, 74(4): 633-647.
[56] 李强, 陈宇琳, 刘精明. 中国城镇化"推进模式"研究[J]. 中国社会科学, 2012(7): 82-100+204-205.
[57] 倪鹏飞. 新型城镇化的基本模式、具体路径与推进对策[J]. 江海学刊, 2013(1): 87-94.
[58] 辜胜阻, 郑超, 曹誉波. 大力发展中小城市推进均衡城镇化的战略思考[J]. 人口研究, 2014, 38(4): 19-26.
[59] 周飞舟, 王绍琛. 农民上楼与资本下乡：城镇化的社会学研究[J]. 中国社会科学, 2015(1): 66-83+203.
[60] 夏柱智, 贺雪峰. 半工半耕与中国渐进城镇化模式[J]. 中国社会科学, 2017(12): 117-137+207-208.
[61] 高春亮, 李善同. 迁移动机、人力资本与城市规模：中国新型城镇化模式之争[J]. 上海经济研究, 2019(11): 120-128.
[62] 简新华, 黄锟. 中国城镇化水平和速度的实证分析与前景预测[J]. 经济研究, 2010, 45(3): 28-39.
[63] 魏后凯, 王业强, 苏红键, 郭叶波. 中国城镇化质量综合评价报告[J]. 经济研究参考, 2013(31): 3-32.
[64] 薛德升, 曾献君. 中国人口城镇化质量评价及省际差异分析[J]. 地理学报, 2016, 71(2): 194-204.
[65] 朱鹏华, 刘学侠. 城镇化质量测度与现实价值[J]. 改革, 2017(9): 115-128.
[66] 余江, 叶林. 中国新型城镇化发展水平的综合评价：构建、测度与比较[J]. 武汉大学学报（哲学社会科学版）, 2018, 71(2): 145-156.
[67] 熊湘辉, 徐璋勇. 中国新型城镇化水平及动力因素测度研究[J]. 数量经济技术经济研究, 2018, 35(2): 44-63.
[68] 蔡昉. 城镇化必须同农业现代化同步[J]. 农村经营管理, 2016(3): 30.
[69] 李培林. "逆城镇化"大潮来了吗[J]. 人民论坛, 2017(3): 60-61.
[70] 顾朝林, 管卫华, 刘合林. 中国城镇化2050：SD模型与过程模拟[J]. 中国科学：地球科学, 2017, 47(7): 818-832.
[71] 方创琳. 中国新型城镇化高质量发展的规律性与重点方向[J]. 地理研究, 2019, 38(1): 13-22.
[72] 陈明星, 隋昱文, 郭莎莎. 中国新型城镇化在"十九大"后发展的新态势[J]. 地理研究, 2019, 38(1): 181-192.
[73] 张红宇. 实施乡村振兴战略需进一步深化农村改革[J]. 农村经营管理, 2017(11): 1.
[74] 姜长云. 全面把握实施乡村振兴战略的丰富内涵[J]. 农村工作通讯, 2017(22): 19-21.
[75] 王亚华, 苏毅清. 乡村振兴——中国农村发展新战略[J]. 中央社会主义学院学报, 2017(6): 49-55.
[76] 陈锡文. 实施乡村振兴战略，推进农业农村现代化[J]. 中国农业大学学报（社会科学版）, 2018, 35(1): 5-12.

[77] 温铁军.生态文明与比较视野下的乡村振兴战略[J].上海大学学报(社会科学版),2018,35(1):1-10.
[78] 叶兴庆.新时代中国乡村振兴战略论纲[J].改革,2018(1):65-73.
[79] 廖彩荣,陈美球.乡村振兴战略的理论逻辑、科学内涵与实现路径[J].农林经济管理学报,2017,16(6):795-802.
[80] 魏后凯.实施乡村振兴战略的目标及难点[J].社会发展研究,2018,5(1):2-8.
[81] 张海鹏,郜亮亮,闫坤.乡村振兴战略思想的理论渊源、主要创新和实现路径[J].中国农村经济,2018(11):2-16.
[82] 黄祖辉.科学把握乡村振兴战略的内在逻辑与建设目标[J].中国农民合作社,2018(3):32-33.
[83] 蒋永穆.基于社会主要矛盾变化的乡村振兴战略:内涵及路径[J].社会科学辑刊,2018(2):15-21.
[84] 叶敬忠,张明皓,豆书龙.乡村振兴:谁在谈,谈什么?[J].中国农业大学学报(社会科学版),2018,35(3):5-14.
[85] 党国英.乡村振兴战略的现实依据与实现路径[J].社会发展研究,2018,5(1):9-21.
[86] 张挺,李闽榕,徐艳梅.乡村振兴评价指标体系构建与实证研究[J].管理世界,2018,34(8):99-105.
[87] 孔祥智.实施乡村振兴战略的进展、问题与趋势[J].中国特色社会主义研究,2019(1):5-11.
[88] 刘彦随,周扬,李玉恒.中国乡村地域系统与乡村振兴战略[J].地理学报,2019,74(12):2511-2528.
[89] 张晓山.实施乡村振兴战略的几个抓手[J].人民论坛,2017(33):72-74.
[90] 熊万胜,刘炳辉.乡村振兴视野下的"李昌平-贺雪峰争论"[J].探索与争鸣,2017(12):77-81+86.
[91] 李周.乡村振兴战略的主要含义、实施策略和预期变化[J].求索,2018(2):44-50.
[92] 王思斌.社会生态视角下乡村振兴发展的社会学分析——兼论乡村振兴的社会基础建设[J].北京大学学报(哲学社会科学版),2018,55(2):5-12.
[93] 何仁伟.城乡融合与乡村振兴:理论探讨、机理阐释与实现路径[J].地理研究,2018,37(11):2127-2140.
[94] 王晓毅.完善乡村治理结构,实现乡村振兴战略[J].中国农业大学学报(社会科学版),2018,35(3):82-88.
[95] 郭晓鸣.乡村振兴战略的若干维度观察[J].改革,2018(3):54-61.
[96] 姚树荣,周诗雨.乡村振兴的共建共治共享路径研究[J].中国农村经济,2020(2):14-29.
[97] 魏后凯.深刻把握城乡融合发展的本质内涵[J].中国农村经济,2020(6):5-8.
[98] 郑风田.乡村振兴应与城镇化融合发展[J].中国农村科技,2018(5):15.
[99] 徐维祥,李露,刘程军.乡村振兴与新型城镇化的战略耦合——机理阐释及实现路径研究[J].浙江工业大学学报(社会科学版),2019,18(1):47-55.
[100] 贺雪峰.城乡二元结构视野下的乡村振兴[J].北京工业大学学报(社会科学版),2018,18(5):1-7.
[101] 李伟.乡村振兴计划关键要抓住人、地、钱[J].农村工作通讯,2017,(21):12.
[102] 段浩,许偲炜.新型城镇化中的"人地钱"挂钩制度:回应、困境与完善[J].农村经济,2018(10):36-43.
[103] 彭超,刘合光."十四五"时期的农业农村现代化:形势、问题与对策[J].改革,2020(2):20-29.
[104] 蒿慧杰.城乡融合发展的制度困境及突破路径[J].中州学刊,2019(11):49-52.

[105] 谢天成,施祖麟.农村新业态发展现状、问题与对策研究[J].当代经济管理,2020,42(1):41-46.
[106] 刘依杭.新时代乡村振兴和新型城镇化协同发展研究[J].区域经济评论,2021(3):58-65.
[107] 谢天成.乡村振兴与新型城镇化融合发展机理及对策[J].当代经济管理,2021,43(3):43-48.
[108] 卓玛草.新时代乡村振兴与新型城镇化融合发展的理论依据与实现路径[J].经济学家,2019(1):104-112.
[109] 李梦娜.新型城镇化与乡村振兴的战略耦合机制研究[J].当代经济管理,2019,41(5):10-15.
[110] 陈国生,丁翠翠,郭庆然.基于熵值赋权法的新型工业化、新型城镇化与乡村振兴水平关系实证研究[J].湖南社会科学,2018(6):114-124.
[111] 王永瑜,徐雪.中国新型城镇化、乡村振兴与经济增长的动态关系研究[J].哈尔滨商业大学学报(社会科学版),2021(4):6.
[112] 吴旭晓.乡村振兴与新型城镇化耦合协调发展及其驱动机制研究——以中部地区为例[J].前沿,2019(6):32-40.
[113] 马长发,朱晓旭.西部地区新型城镇化和乡村振兴互动关系研究[J].生态经济,2021,37(5):99-105.
[114] 俞云峰,张鹰.浙江新型城镇化与乡村振兴的协同发展——基于耦合理论的实证分析[J].治理研究,2020,36(4):43-49.
[115] 马广兴.河南新型城镇化与乡村振兴耦合性分析[J].中国农业资源与区划,2020,41(3):103-112.
[116] 王新越,秦素贞,吴宁宁.新型城镇化的内涵、测度及其区域差异研究[J].地域研究与开发,2014,33(4):69-75.
[117] 吕承超,崔悦.乡村振兴发展:指标评价体系、地区差距与空间极化[J].农业经济问题,2021(5):20-32.
[118] 卢阳春,高晓慧,刘敏.城乡发展系统耦合协调的效率漏损及时空分异研究——以四川省21市(州)数据为例[J].农村经济,2021(3):101-109.
[119] 周蕾,段龙龙,王冲.农业与旅游产业融合发展的耦合机制——以四川省为例[J].农村经济,2016(10):40-45.
[120] 陆学艺.农村发展新阶段的新形势和新任务——关于开展以发展小城镇为中心的建设社会主义新农村运动的建议[J].中国农村经济,2000(6):4-13.
[121] 陈锡文.我国农业和农村经济的改革和发展[J].经济社会体制比较,2001(1):1-3+18.
[122] 林毅夫.中国的城市发展与农村现代化[J].北京大学学报(哲学社会科学版),2002(4):12-15.
[123] 黄祖辉.准确把握中国乡村振兴战略[J].中国农村经济,2018(4):2-12.
[124] 范凌云,雷诚.论我国乡村规划的合法实施策略——基于《城乡规划法》的探讨[J].规划师,2010,26(1):5-9.
[125] 梅耀林,汪晓春,王婧,许珊珊,杨浩.乡村规划的实践与展望[J].小城镇建设,2014(11):48-55.
[126] 贾铠阳,乔伟峰,王亚华,戈大专,黄璐莹.乡村振兴背景下村域尺度国土空间规划:认知、职能与构建[J].中国土地科学,2019,33(8):16-23.
[127] 时润哲,李长健.生产要素下乡促进研究——以乡村发展利益与利益机制为视角[J].农村经济,2019(12):40-46.
[128] 付建军.精英下乡:现代国家整合农村社会的路径回归——以大学生村官为例[J].青年研究,2010(3):13-23+94.

[129] 夏英，王震. 农村科技特派员推广服务体系与传播机制分析 [J]. 农业经济问题，2011，32(3)：31-34.

[130] 程华东，张贵礼. "大学+政府+企业"：大学生西部农村支教志愿服务新模式探究 [J]. 华中农业大学学报（社会科学版），2015(4)：107-113.

[131] 韩广富，周耕. 党政机关选派干部下乡扶贫制度的建立 [J]. 理论学刊，2013(11)：22-25+127.

[132] 郭小聪，吴高辉. 第一书记驻村扶贫的互动策略与影响因素——基于互动治理视角的考察 [J]. 公共行政评论，2018，11(4)：78-96+180.

[133] 钱再见，汪家焰. "人才下乡"：新乡贤助力乡村振兴的人才流入机制研究——基于江苏省L市G区的调研分析 [J/OL]. 中国行政管理，2019(2)：92-97.DOI: 10.19735/j.issn.1006-0863.2019.02.13.

[134] 毛其智. 上山下乡：从规划到规划师——规划师社会角色的再思考 [J]. 城市规划，2013，37(2)：67-71.

[135] 冯现学. 对公众参与制度化的探索——深圳市龙岗区"顾问规划师制度"的构建 [J]. 城市规划，2004(1)：78-80.

[136] 寇怀云，俞文彬. 传统村落保护的社区规划师角色构建 [J]. 中国文化遗产，2018(2)：45-47.

[137] 郭晓鸣，张克俊，虞洪，高杰，周小娟，苏艺. 实施乡村振兴战略的系统认识与道路选择 [J]. 农村经济，2018(1)：11-20.

[138] 何兴华. 城市规划下乡六十年的反思与启示 [J]. 城市发展研究，2019，26(10)：1-11.

[139] 李晓江，尹强，张娟，张永波，桂萍，张峰.《中国城镇化道路、模式与政策》研究报告综述 [J]. 城市规划学刊，2014(2)：1-14.

[140] 张惜秒. 成都市乡村规划师制度研究 [D]. 清华大学，2013.

[141] 谈绪祥. 深入实际 务实求真 探索新农村规划工作新方法——百名规划师下乡的工作思考 [J]. 北京规划建设，2006(3)：13-15.

[142] 高翔，李建军. 传统村落保护：实践困境与制度缺陷 [J]. 华南农业大学学报（社会科学版），2019，18(5)：130-140.

[143] 习近平. 扎实推动共同富裕 [J]. 求是，2021(20)：4-8.

[144] 宁吉喆. 国民经济量增质升 "十四五"实现良好开局 [J]. 求是，2022 (3)：56-62.

[145] 李成贵. 共同富裕之后还要努力作战——学习《关于农业合作化问题》的一点体会 [J]. 延边大学学报（哲学社会科学版），1975(3)：31-33.

[146] 李子奈. 共同富裕过程中的收入差距 [J]. 经济纵横，1992(10)：7-11.

[147] 何卫东. 共同富裕问题刍议 [J]. 理论学刊，1999(4)：20-21.

[148] 管新华. 新世纪中国的弱势群体与社会主义的共同富裕——中共三代领导人反贫困基本思路比较 [J]. 南京师大学报（社会科学版），2003(1)：13-19.

[149] 李实. 共同富裕的目标和实现路径选择 [J]. 经济研究，2021，56(11)：4-13.

[150] 罗明忠. 共同富裕：理论脉络、主要难题及现实路径 [J]. 求索，2022(1)：143-151.

[151] 李军鹏. 共同富裕：概念辨析，百年探索与现代化目标 [J]. 改革，2021(10)：12-21.

[152] 杨文圣，李旭东. 共有，共建，共享：共同富裕的本质内涵 [J]. 西安交通大学学报：社会科学版，2022，42(1)：10-16.

[153] 孔祥智，谢东东. 缩小差距，城乡融合与共同富裕 [J]. 南京农业大学学报：社会科学版，2022，22(1)：12-22.

[154] 范从来. 益贫式增长与中国共同富裕道路的探索 [J]. 经济研究，2017，52(12)：14-16.

[155] 李逸飞. 面向共同富裕的我国中等收入群体提质扩容探究 [J]. 改革，2021(12)：16-29.

[156] 欧健. 扎实推动共同富裕：制度基础、制约因素与实现机制 [J]. 福建师范大学学报：哲学社会科学版，2022(1)：15-26.

[157] 李实，朱梦冰. 推进收入分配制度改革 促进共同富裕实现 [J]. 管理世界，2022，38(1)：52-61.

[158] 解安，侯启缘. 新发展阶段下的共同富裕探析——理论内涵、指标测度及三大逻辑关系 [J]. 河北学刊，2022，42(1)：131-139.

[159] 万海远，陈基平. 共同富裕的理论内涵与量化方法 [J]. 财贸经济，2021，42(12)：18-33.

[160] 刘培林，钱滔，黄先海，等. 共同富裕的内涵、实现路径与测度方法 [J]. 管理世界，2021，37(8)：117-129.

[161] 蒋永穆，豆小磊. 扎实推动共同富裕指标体系构建：理论逻辑与初步设计 [J]. 东南学术，2022(1)：36-44.

[162] 陆铭，陈钊. 城市化、城市倾向的经济政策与城乡收入差距 [J]. 经济研究，2004(6)：50-58.

[163] 陈斌开，林毅夫. 发展战略、城市化与中国城乡收入差距 [J]. 中国社会科学，2013(4)：81-102.

[164] 蔡扬波，王栋. 当前我国贫富差距主要表征、成因及其破解 [J]. 理论导刊，2012(7)：38-40.

[165] 肖若石. 实现共同富裕与缩小地区收入差异因素分解研究 [J]. 价格理论与实践，2021(8)：87-90.

[166] 陈丽君，郁建兴，徐铱娜. 共同富裕指数模型的构建 [J]. 治理研究，2021，37(4)：5-16.

[167] 汪青松，陈莉. 社会主义现代化强国内涵、特征与评价指标体系 [J]. 毛泽东邓小平理论研究，2020(3)：13-20.

[168] 孔亦舒. 我国各省份经济发展迅速为2035年人均GDP达到中等发达国家水平提供有力支撑 [J]. 中国经贸导刊，2021(10)：29-32.

[169] 庞瑞秋，腾飞，魏冶. 基于地理加权回归的吉林省人口城镇化动力机制分析 [J]. 地理科学，2014，34(10)：1210-1217.

[170] 陈曦，闫广华，王硕. "双十一"与日常网络购物关注度耦合协调的空间格局及驱动研究 [J]. 资源开发与市场，2022，38(2)：202-209.

[171] 肖晔，赵林，乔路明，等. 京津冀文化艺术产业空间格局演变及其影响因素 [J]. 地理研究，2021，40(6)：1768-1784.

[172] 梁志霞，毕胜. 基于城市功能的城市发展质量及其影响因素研究——以京津冀城市群为例 [J]. 经济问题，2020(1)：103-111.

[173] 赵宁宁，郭炎，李志刚，等. 中部地区乡村生产要素协同转型的时空格局及影响因素——以湖南岳阳为例 [J]. 自然资源学报，2021，36(12)：3170-3185.

[174] 徐晓光，樊华，苏应生，等. 中国绿色经济发展水平测度及其影响因素研究 [J]. 数量经济技术经济研究，2021，38(7)：65-82.

[175] Ali, L., H. Son. Measuring Inclusive Growth[J]. Asian Development Review, 2007, 24(1)：11-31.

[176] Anand, R, M. S. Mishra, and M. S. J. Peiris. Inclusive growth：Measurement and determinants[M]. International Monetary Fund, 2013.

[177] United Nations Development Programme (UNDP), Human Development Report[M]. New York: Oxford University Press, 1900.

[178] Klugman, J., F. Rodríguez, and H. J. Choi. The HDI 2010：new controversies, old critiques[J]. The Journal of Economic Inequality, 2011, 9(2)：249-288.

[179] 谢天成，王大树. 乡村振兴战略背景下促进农民持续增收路径研究 [J]. 新视野，2019(6)：41-46.
[180] 王兴国. 惠农富农强农之策——改革开放以来涉农中央一号文件政策梳理与理论分析 [M]. 北京：人民出版社，2018.
[181] 贺艳. 走有首都特点的乡村振兴之路 [J]. 前线，2021(1)：82-85.
[182] 谢天成. 走具有首都特点的乡村振兴之路 [N]. 北京日报（理论版），2021-07-26(11).
[183] 谢天成，张研，王浏瑄，施祖麟. 乡村振兴与新型城镇化协同发展——基于省级尺度时空演化分析 [J]. 经济问题，2022(9): 91-98.
[184] 谢天成，刘盾，施祖麟. 工商资本投资农业问题与对策研究——基于对嘉兴、开封两市的调研 [J]. 当代经济管理，2015, 37(8): 30-34.
[185] 谢天成，施祖麟. 农村电子商务发展现状、存在问题与对策 [J]. 现代经济探讨，2016(11): 40-44.
[186] 谢天成，陈鹏. 规划师下乡的实践困惑与破解路径——基于北京市乡镇责任规划师一线工作的思考 [J]. 城市发展研究，2021, 28(10): 119-124.

图书在版编目（CIP）数据

乡村振兴与新型城镇化协同发展研究 / 谢天成著. —北京：中国建筑工业出版社，2022.8
ISBN 978-7-112-27708-7

Ⅰ.①乡… Ⅱ.①谢… Ⅲ.①农村—社会主义建设—研究—中国 ②城市化—研究—中国 Ⅳ.①F320.3 ②F299.21

中国版本图书馆CIP数据核字（2022）第141532号

责任编辑：周方圆 张 晶
责任校对：赵 菲

乡村振兴与新型城镇化协同发展研究
谢天成 著
*
中国建筑工业出版社出版、发行（北京海淀三里河路9号）
各地新华书店、建筑书店经销
北京海视强森文化传媒有限公司制版
北京建筑工业印刷厂印刷
*
开本：787毫米×1092毫米 1/16 印张：12¾ 字数：228千字
2022年8月第一版 2022年8月第一次印刷
定价：**56.00元**
ISBN 978-7-112-27708-7
（39756）

版权所有 翻印必究
如有印装质量问题，可寄本社图书出版中心退换
（邮政编码100037）